Heidi Marks

»Als der Mann kam
und mich mitnahm«

Heidi Marks

»Als der Mann kam und mich mitnahm«

Die Geschichte eines Missbrauchs

Mit Berichten
von Susanne Will
zu den Verbrechen in Eschenau

Fackelträger

Die Namen einiger Personen wurden geändert, um ihre Anonymität zu schützen. Beim erstmaligen Auftreten im Text werden sie mit einem * gekennzeichnet.

Bildnachweis
© Heidi Marks: Seite 26, 62, 82, 100, 126
© ddp/Timm Schamberger: Seite 144 f.

© 2008 Fackelträger Verlag GmbH, Köln
Alle Rechte vorbehalten
Satz: Noch & Noch, Balve
Gesamtherstellung: Verlags- und Medien AG, Köln
Druck und Bindung: CPI books GmbH, Ulm
Printed in Germany

ISBN 978-3-7716-4368-3

www.fackeltraeger-verlag.de

Inhalt

Teil I *Heidi Marks*

1 »Nichts würde mehr so sein wie früher.«
März 2007   9

2 »Du bist schuld daran, dass das passiert ist.«
1961–1963   26

3 »Ihr seid ja eh nichts, nur Zugereiste!«
1963–1967   46

4 »Ihr werdet mit Schimpf und Schande vertrieben!«
1967–1972   62

5 »Ich wollte nicht mehr leiden.«
1972–1981   82

6 »Fühlt man sich so, wenn man glücklich ist?«
1981–2007   100

7 »Die Drohungen von damals werden
jetzt Wirklichkeit.«
März – November 2007   126

Teil II *Susanne Will*

Einleitung   149

1 »Ich glaube doch meiner Tochter!«   152

2 »Die Menschen schauen weg –
dabei ist es vor ihren Augen geschehen.«　　*160*

3 »Ich wollte doch unberührt in die Ehe gehen.«　　*169*

4 »Das haben zwei Frauen angezettelt,
der Rest steht eisern zusammen.«　　*178*

5 »Der sollt' man doch gleich eine auf die Gosch'n
hauen.«　　*186*

6 »Die hatten ein Verhältnis miteinander,
das war nie und nimmer eine Vergewaltigung.«　　*207*

7 »Ich habe mich einfach nicht getraut.«　　*215*

8 »Erschreckend, was da gelaufen ist.«　　*221*

9 »Das ist eines Bischofs nicht würdig.«　　*225*

10 Justiz und Presse – ein Spannungsfeld
bei Fällen sexuellen Missbrauchs　　*235*

11 Das Problem der Verjährungsfrist　　*238*

12 Der Weiße Ring –
menschliche Nähe und handfeste Hilfe　　*245*

13 Warum schweigen oft die Ehefrauen?　　*252*

14 »Werden wir jetzt alle totgemacht?«　　*256*

15 »Einen Großteil ihres Lebens hat sie
gegen Scham und Ekel vor sich selbst gekämpft.«　　*261*

Teil I

Heidi Marks

1

»Nichts würde mehr so sein wie früher.«
März 2007

Unser Urlaub war nun fast zu Ende. Vor vier Wochen feierte ich meinen 50. Geburtstag und die Reise nach Deutschland war mein Geschenk. Nachdem die anfängliche Beklommenheit gewichen war, die ich jedes Mal fühle, wenn ich in unser Dorf Eschenau komme, machte sich Freude breit, meine Familie zu sehen. Wir hatten herrliches Wetter, obwohl es erst März war. Wir besuchten Familie und Freunde, verbrachten auch ein paar Tage in München und Nürnberg. In einer Woche würden wir zu Hause in den USA unsere Silberhochzeit feiern, aber eine kleine Vorfeier mit der Familie sollte es schon am nächsten Tag geben: mit meinen Eltern und meiner Schwester Katrin*, die in Eschenau leben, und meiner Schwester Bärbel* samt Anhang, die aus Ansbach kommen würden. Es wäre natürlich auch eine Abschiedsfeier, denn wir würden uns alle erst in ein paar Jahren wiedersehen.

An diesem Samstagabend saßen wir mit unserer Freundin Gisela* gemütlich bei Bier und Wein zusammen. Wir, das sind mein Mann und ich, wir lachten, redeten, erzählten alte Geschichten. Aber wir diskutierten auch über ernsthafte Themen wie den Krieg im Irak und Ereignisse, die in der Zeitung standen. Einer berichtete von einer neuen Statistik, aus der hervorging, dass Sexualstraftaten in Bayern in den letzten fünf Jahren dramatisch zugenommen hätten. Ich erinnere mich, dass ich daraufhin sagte: »Das glaub ich nicht! Diese Straftaten gab es schon immer, nur jetzt werden sie endlich angezeigt!« Und mit diesem Satz änderte sich unser ganzes Leben. Nichts würde mehr so sein wie früher. Nicht wir, nicht unsere Familien und auch nicht unser Dorf.

»Da hast du wahrscheinlich recht«, bestätigte meine Freundin, »sogar hier im Dorf gibt es so was.« »Was meinst du damit?«, fragte ich und fühlte, wie sich in mir die so bekannte innere Starre breitmachte. Ich hatte Angst. Gisela sah mich unsicher an: »Na ja, du wirst sicher gehört haben, dass meine Schwester Anzeige erstattet hat.« »Anzeige? Gegen wen? Und warum?«, fragte ich. Die Starre erfasste meinen ganzen Körper, und Kälte breitete sich in meinem Brustkorb aus. Ich ahnte, was meine Freundin mir gleich sagen würde. »Na, sie ist doch vergewaltigt worden, deswegen halt.« »Wer? Die Ingrid*?«, fragte ich. Die Gedanken jagten wie Blitze durch meinen Kopf. Ich dachte, bitte, lieber Gott, mach, dass das nicht wahr ist. Aber da hörte ich wieder die Stimme meiner Freundin: »Nein, nein, die Sofie* halt.« Sie stoppte und über-legte, ob sie weitersprechen sollte. Ihr wurde klar, dass ich von all dem nichts wusste, aber ich ließ sie nicht so leicht davon-kommen. »Also jetzt hast du so viel gesagt, jetzt musst du auch noch den Rest ausspucken«, drängte ich sie. Ich war nervös, spürte kalten Schweiß im Nacken und mein Mund war tro-cken. »Na ja«, druckste Gisela herum, sie zögerte. »Das kann doch nur der Bernd* oder der Willi* gewesen sein«, entfuhr es mir. Sie sah mich mit großen Augen an und stammelte: »Woher weißt du das?« »Weil ich's weiß«, sagte ich ungeduldig. »Wer war's nun?« »Der Willi!«, gab sie zu. »Mein Gott, das gibt's doch nicht«, sagte ich und wurde ganz ruhig – die Bewegungs-losigkeit, diese unglaubliche innere Lähmung. Man fühlt auf einmal nichts mehr und kann kaum atmen. Diesen Zustand kannte ich schon so lange.

»Erzähl!«, forderte ich Gisela auf. Sie sagte, dass das alles schon vor vielen Jahren geschehen sei. Sie aber den Verdacht nicht loswürde, es gäbe außer ihrer Schwester noch weitere Opfer. Das Ganze müsse sich über Jahre hingezogen haben, und wahrscheinlich würde er es heute noch versuchen. Auch der andere, Bernd, habe eine ihrer Schwestern belästigt, und sie vermute auch hier, dass sie nicht die Einzige sei. Mir kam es vor, als hätte ich diese Geschichten schon tausend Mal gehört. Aber das stimmte nicht. Ich hörte das alles zum ersten Mal, aber durchlebt hatte ich es gewiss schon tausend Mal.

Mir schnürte sich die Kehle zu. Die Gedanken wirbelten nur so in meinem Kopf herum. Ich versuchte auszurechnen, wie viel jünger die anderen Opfer waren. Wann ich das Dorf verlassen hatte? Willi griff mich erstmals 1967 an, und Gisela hatte mir erzählt, dass ihre Schwester Sofie 1973 missbraucht wurde, ein weiteres Opfer zwei oder drei Jahre später und dann 1985 ein neunjähriges Mädchen. Wir fragten uns, wie viele Fälle es noch geben würde. Und was war mit Bernd? Ein Opfer war acht Jahre jünger als ich und das nächste fünfzehn. Beide waren kleine Kinder, als er sie das erste Mal belästigte, auch das erzählte mir Gisela noch.

Es hatte also nie aufgehört, dachte ich. Laut sagte ich: »Der Bernd ist ein Pädophiler. Der macht das auf jeden Fall immer noch.« Mein Mann, der Amerikaner ist und nicht besonders gut Deutsch spricht, sah mich fragend an. Er dachte, er hätte falsch verstanden. Ich übersetzte ihm das Wichtigste, und er nickte. Mit einem Mal erinnerte Gisela sich daran, dass ich die Namen dieser Männer kannte, und fragte: »Woher wusstest du, dass die hier ihr Unwesen treiben?« Meine innere Starre löste sich. Ich hatte meine Emotionen nicht mehr im Griff, ein unkontrollierbares Schluchzen kam in mir hoch, immer wieder zwischen diesen Ausbrüchen versuchte ich, meine Geschichte zu erzählen. Dass auch ich ein Opfer bin und mich all das seit 46 Jahren quälte. Bernd fing an, mich zu belästigen, als ich nur vier Jahre alt war. Willi kam dazu, als ich zehn war.

Mein Mann wusste davon. Er wusste aber auch, dass ich es außer ihm noch nie jemandem erzählt hatte. Er strich mir die ganze Zeit beruhigend über den Rücken, er stoppte mich nicht, er erkannte, dass nun alles rausmusste.

»Überleg dir doch mal«, sagte ich immer wieder, »wenn der Willi mich 1967 angegriffen hat, sechs Jahre später deine Schwester und zwölf Jahre danach das kleine Mädchen. Der

Bernd missbrauchte mich 1961, acht Jahre später deine Schwester, und wie du sagst, muss es mindestens noch ein weiteres Opfer geben, dann hat der doch nie aufgehört! Da gibt es noch viel mehr Kinder, die jetzt Frauen sind und damit leben müssen. Das dürfen wir nicht mehr zulassen! Die müssen wir doch stoppen! Was meinst du, was da mit einem Kind geschieht? Das zerstört einem das ganze Leben. Ich weiß das aus eigener Erfahrung.« Ich war laut geworden, hatte mich richtig hineingesteigert.

Gisela war bestürzt, ignorierte für einen Moment meine Aufzählung und sagte: »Meine Tochter lässt ihre Kinder ja gar nicht mehr ins Dorf und schärft ihnen immer wieder ein, nicht in die gewisse Straße zu gehen, weil da ein schlechter Mann wohnt.« »Das macht bei dem keinen Unterschied«, sagte ich zynisch, »der findet sie überall. Der hat mich in den Feldern abgefangen, auf dem Friedhof, wenn ich die Gräber gießen wollte. Einfach überall.« Gisela war hin- und her gerissen. Sie gab mir recht, dann wiederum schwankte sie und meinte, er hätte seine gerechte Strafe schon bekommen, weil bei ihm Hodenkrebs diagnostiziert worden sei. Fast hätte ich gelacht: »Das stoppt doch keinen Pädophilen!«, sagte ich. »Das hat überhaupt nichts zu sagen und ist meines Erachtens auch keine Strafe.« Was da offenbar wurde, war für uns beide wie ein Alptraum, von dem wir wussten, dass wir da alleine nicht herauskommen würden.

Wir wiederholten noch ein paar Mal das Geschehene, und es brauchte einige Zeit, bis alles klar wurde. Dann sagte ich: »Ich kann nicht begreifen, dass du sagst, es wissen außer dir noch mehr Personen davon und keiner hat bis jetzt eingegriffen.« »Doch, doch«, berichtigte Gisela mich, »wir haben schon vor Jahren Bernds Frau Kunigunde* zu uns geholt und ihr alles gesagt. Wir haben ihr damals zu verstehen gegeben, dass wir Anzeige erstatten werden. Aber sie weinte und meinte, das würde ihre ganze Familie zerstören. Sie hat uns versprochen, dass sie Bernd zu einem Therapeuten bringt, damit er Hilfe bekommt. So was würde mit Sicherheit nicht wieder vorkommen.«»Und jetzt weißt du, dass das nichts genutzt hat«, unterbrach ich sie. Gisela nickte bejahend und fragte:»Die Kunigunde hat doch noch die Tagesstätte. Meinst du, der tut den Kindern auch was an?«»Was sagst du da?«, sagte ich entsetzt,»du meinst, Bernds Frau hat Kinder im Vorschulalter in ihrem Haus?« Ich konnte es nicht glauben und fuhr fort:»Natürlich! Besser kann er es gar nicht haben! Die Kinder werden ihm sogar noch ins Haus gebracht.« Wieder kamen mir die Tränen. Ich konnte nicht fassen, was ich da hörte.»Die Kunigunde passt bestimmt auf. Sie weiß ja, wie er ist, seitdem wir es ihr gesagt haben«, sagte Gisela beruhigend. Ich war mir nicht sicher, ob sie nur mich beruhigen wollte oder auch sich selbst.»Ihr Menschenverstand müsste ihr sagen, dass sie ihr Geld anders verdienen sollte«, erwiderte ich,»du kannst mir doch nicht erzählen, dass die eure Aussage damals ernst genommen hat. Und wenn, macht sie sich dann nicht zum Mittäter?«

Wir redeten und weinten noch viel an diesem Abend. Mehr und mehr wurde uns klar, welches Ausmaß die ganze Geschichte hatte. Aber wir waren uns einig, dass es so nicht weitergehen konnte. Schlussendlich sagte ich:»Wenn ich jetzt nichts unternehme, dann werde ich mich für jedes zukünftige Opfer verantwortlich fühlen. Damit kann ich nicht leben! Es gibt kein Drumherum: Wir müssen zur Polizei!« Gisela stimmte mir zu, und wir vereinbarten, mit ihrer Schwester zu sprechen. Sie hatte im vergangenen Jahr bereits Anzeige gegen Willi erstattet und wusste auch von den anderen Opfern. Sofie konnte uns vielleicht sagen, wie ich den nächsten Schritt am besten angehen sollte.

Als mein Mann und ich endlich in unsere Ferienwohnung zurückgekehrt waren, war es kurz nach drei Uhr. Wir sagten kein Wort und jeder hing seinen eigenen Gedanken nach. Als wir dann nebeneinander im Bett saßen, sagte ich laut, was wir beide dachten:»Ich kann nicht mehr schweigen. Der Missbrauch darf nicht weitergehen. Ich könnte es mir nicht verzeihen, wenn ich wüsste, dass andere Kinder leiden, nur weil ich weiter schweige.« Dann kam mir der Gedanke, dass ich ja vielleicht schon schuldig war, weil ich so lange geschwiegen hatte. »Schlag dir das mal aus dem Kopf«, meinte mein Mann, »du konntest nicht wissen, dass die Kerle das als Erwachsene weitermachen. Und außerdem hast du niemanden belästigt! Die waren das. Nicht du!« Ich wusste, dass er recht hatte. Nur, Schuldgefühle waren mir anerzogen worden. Dafür hatte Bernd gesorgt, als ich noch ein Kind war. »Ich muss mit meiner Familie reden, bevor ich mich noch jemand anderem anvertraue. Die müssen das von mir erfahren«, fuhr ich fort, »du weißt, dass ich mich mein ganzes Leben lang davor gefürchtet habe. Wie kann ich so etwas meinen Eltern in ihrem Alter antun? Es muss schrecklich für eine Mutter und einen Vater sein, zu erfahren, dass ihr Kind vor ihren Augen wieder und wieder missbraucht wurde. Dass das Kind nicht in Frieden und Eintracht aufgewachsen ist, wie sie dachten. Aber ich kann auch nicht verantworten, dass das Leben von noch mehr Kindern zerstört wird. Sollen sie etwa durchmachen, was ich durchgemacht habe, nur weil ich zu feige war?« Meine Gedanken drehten sich im Kreis, ich weiß nicht genau, was ich weiter sagte oder dachte. Schließlich entschloss ich mich, es am nächsten Tag meiner jüngeren Schwester, die im Dorf lebte, zu erzählen.

Am nächsten Tag? Ich bekam einen Schreck. Da würde doch meine andere Schwester mit ihrer ganzen Familie kommen, da hatten wir im Gasthaus einen Tisch bestellt, um unsere silberne Hochzeit zu feiern! All das hatte ich in den letzten Stunden ganz vergessen.

Viel geschlafen habe ich in dieser Nacht nicht. Ich erwachte mit einem Knoten im Bauch: Auf der einen Seite wollte ich jeden Moment mit meiner Familie genießen, und auf der anderen Seite hatte ich solche Angst, allen davon zu erzählen, dass ich hoffte, ich hätte den Tag bereits hinter mir. Was sie wohl über mich denken würden, wenn ich ihnen sagte, wie mein Leben wirklich gewesen war? Würden sie mich hassen, wie ich mir das so oft vorgestellt hatte? Würden meine Eltern damit fertig werden? Ich wusste, dass unser Leben danach nie mehr so sein würde wie bisher. Alles würde sich verändern. Vielleicht sollte ich doch lieber nichts sagen. Andere wussten ja auch davon, warum musste ausgerechnet ich mir einbilden, etwas bewegen zu können? So schnell, wie dieser Gedanke gekommen war, verwarf ich ihn auch schon wieder. Der Gedanke, dass weitere Mädchen erleiden müssten, was die anderen und ich durchgemacht hatten, war unerträglich. Und schließlich hatten bis jetzt alle geschwiegen.

Den Tag verbrachten mein Mann und ich gemeinsam mit der ganzen Familie. Erst als meine Schwester Bärbel und ihre Familie am späten Nachmittag abgereist waren, ergab sich die Gelegenheit, mit meiner Schwester Katrin zu sprechen. Ich bat meinen Mann, bei unserem Schwager Frank und den Kindern zu bleiben, während ich mit Katrin spazieren gehen wollte. Als wir das Haus verlassen hatten, bat ich Katrin, mit in unsere Ferienwohnung zu kommen, da ich mit ihr sprechen müsse.

»So, Schwesterlein, mach's nicht so spannend«, meinte sie, als wir es uns im Wohnzimmer gemütlich machten. Ich war nervös. Wie sollte ich nur beginnen? Ich schenkte uns beiden ein Glas Wein ein und begann dann etwas umschweifend: »Ich habe gestern erfahren, dass es hier im Dorf Sexualverbrechen gibt. Hast du schon mal davon gehört?«, fragte ich. »Na ja, schon, das ist aber lange her«, antwortete sie. Ich war verblüfft. Auch sie wusste etwas und hatte nie etwas gesagt. »Was meinst du damit?«, wollte ich wissen. »Ich weiß halt, dass der Renate* als Kind was passiert ist, und die Elfriede* hat mir auch einmal anvertraut, dass der Willi sie belästigt hat«, erzählte sie, fügte dann aber schnell hinzu: »Das ist aber wirklich sehr lange her.« »Mein Gott, das sind ja schon wieder Namen, von denen ich nichts wusste«, warf ich ein, »es gibt also auch noch andere. Außerdem ›sehr lange her‹ bedeutet gar nichts, wenn man sexuell belästigt wurde. So etwas vergisst man nie! Ich bin davon überzeugt, auch wenn diese Fälle schon länger her sind, machen Willi und Bernd das heute noch. Ich weiß, was es heißt, Opfer zu sein. Ich bin nämlich auch eines!« Jetzt war es raus.

Katrin sah mich erstaunt an. Bevor sie reagieren konnte, fuhr ich fort:»Die Gisela hat mir gestern Abend von anderen Fällen erzählt. Ihre Tochter Renate hat sie aber nicht erwähnt. Katrin, das ist nicht nur der Willi. Auch der Bernd geht Kleinkindern nach. Im Kindergartenalter! Ich war erst vier, als der Bernd mich zum ersten Mal belästigt hat.« Jetzt flossen schon wieder die Tränen. Es schüttelte mich nur so. Katrin war wie vom Blitz getroffen. Aber ich ließ ihr keine Zeit, das alles zu verdauen, sondern schluchzte weiter:»Das muss jetzt aufhören! Ich dachte immer, ich wäre die Einzige, aber seitdem ich weiß, dass es noch andere Opfer gibt … und schau dir doch den Altersunterschied an! Das zieht sich ja über Jahrzehnte hin, da kannst du mir doch nicht weißmachen, dass der aufgehört hat.« Nach einer kurzen Pause sagte ich:»Was meinst du, wie viel Angst ich hatte, als du schwanger warst. Da ist in mir alles wieder hochgekommen. Ich hatte solche Angst, dass du ein Mädchen bekommst. Und als du zum zweiten Mal schwanger warst, bin ich wieder durch dieselbe Hölle gegangen.« Ich musste Luft holen, war ganz außer Atem. Katrin bestätigte, was ich schon wusste: Sie hatte von all dem keine Ahnung – wie konnte sie auch. Ich war ja eine Meisterin im Verheimlichen.

»Was hast du vor?«, fragte meine Schwester nach einer Weile.»Ich weiß nicht genau«, antwortete ich,»morgen will ich erst mal mit der Sofie reden, die hat ja vergangenes Jahr Anzeige gegen den Willi erstattet und weiß anscheinend auch noch von anderen Opfern. Die hat das alles schon recherchiert.« Zögernd sagte meine Schwester:»Komischerweise bin ich nicht mal überrascht, dass die so was getan haben, aber heute noch? Du hast recht, da muss man eingreifen.«»Ich will aber nicht, dass unsere Eltern was erfahren, das würde die kaputtmachen. Überhaupt, der Papa war gerade wieder im Krankenhaus wegen seiner Herzgeschichte«, sagte ich mit fester Stimme.»Das wirst du aber nicht vermeiden können. Mach dir da mal keine Sorgen, die sind stärker, als du denkst.« Auch ihr kamen jetzt die Tränen, langsam wurde ihr bewusst, was sie da alles hörte.

»Was wird denn dein Mann dazu sagen?«, fragte ich. »Wozu?«, war die überraschte Gegenfrage.»Na, dass ich wahrscheinlich zur Polizei gehe«, erklärte ich. Sie lachte ein wenig angestrengt und sagte:»Mach dir auch da mal keine Sorgen. Das ist ja wohl sein Problem.« Mir fiel ein Stein vom Herzen, meine Schwester verstand, dass ich meine Geschichte der Polizei erzählen musste. Aber was viel wichtiger war: Sie verurteilte mich nicht. Ich bat sie, den Eltern nichts zu sagen – vorläufig wenigstens.

Wir redeten noch lange, darüber, wie mir immer zumute gewesen war, warum ich dachte, ich müsse schweigen, und so weiter.»Meinst du die zwei machen das zusammen?«, fragte sie mich.»Das glaub ich auf keinen Fall«, antwortete ich. »Der Bernd belästigt die kleinen Mädchen und Willi denkt, er müsste die Mädchen entjungfern, ›pflücken‹, wie er das nannte.« Wir redeten und weinten und beschlossen, doch noch etwas zu laufen. Wir waren schon ein ganzes Stück gegangen, als ich stehen blieb und sagte:»Katrin, du hast keine Ahnung, was mir das bedeutet, dass du so reagiert hast. Meine größte Angst war immer, dass ihr mich aus der Familie ausschließt, wenn ihr alles über mich erfahrt.«»Du hast dir doch nichts vorzuwerfen«, beruhigte sie mich,»du bist doch unsere Große. Wir haben dich doch lieb«, fügte sie hinzu. Wieder kamen die Tränen, aber dieses Mal aus Erleichterung.

Später, als mein Mann und ich alleine waren, fragte er mich, wie das Gespräch mit meiner Schwester verlaufen war. »Es ist mir schwergefallen, mit jemandem aus der Familie darüber zu sprechen. Aber sie hat mich gleich unterstützt und ist auch der Meinung, dass ich das melden muss«, antwortete ich. »Siehst du, du hast dir umsonst Sorgen gemacht, dass deine Familie dich nicht verstehen wird«, meinte er. »Ja«, sagte ich, »aber ich hätte es ihr doch gern erspart.«

Sofie hatte am nächsten Tag keine Zeit, deshalb verabredeten wir uns für Dienstag. Mein Mann und ich verbrachten den ganzen Tag bei meinen Eltern und meiner Schwester, spielten mit den Kindern und ich beantwortete E-Mails. Später, als Frank von der Arbeit kam, zog er mich zur Seite und sagte: »Heidi, die Katrin hat mir gestern Abend noch alles erzählt.« Ich fühlte wieder den Stein im Magen und fing an zu zittern. Aber bevor die Scham wieder hochkam, sagte er: »Ich wollte dir nur sagen, dass wir als Familie voll und ganz hinter dir stehen.« In diesem Moment hätte ich ihn umarmen können. Ich war so erleichtert und wusste nun, dass der Weg, den ich eingeschlagen hatte, richtig war.

Am nächsten Tag besuchten wir wie geplant mit meiner Schwester und ihrer Familie ein Freilichtmuseum. Wir versuchten, vor den Kindern »normal« zu wirken, doch alle waren bedrückt, und immer wieder unterhielten wir uns über die Geschehnisse. Die nachgebauten Häuser im Museum erinnerten mich an unser Dorf während meiner Kindheit. Es sah genauso aus: die unverputzten Fassaden, die Misthaufen vor dem Eingang, die niedrigen Decken in den Stuben und die alten knarrenden Dielen.

Am Abend trafen mein Mann und ich uns mit Sofie. Sie freute sich, uns zu sehen. Sie war aber auch etwas verwundert, denn sie war zwei Jahre jünger als ich und wir hatten nie viel miteinander zu tun gehabt. Nachdem sie uns ein Glas Wasser eingeschenkt hatte, wir am Tisch Platz genommen und die üblichen »Wie geht's?« ausgetauscht hatten, kam ich direkt zum Grund des Treffens.

Ich erzählte von unserem Besuch bei ihrer Schwester, dem Gespräch über das Thema Missbrauch und dass Gisela ihre

Anzeige aus dem letzten Jahr erwähnt hatte. Sofie bestätigte, Willi im Januar 2006 angezeigt zu haben, fügte jedoch hinzu, dass die Anzeige vom Staatsanwalt wegen Verjährung abgelehnt wurde, auch eine Beanstandung wurde abgelehnt. Sofie war ganz darein vertieft, den juristischen Fall zu schildern, so dass sie sich gar nicht über mein Interesse wunderte. Ich sagte, dass ihre Schwester davon überzeugt sei, dass es weitere Opfer gäbe, nicht nur von Willi, sondern auch von Bernd. »Freilich weiß die Gisela das! Die Renate, ihre eigene Tochter, ist doch ein Opfer von Bernd!«, sagte Sofie. »Das hat meine Schwester Katrin mir auch erzählt. Die Renate selbst hat es ihr vor langem anvertraut«, gab ich zu. Nun musste ich meine Geschichte erzählen. Dieses Mal gelang es mir, alles weniger emotional zu schildern. Erst am Ende kamen die Tränen wieder und auch Sofie musste weinen. Sie beschrieb, wie brutal Willi sie vergewaltigt hatte und wie sie seither darunter litt. Ich konnte sie gut verstehen und gab zu, dass ich seit dem Gespräch mit ihrer Schwester viel geweint hätte – weil ich endlich das Schweigen gebrochen hatte. Das ist die Erleichterung, meinte Sofie, die Erleichterung, dieses Geheimnis endlich nicht mehr alleine tragen zu müssen. Die innere Lähmung, die sich langsam löst und durch die Tränen einen Ausgang findet.

Auf meine Frage zu den anderen Opfern berichtete mir Sofie alles, was sie wusste. Die Zeitabfolge, die ich am Samstag aufgestellt hatte, war richtig. Sofie wusste noch von zwei weiteren Opfern von Bernd. Sie waren alle kleine Kinder, als er sie belästigt hatte. Ich erzählte Sofie, wie entsetzt ich gewesen war, als ich hörte, dass Kunigunde weiterhin eine Kindertagesstätte betrieb. Sofie stimmte mir zu, meinte jedoch, dass das Jugendamt ohne Beweise nicht einschreiten könne. »Und solange niemand Anzeige gegen Bernd erstattet, wird es diese Beweise nicht geben«, vermutete ich. Sofie wusste auch von dem Gespräch vor vielen Jahren, das ihre Schwester mit Kunigunde hatte. Sie meinte, man hätte damals schon Anzeige erstatten sollen. Aber Kunigunde hat nicht nur die Familie überzeugt, von einer Anzeige abzusehen, sondern alle fürchteten die Reaktionen im Dorf, sollte das Ganze publik werden.

Die Dorfbewohner, die damals überwiegend Bauern waren, sahen uns Arbeiterfamilien immer schon als Außenseiter an. Wir »Zugereisten« hatten eben keine jahrhundertealten Wurzeln im Dorf. Deshalb hatte Sofies Familie auch Angst, man würde sie beschimpfen und im Dorf nicht mehr akzeptieren.

Etwas später kam Sofies Mann dazu und Sofie erzählte ihm, warum wir da waren. Er reagierte bestürzt und war den Tränen nahe. Er hatte ein schlechtes Gewissen, denn er hatte Sofie nicht immer unterstützt, und daran wäre fast ihre Ehe zerbrochen. Er erklärte: »Das war vor meiner Zeit, da dachte ich, es geht mich ja nichts an und muss mich daher auch nicht interessieren.« Ich dachte im Stillen, dass die meisten Personen, die so etwas erfahren, genauso reagieren. Sie sehen es als einen sexuellen Akt vor der Ehe und nicht als eine kriminelle Handlung, die es ja ist. Genau diese Einstellung verhindert es, dass das Umfeld eingreift, Opfer den Missbrauch anzeigen und Täter bestraft werden. Die seelischen Schäden der Opfer bleiben unbeachtet. Die Frau oder das junge Mädchen, wie in diesem Fall, muss ihr Leben lang mit den Folgen klarkommen und sieht sich dann noch mit den üblichen Reaktionen konfrontiert: Das ist schon so lange her, ist doch längst vergessen. Warum muss das jetzt wieder aufgerollt werden? Doch Nichtbetroffene verstehen nicht, dass es kein Vergessen gibt.

Sofie wurde vor 34 Jahren auf brutalste Art vergewaltigt, und das verfolgt sie ihr ganzes Leben. Sie leidet auch heute noch sehr darunter. Ich fragte Sofie, was ich tun kann, um zu helfen und den Missbrauch zu stoppen. Sie schlug mir vor, wie sie zur Polizei zu gehen. Ich willigte ein und sie versprach, gleich am nächsten Tag dort anzurufen und einen Termin auszumachen. Am nächsten Morgen erhielt ich von Sofie die

Nachricht, dass die Hauptwachtmeisterin, die ihren Fall vergangenes Jahr aufgenommen hatte, mich um elf Uhr empfangen könnte. Ich sagte zu.

Es war unser letzter Tag in Deutschland und wir hatten uns mit meinen Eltern zum Frühstück verabredet. Sie kamen um 8.30 Uhr in die Pension, in der wir wohnten. Immer noch glaubte ich, dass ich meine Eltern verschonen könnte, und erzählte ihnen nichts beim Frühstück, sondern sagte nur, dass ich mit Sofie um elf Uhr in die Stadt fahren würde. Für mich war es ein langes und bedrückendes Beieinandersein. Meine Eltern schoben das dem Abschiedsschmerz zu. Sofie holte mich pünktlich ab. Die Polizistin, die das Verhör aufnahm, wies mich zuerst darauf hin, dass mein Fall schon lange verjährt wäre und deshalb strafrechtlich nicht verfolgt werden könnte. Ich erklärte ihr jedoch, dass ich überzeugt sei, dass es noch viele andere Opfer gebe und die Polizei auf jeden Fall recherchieren müsse. Deshalb wollte ich meinen Fall aktenkundig machen. Sie stimmte mir zu.

Ich schilderte ihr, wie ich als Kind missbraucht wurde, mein damaliges Alter und dass sich der Missbrauch über Jahre hingezogen hatte. Die Hauptwachtmeisterin war betroffen, auch sie bestätigte, dass es sich wahrscheinlich um einen Pädophilen handele, der bestimmt nicht aufgehört habe. Sofie, die mit dabei war, berichtete von den ihr bekannten Opfern und versprach, diese Personen zu ermutigen, auch Anzeige zu erstatten, da ihre Fälle möglicherweise nicht verjährt waren. Die Polizistin fragte auch nach Möglichkeiten, mit mir in Kontakt zu treten, da sie sicher noch mehr wissen müsste. Ich erzählte ihr, dass ich am nächsten Tag wieder in die Staaten zurückfliegen würde. Sie schrieb meine Kontaktdaten auf, und dann verließen wir die Polizeistation.

Als ich nach Hause kam, bemerkte mein Mann sofort, dass ich erleichtert war. Wieder hatte ich einen gefürchteten Schritt hinter mir, wieder war ich ein Stückchen weiter auf dem richtigen Weg. Es war, als hätte ich über die Jahre hinter einer

Mauer der Verzweiflung gelebt, und nun fiel endlich ein erster Stein aus ihr heraus. Meine größten Sorgen machte ich mir um meine Eltern. Wie sollte ich ihnen im hohen Alter erklären, dass ihre Tochter jahrelang vor ihren Augen missbraucht worden war? Wie konnten sie das verkraften? Konnte ich es irgendwie vor ihnen verbergen? Wenn die Polizei der Sache jetzt nachging und herauskäme, dass es weitere Opfer gab, wäre es nicht zu vermeiden, dass meine Eltern es erfahren würden. Ich musste es ihnen sagen. Sie durften das nicht von jemand anderem hören.

Plötzlich sagte mein Mann: »Geh mal an den Computer und schau, was es kostet, wenn wir noch ein paar Tage bleiben.« »Meinst du das im Ernst?«, wunderte ich mich. Er antwortete: »Ja natürlich, du kannst doch jetzt nicht so einfach abreisen und es deinen Schwestern überlassen, mit deinen Eltern zu reden.« Mein Mann hatte natürlich recht, daheim würde ich wahrscheinlich verrückt werden vor Unruhe. Also gingen wir zu meinen Eltern und brachten ihnen die Nachricht, dass wir etwas länger bleiben wollten. Ich würde jetzt an Vaters Computer gehen und sehen, was sich machen ließe. Sie freuten sich, uns noch länger bei sich zu haben. Stunden später konnte ich mit unserer Fluggesellschaft einen neuen Abflugtermin ausmachen. Es würde zwar einiges kosten, aber darüber könnten wir uns später Gedanken machen. Auch die Ferienwohnung konnten wir weitere zehn Tage behalten. Wir würden jetzt erst am 8. April, also am Ostersonntag, abreisen. Am nächsten Tag erhielt ich einen Anruf von der Polizei, ich sollte am Tag darauf bei der Kriminalpolizei eine Aussage machen. Gut, dass wir noch da waren.

In dieser Nacht konnte ich wie all die Nächte zuvor wieder keinen Schlaf finden. Immer und immer wieder durchlebte ich die Geschehnisse meiner Kindheit und hatte die gleiche Angst wie damals. Einmal Opfer einer Vergewaltigung geworden zu sein, wäre vielleicht zu ertragen gewesen, aber dass ein anderer über meinen Körper verfügte, mich permanent bedrohte und mir Angst machte, hatte meine Seele zerstört. Als Kind ist man verwundert, warum man böse sein muss und gezwungen wird, etwas zu tun, was man gar nicht will. Warum ein Erwachsener will, dass man etwas Böses tut, wenn doch die Mama immer gesagt hat, man darf nicht böse sein. Das lässt einem kleinen Kopf einfach keine Ruhe. Man weiß nicht mehr, was man machen soll, ist völlig durcheinander. Außerdem will man Mama und Papa nicht enttäuschen. Man muss doch gut sein! Aber der Mann sagte, wenn ich das nicht mehr mache, dann würde er verraten, dass ich etwas Schlimmes tue, und dann würden meine Eltern mich nicht mehr mögen und wegschicken. Das sei sowieso ganz leicht, da sie ja schon wieder ein neues Mädchen hätten. Meine Schwester Bärbel war zu dem Zeitpunkt gerade geboren worden. Diese Erinnerungen quälten mich seit Jahren, und in dieser Nacht waren sie besonders präsent.

Am nächsten Morgen fuhr mein Mann mit mir zur Polizei. Die Kriminaloberkommissarin, die uns empfing, fragte, ob ich nervös sei, und ich antwortete ihr wahrheitsgemäß, dass ich nicht nervös sei, sondern eher wie gelähmt. Es war mir, als ob ich neben mir stehen würde. Auch sie informierte mich darüber, dass mein Fall möglicherweise verjährt sei, sie jedoch gerne die Fakten aufnehmen würde, um sie für die anstehenden Ermittlungen zu nutzen. Wieder gab ich einen genauen Bericht ab wie zwei Tage zuvor.

Auf dem Heimweg berieten mein Mann und ich, wann und wie ich alles meinen Eltern erzählen sollte. Ich war jetzt davon überzeugt, dass sie es erfahren mussten. Als wir zu Hause ankamen, erzählte ich meiner Schwester Katrin von meinen Befürchtungen. Genau wie vor einigen Tagen ermutigte sie mich, dass ich unsere Eltern nicht unterschätzen sollte. Schließlich könnte ich auch vieles damit erklären. Katrin meinte, sie würden mich unterstützen, könnten mein Verhalten als Kind und Jugendliche anders einordnen und endlich verstehen, was früher mit mir los war. Ich war mir da nicht sicher, mir hatte ja immer der Mann gesagt, wenn die Eltern das erfahren würden, was ich gemacht hatte, würden sie mich »nimmer mögen« und mich mit Sicherheit weggeben. Als erwachsene Frau hätte ich mir sagen müssen, dass das Unsinn ist, aber diese Angst steckte zu tief in mir. Trotzdem wusste ich, dass ich nicht zurückkonnte und mit meinen Eltern sprechen musste.

Ich bat sie zu meiner Schwester in die Küche. Katrin und mein Mann waren auch da. Ich fing damit an, dass sie sicher inzwischen gemerkt hätten, dass etwas nicht stimmen würde, und ich ihnen nun davon erzählen müsste. Ich redete nicht lange drum herum, da ich sonst vielleicht den Mut verloren hätte und meine Eltern auch gemerkt hatten, dass es etwas Besonderes zu besprechen gab, so förmlich, wie wir um den Tisch herum saßen. Ich begann damit, dass Sofie vergangenes Jahr Anzeige erstattet hatte und ich mich, nachdem ich davon erfahren hatte, gezwungen sah, auch zur Polizei zu gehen. Denn ich sei auch ein Opfer.

Meine Eltern waren geschockt. Meine Mutter wurde kreidebleich. Ich sah zu meinem Vater hinüber und hatte Angst, dass er wieder einen Herzinfarkt bekommen könnte. Doch er erwiderte meinen Blick und fand als Erster die Worte wieder. Leise und mit brüchiger Stimme sagte er, dass er seine Familie doch extra aus der Stadt hierher gebracht hatte, damit die Kinder in Sicherheit aufwachsen könnten. Und nun das. Mama erinnerte sich, dass ich in Oregon, als sie bei mir zu Besuch war, so etwas angedeutet hatte. Es aber mein Wunsch gewesen war, meinem Vater nichts davon zu erzählen. Ich hatte damals Angst, dass das meinen Vater hätte umbringen können. Beide aber sagten jetzt zu mir, dass ich es richtig gemacht hätte, zur Polizei zu gehen. Sie hatten überhaupt keine Zweifel daran, dass ich ihnen die Wahrheit erzählt hatte. Die jahrelangen Befürchtungen, mir würde niemand glauben, lösten sich in Luft auf, und wieder fiel ein Stein aus der Mauer, die mich umgab.

Wir saßen lange da, wir sprachen, erinnerten uns und weinten zusammen. Ich bin mir nicht mehr sicher, wie und wann wir uns trennten, ich weiß nur, dass mich in dieser Nacht die Vergangenheit einholte. Ich durchlebte jeden Moment meiner Kindheit wieder.

2

»Du bist schuld daran, dass das passiert ist.«

1961–1963

Ich erinnerte mich, wie ich im Erdbeerbeet in unserem Garten saß, nach den roten Früchten suchte und sie sofort in den Mund steckte. Meine Mutter hatte mir das erlaubt. Sie war gerade mit meiner Schwester beschäftigt, die noch so klein war wie meine Puppe. Ich erinnere mich, als der Mann kam und mich mitnahm.

Dieser Mann war, wie ich heute weiß, eigentlich ein vierzehnjähriger Junge. Ich musste ihn gekannt haben, er war mir nicht fremd. Auch seine Mutter ging bei uns ein und aus, da sie mit meiner befreundet war und ihr während der letzten Schwangerschaft geholfen hatte. Die hinteren Gärten unserer Grundstücke stießen aufeinander, nur von einem kleinen Bach und zwei Zäunen getrennt. Durch die Pforten konnte man bequem von einem Grundstück auf das andere gelangen. Da hat mich der Mann hingeführt, zu einer Reisighütte auf ihrem Grundstück. Es war ein dunkler Platz und ich bekam Angst, wollte gehen. Da ließ er auch schon seine Hose herunter und steckte mir sein »Ding« in den Mund. Ich wollte schreien, aber es kamen keine Worte heraus. Die Tränen liefen mir über das Gesicht. Ich ließ meine Puppe fallen, die ich die ganze Zeit im Arm hatte. Ich würgte und würgte, konnte das »Ding« aber nicht aus meinem Mund bekommen, weil ich festgehalten wurde. Ich schlug um mich, versuchte, mich zu wehren. Ich hatte solche Angst und wusste nicht, wie mir geschah.

Als es endlich vorbei war, habe ich laut geweint, da schüttelte mich der Mann und knurrte mich an, ich solle aufhören und den Mund halten. Was ich gerade gemacht hätte, sei ganz böse. Ich stammelte mit tränenerstickter Stimme: »Ich hab doch nichts gemacht! Ich wollte doch gar nicht. Ich sag das meiner Mama.« Er drohte mir: »Es war trotzdem schlimm. Und du bist schuld daran, dass das passiert ist.« Wenn meine Mama das erfahren würde, dann müsste ich weg in ein Kinderheim, weil sie mich nicht mehr mögen würde. »Meine Mama mag mich«, sagte ich ganz fest, weil ich davon überzeugt war. Da lachte er höhnisch und erwiderte: »Die brauchen dich nicht mehr, die haben ja eh schon ein neues Mädchen!« Wenn ich was sagen würde, müsste ich fort. Das war das letzte Mal, an das ich mich erinnere, geweint zu haben.

Ich weiß nicht mehr, wann und wie ich nach Hause kam. Brachte er mich zurück? Ich weiß es nicht. Der Schock war zu groß. Ich spürte erstmals diese ungeheure Lähmung in meinem Körper, eine Lähmung, die ich bis heute in mir habe. In meiner kleinen heilen Welt war alles durcheinandergeraten. Sie war weg, die heile Welt, einfach weg. Ich weiß nicht, wie lange ich so starr war. Ich kann mich an nichts anderes erinnern als das Gefühl der Lähmung.

Meine Mutter sagte, dass ich danach wochenlang immer auf dem kleinen Stühlchen gesessen habe, das mir mein Vater gezimmert hatte, mich hin und her wiegte und nur stur geradeaus schaute – immer zum Berg hinüber, in die Richtung, in der er wohnte – und nicht ansprechbar war. Irgendwann kam meine Mutter zu dem Schluss, dass ich wohl auf meine kleine Schwester, die gerade geboren war, eifersüchtig war. Das ist auch der Grund, warum ich so genau weiß, dass ich erst vier Jahre alt war. Ich war im Februar vier Jahre geworden, Bärbel wurde im Mai geboren und die Erdbeerzeit ist im Juni.

In diesen Nächten, am Ende unseres Urlaubs, erinnerte ich mich nicht nur an die Tat und Umstände, sondern ich fühlte auch alles wieder. Die Lähmung, die Angst, die Tränen – mir war genauso zumute wie damals. Ich war wieder vier Jahre alt und hatte Angst. Es waren nicht die Erinnerungen einer Erwachsenen, sondern die eines Kindes. Der Dialog war in kindlicher Einfachheit. Ich konnte alles mit meinem inneren

Auge wiedersehen, hörte die Stimmen, als stünde jemand neben mir. Heute weiß ich von Therapeuten, dass man diese Episoden Flashbacks nennt und dass sie typisch sind für traumatisierte Menschen.

Nach dem Missbrauch wollte ich nicht mehr in den Garten, schon gar nicht zu den Erdbeeren. In jedem Wort, das meine Mutter zu mir sagte, und in jeder Geste, die sie mir gegenüber machte, suchte ich nach Verständnis und Hilfe. Wusste sie denn nicht, dass ich verzweifelt war, Angst hatte und nicht mehr weiterwusste? Natürlich bemerkte meine Mutter, dass etwas nicht stimmte. Sie bekam aber keine Antwort von mir und dachte, ich sei eifersüchtig auf Bärbel. Sie hat mir später oft erzählt, dass ich nach ihrer Geburt einfach nicht ansprechbar war, und wenn meine Mutter Bärbel im Arm hatte und sie mir zurief, ich solle dazukommen und mich auch an sie kuscheln, weigerte ich mich. Ich hatte Angst, dass meine Mutter merken würde, dass ich jetzt ein böses Mädchen war, wenn ich ihr zu nahe käme. Auch wenn sie mich ins Bett brachte und mir nach dem Beten sagte, dass sie mich lieb hat, konnte ich ihr das nicht glauben. Sie wusste ja nicht, wie böse ich war, und wenn sie es gewusst hätte, hätte sie nie gesagt, dass sie mich lieb hat.

Ein Nachtgebet ist mir besonders in Erinnerung geblieben: »Ich bin klein, mein Herz ist rein, es soll niemand drin wohnen als Jesus allein.« Ich habe meine Mutter immer gefragt, wie man denn weiß, ob das Herz rein ist? Sie antwortete: »Die Herzen aller kleinen Kinder sind rein, das weiß der Herr Jesus.« »Auch wenn man manchmal böse ist?«, bohrte ich. »Ja, auch dann«, beruhigte sie mich und fügte erklärend hinzu: »Du musst nur immer dein Bestes tun, um brav zu sein. Dann vergibt der Herr Jesu, wenn man auch einmal böse ist.« Da habe ich gebetet, dass der Herr Jesus in meinem Herzen wohnen soll und macht, dass ich nicht mehr böse sein muss.

Aber immer wieder hat der Mann mich gefunden, er hat nicht immer dasselbe gemacht, manchmal hat es sehr wehgetan, und jedes Mal hat er mir gesagt, dass ich ein böses Kind bin. Ich bin schuld, dass er das machen muss. Aber ich wollte doch nicht! Das sagte ich auch, und er meinte, das denkst du nur, du willst das ganz bestimmt. Jedes Mal drohte er mir damit, es meinen Eltern zu sagen, wenn ich mich vor ihm verstecken würde. Später fügte er noch hinzu, dass, wenn es die Leute im Dorf erfahren würden, meine ganze Familie mit Schimpf und Schande aus dem Dorf gejagt werden würde.

Die Meinung der Dorfbewohner spielte damals eine große Rolle, ganz egal von welcher Seite, ob von meinen Eltern oder meinen Tanten, immer hieß es: »Was werden da die Nachbarn sagen« oder »Was werden da die Leute denken«. Mir war deshalb als Vierjähriger schon bewusst, dass es sehr wichtig war, was die Leute von uns dachten. Nachts im Bett, wenn ich alleine war, hab ich den Herrn Jesus gebeten, wieder in mein Herz zu kommen. Ich wollte doch so gerne brav sein. Ich lag oft mit offenen Augen da und konnte nicht schlafen. Auch weinen konnte ich nicht. Immer war da diese innere Lähmung. Ich wünschte mir nur, dass alles zu Ende sein würde. Irgendwann habe ich dann resigniert und es über mich ergehen lassen. Man kann Gefühle wegsperren, einfach aufhören zu fühlen, und das habe ich gemacht.

Rückblickend erkenne ich, dass auch meine Mutter es damals schwer hatte. Sie war zwar aus dem Nachbardorf, kannte aber außer ihren Schwestern niemanden im Dorf, und Autos, Telefone und Fernseher gab es noch nicht. Der größte Luxus war Zeit, man hatte einfach keine. Die Schwestern meiner Mutter waren beide mit Bauern verheiratet, dadurch hatten sie den Vorteil, sofort in die Dorfgemeinschaft aufgenommen zu werden. Aber sie mussten auch tagein, tagaus schuften: Kühe mit der Hand melken, waschen ohne Maschine, Essen haltbar machen ohne Kühlschrank und so weiter. Meine Mutter, die mit ›einem aus der Stadt‹ ankam, war auf sich allein gestellt. Die Freundschaft mit Frau G.*, die auch eine Arbeiterfrau war, war für sie eine Zufluchtsstätte. Und als meine Mutter mit meiner Schwester schwanger war, stand Frau G. ihr zur Seite. Ihr damals vierzehnjähriger Sohn begleitete sie oft und wurde manchmal beauftragt, auf mich aufzupassen. Er war »ihr Bübchen – groß und spindeldürr«, sind die Worte einer Frau, die damals beide kannte, »und wohl ein typischer Nachzügler«. Nach der Volksschule besuchte er eine Handelsschule. Ich kann mich nicht mehr an sein Gesicht erinnern, nur, dass er in meinen Augen sehr groß war und schroff. Aber seine Stimme, die würde ich immer wiedererkennen, und ich höre sie sogar heute noch.

Wenn er in unser Haus kam, versuchte er immer unter meinen Rock zu langen oder meine Hand in seinen Schritt zu drücken. Es war ihm egal, dass unsere Mütter nicht weit entfernt waren. Wahrscheinlich gab ihm das einen besonderen Kick. Ich hatte in diesen Momenten besonders Angst, dass meine Mutter uns entdecken würde. Obwohl ich mir im Nachhinein nicht ganz sicher bin, ob ich mir manchmal nicht heimlich wünschte, alles würde auffliegen, damit der Alptraum zu Ende wäre.

Ich musste immer verstecken, was wirklich in mir vorging, wer ich wirklich war. Mit vier Jahren ist das nicht einfach, ein Doppelleben zu führen. Es sind wichtige Jahre für ein Kind, sie sind prägend für das ganze Leben. Eltern erklären einem beispielsweise den wichtigen Unterschied zwischen Gut und Böse. Nur ich konnte das nicht verstehen und war verwirrt. Die Erwachsenen wussten offensichtlich nicht, dass man sehr, sehr böse sein konnte, obwohl man es gar nicht wollte. Ich konnte überhaupt nichts dagegen tun. Wenn ich versuchte brav zu sein, würde ich weggeschickt werden oder meine Eltern und die kleine Schwester hätten mit Schimpf und Schande das Dorf verlassen müssen. Es war ein ewiges Hin und Her, das mir auch heute noch zu schaffen macht.

Wenn meine Mutter mir erklärte, dass man dieses oder jenes nicht machen solle, weil sonst dieses oder jenes passieren würde, dann bezog ich nur das Negative auf mich. Eine Regel lautete beispielsweise: Wenn kleine Mädchen nicht folgten, dann würde aus ihnen nichts werden. Für mich hieß das nun: Da ich etwas Böses tat, würde aus mir bestimmt nichts werden. Die Folge dieses Verwirrspiels war, dass ich nie Selbstbewusstsein entwickeln konnte. Es half auch nicht, wenn meine Eltern mich lobten, denn das würden sie nicht machen, wenn sie wüssten, was für ein schlechtes Mädchen ich war.

An den langen Sommer 1961 erinnerte ich mich in den letzten Jahrzehnten immer und immer wieder. Die seelischen Belastungen, die ich damals aushalten musste, verfolgen mich bis heute – mein ganzes Leben lang.

Dann kam der Herbst und der Winter, wir spielten mehr im Haus. Meine kleine Schwester konnte krabbeln und zog sich an allem hoch. Sie lachte oft, wenn ich mit ihr spielte. Kam es dann doch mal vor, dass sie weinte, dachte ich sofort, dass es meinetwegen sei. Egal was meine Mutter sagte, ich war davon überzeugt, dass Bärbel mich nicht mögen würde. Dennoch, im Winter fühlte ich mich geborgen. Die Türen waren zu, der Holzofen in der Küche strahlte eine gemütliche Wärme aus. Besondere Düfte, die es im Sommer nicht gab, durchströmten das Haus. Mutter bastelte mit mir Weihnachtsschmuck und wir verschönerten das Haus mit grünen Tannenzweigen. Wir backten Plätzchen und genossen die Weihnachtszeit. Mama meinte, ich wäre halt doch ihre Große und eine ganz schöne Hilfe. Ich war so stolz.

Wir sahen nie andere Dorfbewohner außer den Nachbarn und Tanten. Ich kann mich auch nicht daran erinnern, dass meine Patin jemals bei uns war, obwohl sie gegenüber wohnte. Eine Tante, die auf der anderen Seite des Baches wohnte, kam im Winter gelegentlich mit meinen Cousins vorbei und natürlich Frau G. Ansonsten wurden Feste privat gefeiert und nicht in der Dorfgemeinschaft. Man sah sich auf dem Weg zur Kirche am Sonntag, denn die lag fast einen Kilometer außerhalb des Dorfes. Auf dem Heimweg liefen alle mitten auf der Straße, denn am Sonntag war kein Bauer mit dem Fuhrwerk unterwegs, und erzählten sich, was es Neues gab. Kleine Kinder wurden nicht mit in die Kirche genommen, daher wechselten sich meine Eltern ab mit dem Kirchgang. Wir durften erst dorthin, als wir in die Schule kamen.

Weihnachten wurde die gute Stube geheizt und am Heiligabend kam das Christkind. Das kam auch zu meiner Patin. Ich freute mich, wenn meine Cousins kamen und ihre Geschenke unter dem Baum auspacken durften. Gegenseitig zeigten wir uns unsere Geschenke, und natürlich waren die des jeweils anderen immer viel interessanter als die eigenen. Das waren die wenigen Augenblicke in meiner Kindheit, in denen ich mich erinnere, fröhlich gewesen zu sein. Ich durfte ein ganz normales Kind sein. Ich mochte meine Cousins und spielte gerne mit ihnen. Nur zur Tante auf der anderen Seite des Baches ging ich nicht gern. Man musste im Winter durchs ganze Dorf laufen, immer bei dem Mann vorbei, der manchmal aus dem Haus kam und mir Zeichen gab. Meine Mutter, ohne die ich allein noch nicht so weit gehen durfte, meinte, er winke mir aus Freundlichkeit zu, und dachte sich weiter nichts dabei. Schließlich kannten wir uns alle gut. Ich aber verstand diese Zeichen und versuchte ihn zu ignorieren. Mich verfolgte die Angst, bis ich bei meiner Tante angekommen war. Ich hatte sowohl Angst davor, dass er mich finden würde, als auch davor, was er tun würde, wenn ich versuchte, ihm auszuweichen. Wenn mich diese Angst überkam, konnte ich mich nicht mehr auf das Spiel mit meinen Cousins konzentrieren. Ich war gereizt, unausstehlich und wurde oft wieder heimgeschickt.

Meine Familie war irritiert, sie wusste nicht, was sie tun sollte. Die Erwachsenen verstanden nicht, was in mir vorging. Sie sagten, ich sei verwöhnt, würde meine Tante und meinen Onkel nicht mögen und wollte nicht mit den Bauernkindern spielen. Für mich als Vierjährige war das damals alles sehr schwierig. Ich mochte meine Tante. Sie hatte zwar eine etwas ruppige Art, aber wir wussten, dass sie es nicht so meinte und eigentlich lustig war. Den Onkel mochte ich auch, er hatte immer ein paar Nüsse für uns in der Tasche und manchmal sogar einen Apfel.

Bis zum nächsten Frühjahr galt ich bei allen als kleine Göre, als Dickschädel und ungezogener Fratz. Die Geborgenheit, die ich in der Weihnachtszeit gespürt hatte, war weg. Ich war überzeugt, ein richtig böses Kind zu sein, schließlich konnte ich keinem etwas recht machen.

In diesem Jahr ließ mich meine Mutter auch alleine zu den Nachbarn und meiner Patin gehen. Ich war ja jetzt schon fünf. Ich musste nur meiner Mutter Bescheid sagen, wo ich hinging. Heute weiß ich, dass sie mir immer nachgeschaut hat, um sicherzugehen, dass ich auch dahin ging, wo ich hin sollte. Wenn sie mich einmal suchte, rief sie lauthals, denn Telefone gab es noch nicht. So riefen Mütter und Väter einfach nach ihren Kindern, und wenn man es nicht hörte, dann gaben die anderen Dorfbewohner die Nachricht weiter: »Was? Du bist noch nicht zu Haus? Deine Mutter hat schon vor einer halben Stunde nach dir gerufen.« Das waren unsere Wege der Kommunikation.

Unsere Nachbarn nebenan hatten keine Kinder, aber eine Oma. Wir hatten keine Oma, da die Großeltern schon gestorben waren und meine Eltern als Waisenkinder aufwuchsen. Es gab einen Pfad von unserem zu ihrem Anwesen, den ich alleine gehen durfte. Durch eine Pforte gelangte ich in den Hof. Ich musste nur aufpassen, dass ich nicht in den Misthaufen fiel, der direkt vor der Eingangstür lag. Wenn ich es geschafft hatte, diesen zu umrunden, ging es durch die Tür in einen langen Flur. Der war wie in den meisten Häusern schrecklich dunkel. Bevor ich den Wohnbereich betrat, klopfte ich an die Küchentür, eine Klingel hatte niemand.

Die Oma war immer zu Hause und erzählte mir schöne Geschichten. Währenddessen stellte sie eine Salzschüssel auf den Tisch, in die ich hineinlangen durfte, um dann meine Finger abzuschlecken. Ich fühlte mich wohl in ihrer Nähe, denn ich musste ihr nichts vormachen. Nur still dasitzen und zuhören. Ihre Geschichten waren wunderbar, sie erzählte mir von Prinzessinnen, die alle lieb hatten und die immer einen schönen Prinzen fanden. Ich träumte davon, wenn ich groß war, für so eine Prinzessin zu arbeiten. Sie würde bestimmt gut auf mich aufpassen und nicht zulassen, dass jemand mir wehtat. An Fasching hatte ich Geburtstag, und dann durfte ich die Prinzessin sein. Wir zogen uns Kostüme an, liefen durch die Straßen und unsere Mütter begleiteten uns zum Kinderfasching im großen Saal des Gasthauses. Mir gefiel es, mit all den Kindern verkleidet herumzutoben.

Im Hof gegenüber wohnten meine Patin, meine beiden Cousins, der eine war gerade erst geboren, und meine ältere Cousine. Sie half ihrer Mutter oft, und wenn ich kam, sagte meine Patin, dass ihre Kinder keine Zeit zum Spielen hätten, da sie ja Bauern seien und alle arbeiten müssten. Wenn ich dann helfen wollte, zum Beispiel beim Wäschewaschen oder Kochen, ließ sie mich nicht und meinte, ich würde mich nur nass machen oder bekleckern. Sie müsste schließlich arbeiten und hätte keine Zeit, sich den ganzen Tag um mich zu kümmern wie meine Mutter. Was das eine mit dem anderen zu tun hatte, war mir nicht klar. Dass wir keine Bauern waren und meine Eltern daher ein schönes Leben hätten, musste ich mir meine ganze Kindheit lang anhören. Nicht nur meine Patin, sondern das ganze Dorf dachte so. Damals gab es nur drei oder vier Arbeiterfamilien und wir waren die Einzigen, die neu hinzugekommen waren – »die Zugereisten«. Die anderen stammten aus alteingesessenen Familien. Nur die Gastwirtschaft wurde auch von »Auswärtigen« betrieben, der Mann war ein Flüchtling und lange Taxifahrer gewesen – ich glaube, das war damals sogar noch schlimmer, als Schreiner zu sein wie mein Vater.

Dann kam der Sommer, und der Mann, von dem ich wusste, dass er Bernd hieß, kam auch wieder öfter. Immer tauchte er auf, wo ich war. Woher wusste er, wo er mich finden konnte? Er muss auf der Lauer gelegen haben, wenn er mich auf dem Nachhauseweg abfing. Er zog mich in eine alte Scheune oder hinter einen Busch und verging sich an mir. Das Ganze dauerte wahrscheinlich nicht länger als fünf Minuten. Mir aber kam es vor wie eine halbe Ewigkeit. Danach versteckte ich mich immer. Ich konnte einfach nicht nach Hause. Ich schämte mich und machte mir Vorwürfe, dass ich wieder böse gewesen war. In mir geriet alles durcheinander. Ich war so aufgewühlt, hatte Angst. Vor meinen Eltern konnte ich es verheimlichen, aber nicht vor dem lieben Gott. Mama sagte immer, Gott sieht alles, vor dem kann man nichts verbergen und wenn man sündigt, wird man in der Hölle landen, und ich hatte mich schon einmal verbrannt, wusste also, wie weh das tat. Für immer ins Fegefeuer zu kommen, davor hatte ich riesige Angst. Ich versuchte, diesen Gedanken zu verdrängen, damit ich nicht in Panik geriet. Aber es war eine Sünde. Oder? Bestimmt, ich ließ es ja geschehen, schrie nicht und lief nicht davon. Aber wenn ich es täte, würden meine Eltern erfahren, was für ein böses Kind ich war und sie würden mich nicht mehr mögen. Bernd drohte mir wieder, er würde es im ganzen Dorf herumerzählen, so dass meine Eltern mit Schimpf und Schande aus dem Dorf geworfen würden. Es dauerte immer eine ganze Weile, bis ich all diese Gedanken wieder kontrollieren konnte, alles verdrängen, um dann nach Hause zu gehen, als sei nichts geschehen.

Mit der Zeit bemerkte ich, dass Bernd am Morgen fast nie zu sehen war. Ich versuchte deshalb, nachmittags wenn möglich nicht aus dem Haus zu gehen. Er beschimpfte mich und fragte, warum ich nicht mehr draußen spielen würde. Ich sagte ihm dann, dass meine Mama mich am Nachmittag nicht rauslassen würde. Es war einfach, ihn anzulügen. Überhaupt kamen mir die Lügen immer leichter von den Lippen. Sie waren für mich überlebenswichtig geworden – gegenüber Bernd, wenn ich ihm fernblieb, und gegenüber meiner Mutter, wenn Bernd mich wieder gefunden hatte.

Mein Vater und meine Mutter hatten mir immer wieder eingeschärft, dass man nicht lügen darf. Ich habe sie oft gefragt, ob das immer gilt. Nicht eine einzige kleine Lüge? Was aber, wenn man nicht anders konnte. »Das gibt es nicht, man kann immer die Wahrheit sagen«, sagte daraufhin meine Mutter. Aber ich wusste, dass das nicht wahr sein konnte. Meine Eltern wussten offensichtlich nicht, dass sie aus dem Dorf getrieben werden würden, wenn ich nicht log. Wie konnte so eine Lüge dann falsch sein? Es wollte und wollte nicht in meinen kleinen Kopf. Das mit dem Bösesein und dem Lügen war so verwirrend, dass es für meine Eltern schwierig wurde, mir andere Erziehungsmaßnahmen zu erklären. Ich wusste, wenn man was falsch machte, musste man es nur geheim halten, und wie das funktionierte, wusste ich ganz genau. Aber die Geheimnistuerei bedrückte mich. Ich hatte ständig ein schlechtes Gewissen. Wenn ich beim Lügen erwischt wurde, wurde ich natürlich bestraft, und dann weigerte ich mich tagelang aus dem Haus zu gehen. Ich nahm meiner Mutter Bestrafungen nicht übel. Ich schluckte nur einmal und war sofort wieder freundlich. Sie war überrascht, dass ich nie beleidigt war und gleich wieder lachte. Manchmal, wenn Mutter mich nicht beim Lügen erwischte, stellte ich extra etwas an, damit sie mich bestrafte. Ich dachte, dann würde ich mich nicht so schlecht fühlen, ich hätte ja schließlich für meine Tat gebüßt.

Es war nun fast ein Jahr vergangen, seitdem Bernd mich zum ersten Mal angegriffen hatte. In dieser Zeit hatte ich gelernt, mein Leben aufzuteilen: In dem einen Leben war ich die Schauspielerin, die vorgab, gut zu sein – wenn ich mit meinen Cousins spielte oder zu Hause war –, und in dem anderen musste ich böse sein, damit ich nicht weggeschickt wurde oder meine Eltern aus dem Dorf verjagt wurden. Ich hatte verlernt, einfach nur Kind zu sein, ein Kind, das fröhlich drauflos plappert, spielt und lacht. Auch wenn der Mann mich nicht jeden Tag fand, so waren die Zeitspannen zu kurz, um sich auch nur ansatzweise davon erholen zu können. Ich war und blieb böse und hatte jeden Tag damit zu kämpfen. Das alles verstörte mich, ich war immer unruhig, konnte mich auf nichts konzentrieren.

Ich erinnere mich, dass meine Mutter des Öfteren sagte: »Jetzt spiel doch mal mit deiner Puppe, andere Kinder können doch auch alleine spielen.« Aber ich konnte mit der Puppe nichts anfangen. Mir kam das falsch vor, mit einer Puppe heile Welt zu spielen, die es nicht gab. Außerdem antwortete mir dieses Ding ja auch nicht auf die vielen Fragen, die ich hatte. Was also nutzte es mir, mich mit ihr zu beschäftigen. Ich mochte sie auch nicht lieb haben, da ich mir sicher war, dass mich auch keiner lieb hatte, und gleichzeitig vermisste ich beispielsweise die Liebkosungen meiner Eltern. Es war nicht so, dass sie mich nicht umarmen wollten, ich verweigerte mich ihnen. Ich hatte solche Angst, dass ich mich dann verraten würde.

In diesem Sommer entschlossen sich meine Eltern, ein neues Haus zu bauen. Wir mussten so lange in ein kleineres Haus umziehen – ans andere Ende des Dorfes. Als ich das hörte, war ich überglücklich. Bedeutete das, dass der Mann mich nicht mehr finden würde? War doch das Haus in meiner kindlichen Vorstellung weit weg. In Wirklichkeit ist es nur einige Straßen entfernt. Abends, wenn ich im Bett lag, begann ich zu fantasieren, wie es wohl sein würde, nicht mehr böse zu sein. Ein Leben ohne Geheimnisse und Lügen. Ein unbekanntes Gefühl der Freiheit breitete sich in mir aus. Meine Eltern meinten zwar, es würde eine schwere Zeit für uns werden, da wir uns einschränken müssten, aber mir kam das alles vor wie im Paradies. Überhaupt gab es dort keinen Garten und auf dem Hof war ein so hohes Tor, dass mich bestimmt niemand sehen würde, wenn ich dort spielte. Ich freute mich.

Die Erleichterung war mir anzumerken und für eine kurze Zeit war das Leben fast schön. Sogar mit meiner Schwester konnte ich jetzt spielen, ich war nicht mehr so viel mit meinem Kummer beschäftigt. Endlich würde ich ein gutes Mädchen werden. Ich würde nie wieder etwas Böses tun. Und wenn mein Papa uns ein Haus baute, könnte die Familie auch nicht mehr aus dem Dorf gejagt werden.

Nach dem Umzug ins untere Dorf sahen wir unsere alte Nachbarin Frau G. wenig, und so hatte auch ihr Sohn keinen Grund mehr, zu uns zu kommen. Um mich herum gab es nun endlich auch andere Kinder in meinem Alter. Aber ich wusste nicht, wie ich mich ihnen gegenüber verhalten sollte. Bisher hatte ich nur mit meiner kleinen Schwester und den Cousins gespielt. Ich kannte andere Kinder nicht, obwohl das Dorf doch klein war.

Außerdem hatten mich die Erlebnisse des vergangenen Jahres geprägt und mir kam es vor, als wenn alles, was ich sagte, gelogen oder gekünstelt war. Ich hatte kein Selbstvertrauen, wusste nicht, was man tun musste, um gemocht zu werden. Im Spiel mit anderen Kindern machte sich all das bemerkbar: Um mir meine Schüchternheit nicht anmerken zu lassen, übertrieb ich es oft und war vorlaut, gab mich wieder nicht so, wie ich war. Die meisten Kinder wollten dann nicht mehr mit mir spielen, weil ich mit allem, was ich tat, beweisen wollte, dass ich nicht böse war. Ich wollte immer im Mittelpunkt stehen, überall die Beste sein und alles können. Ich dachte mir, wenn ich nur laut genug war und alles besser konnte, dann würde das die anderen davon ablenken, zu sehen, was wirklich mit mir los war. Aber die stete Abweisung der anderen Kinder verunsicherte mich, und ich zog mich immer mehr zurück. Das ging so weit, dass meine Mutter mich oft hinaustreiben musste und meinte, ich sollte doch mit den anderen Kindern spielen. Ich wäre ein richtiger Stubenhocker. Aber das war nicht alles, was mein Leben unerträglich machte. Nicht lange nachdem wir umgezogen waren, fand mich der Mann wieder und war auf einmal überall – es war Sommer.

Unser Dorf war sehr klein, damals gab es nur ungefähr dreißig Wohnhäuser, in denen knapp hundertfünfzig Menschen lebten. Es war üblich, dass wir Kinder auf der Straße spielten, denn Autos gab es nicht. Die Bauern wirtschafteten noch mit Zugtieren, meistens Ochsen, nur einige reiche Bauern konnten sich Pferde oder gar einen Traktor leisten. Das

Getreide wurde noch mit der dorfeigenen Maschine gedroschen. Eschenau lag abgeschieden in einem Tal. Es gab nur eine Straße, die vom größeren Nachbardorf, wo es einen Lebensmittelhändler, einen Bäcker und sogar einen Metzger gab, ins Dorf führte. In ein anderes Nachbardorf gelangte man nur über eine Schotterstraße, und zum Wald hoch war die Straße nur halb geteert. Wir waren abgeschieden, unter uns, was natürlich auch bedeutete, dass alle aufeinander angewiesen waren. Es konnte sehr einsam werden, wenn einer aus der Dorfgemeinschaft ausgeschlossen wurde.

Die Häuser waren verbunden durch kleine Gässchen, schmale Pfade führten zu den Scheunen und Hütten, in denen Reisig oder Holz aufbewahrt wurde. Es gab viele Äcker und Felder, auf denen Bäume und Büsche wuchsen. Und trotzdem, wenn ich an das Dorf zurückdenke, sehe ich es fast schwarzweiß, sehr wenige Häuser waren verputzt, alles sah grau aus: der Sandstein hellgrau und die Balken im Fachwerk fast schwarz. Kaum ein Hof hatte eine Toilette oder Badewanne im Haus, das konnten sich nur die reichen Leute leisten. Wir Kinder wunderten uns, ob es wohl wahr war, dass die Menschen in der Stadt alle den Abort im Haus hatten. Da musste doch das ganze Haus stinken.

Die Blumenkästen, die heute die Fassaden schmücken, gab es damals noch nicht. Man sah morgens, wie die Betten zum Lüften aus den Fenstern gehängt wurden oder sich eine alte Frau aus dem Fenster lehnte, um den Kindern beim Spielen zuzusehen. Es gab keinen Fernseher, die größeren Kinder mussten mit auf dem Feld arbeiten, die jüngeren spielten auf der Straße oder auf den Wiesen. Es gab keine Läden, wenn man etwas brauchte, bekam man es von der Gastwirtin im Dorf. Sie hatte eine Art Vorratskammer, in der es anscheinend alles gab. Einkaufen in der Stadt wurde dadurch zu einem großen Ereignis. Nur alle zwei Wochen fuhr ein Bus dorthin, ansonsten war es nur mit dem Traktor oder Fahrrad möglich. Fast alle Einwohner bauten selbst Nahrungsmittel an und versorgten sich ansonsten im Nachbardorf mit dem Notwendigsten. Sogar meine Eltern hielten ein Schwein, Geflügel und Stallhasen. Mutter hatte außerdem einen großen Garten, in dem sie alle erdenklichen Gemüsesorten und Beeren anbaute, und mein Vater hatte drei Äcker gepachtet, auf denen Kartoffeln, Rüben und Weizen wuchsen.

Im Spätsommer lauerte mir Bernd wieder zu allen Tageszeiten auf – nicht nur auf den Feldern, sondern auch im Dorf, in den Gassen, hinter den Scheunen. Ich nehme an, dass er zu dieser Zeit Ferien hatte. Es war mittlerweile so, dass er nur erscheinen und mit dem Kopf andeuten musste, dass ich mitkommen sollte, und ich ging. Die Angst, was er mir und meiner Familie antun könnte, siegte über alles andere. Mit der Zeit lernte ich meine Gefühle zu verdrängen, ich hörte einfach auf zu fühlen. Nur so konnte ich den ständigen Missbrauch ertragen. Ich begann mich damit abzufinden, dass es immer so weitergehen würde. Immer würde er mir wehtun, immer würde ich verbergen müssen, wie schlecht ich war.

Als er mich in diesem Sommer wiederfand, war meine Enttäuschung groß, und ich fragte mich, ob es wohl allen kleinen Mädchen so geht. Ich beneidete meine kleine Schwester, die erst langsam richtig sprechen lernte. Sie hatte keine Sorgen und vor allen Dingen brauchte sie keine Angst zu haben. Ich hoffte, dass sie diese Angst nie kennenlernen musste. Ich hatte es aufgegeben, mich zu wehren. Es war ja wie ein Kreislauf: Wenn ich meinen Eltern sagen würde, was mit mir los war, dann würden sie mich nicht mehr als ihre Tochter ansehen, das wurde mir mehr und mehr bewusst, je älter ich wurde. Sollte ich mich aber Bernd verweigern, dann würde er dafür sorgen, dass alle erfahren würden, dass ich Schande über unsere ganze Familie gebracht hätte. Ich glaubte auch mit der Zeit, dass ich wirklich schuldig war, irgendetwas musste ich ja gemacht haben, dass Bernd so auf mich reagierte. Ich kam mir dreckig und minderwertig vor. Ganz egal was meine Eltern sagten, Bernd hatte recht, ich war ein Nichts, schließlich wusste er ja, wie ich wirklich war, und konnte es besser beurteilen als meine Eltern. Was ich in diesen Jahren lernte, waren Schuldgefühle. Egal was passierte, ich war schuld daran. Ich lernte nie, Selbstvertrauen aufzubauen und Stolz zu empfinden.

Auch zu Hause ging es weiter wie bisher, Mutter ertappte mich oft beim Lügen; wenn sie mich fragte, wo ich gewesen war, sagte ich, bei der oder der Freundin, meine Mutter wusste aber genau, dass das nicht wahr war, da sie dort schon nach mir gesucht hatte. Also wurde ich wieder bestraft. Immer wieder hörte ich, wenn man nicht ehrlich sei, würde man es zu nichts im Leben bringen. Für mich stand fest, wie mein Schicksal aussah. Es ist unglaublich, was die wenigen Minuten, in denen er mich quälte, und die wenigen Sätze, die er zu mir sagte, angerichtet haben und wie sie mein ganzes Leben veränderten.

In diesem Herbst wurde in der Gemeinde der erste Kindergarten eröffnet. Ich durfte auch dort hin und ich weiß noch, dass ich eine neue Schürze bekam. Damals trugen alle Mädchen Schürzen. Meine hatte Mama selbst genäht. Sie sagte zu mir, dass ich dem Fräulein folgen müsste, dass die Spielzeuge allen gehörten und geteilt werden müssten. Ich solle also brav sein, damit sie stolz auf mich sein könnte. Natürlich wollte ich, dass meine Mutter stolz auf mich war, aber so einfach ging das nicht.

Ich konnte nicht mit anderen Kindern umgehen, wusste nicht, wie man mit ihnen spielt. Meine Cousine war auch da, aber sie war einige Monate jünger als ich und sehr scheu. Sie konnte sich also auch nicht durchsetzen und mir damit weiterhelfen. Ich fand es doof, wenn die anderen Kinder mit Holzfiguren spielten und so taten, als ob sie sprechen konnten. »Wir tun doch nur als ob«, sagte mir ein kleiner Junge. Aber für mich war das Leben zu real, ich konnte oder wollte nicht herumfantasieren. Die Konsequenz war, dass die anderen Kinder miteinander spielten und ich mich nicht traute, zu ihnen zu gehen, weil ich Angst hatte, sie würden nicht mit mir spielen wollen. Ich habe mich merkwürdig gefühlt, wusste aber nicht, wie ich es ändern sollte. Schon wieder hatte ich versagt, ich konnte einfach nichts, nicht einmal mit anderen Kindern spielen. Wenn ein anderes Kind mir ein Spielzeug anbot, schüttelte ich verneinend den Kopf. Ich wagte es einfach nicht.

Mir gefielen nur die täglichen Lesestunden. Da wurde ich munter. Das Vorlesen eröffnete mir eine Welt fernab von unserem Dorf. Oft träumte ich mich in die Geschichten, die heile Welt, hinein, von der ich dann ein Teil war. Eine Welt, in der ich nicht mehr scheu war und keine Angst hatte. Ich war darin fröhlich und frei.

Nach dem Kindergarten gingen wir alle nach Hause und mussten uns umziehen. Hinterher durften wir draußen gemeinsam spielen. Ich wollte auch dabei sein, stand aber meistens nur abseits und beobachtete die anderen. Ich wartete darauf, dass die anderen mich zum Mitspielen aufforderten, was aber nur selten geschah, wenn eines der Kinder in der »Mannschaft« fehlte.

In diesen frühen Nachmittagsstunden war Bernd nirgends zu sehen, er war zu alt, um mit uns zu spielen. Manchmal vergaßen wir die Zeit oder ein paar von uns gingen zum Berg, um frische Beeren zu pflücken. Dann kam manchmal Bernd hinter einem Busch hervor und zog mich mit sich. Er zwang mich, ihn zu berühren, missbrauchte mich, obwohl die anderen Kinder in der Nähe waren. Erst vor kurzem hat mir eine Freundin erzählt, dass ich manchmal beim Spielen verschwand, und wenn ich dann wieder auftauchte, war ich meist unausstehlich. Auch dass ich oft weggerannt bin, mich weigerte durch einen der engen Wege oder dunklen Pfade zu gehen, kam ihnen damals komisch vor, wo ich doch sonst keine Angst hatte, zum Beispiel am Friedhof vorbeizugehen.

In diesem Jahr begann mein Vater im Nachbardorf Turnstunden zu geben. Er nahm mich mit und ich lernte andere Kinder kennen. Ich hoffte, dass das für mich ein neuer Anfang sein könnte. Vielleicht konnte ich diese Kinder von Anfang an beeindrucken, so dass sie mich gleich mögen würden. Dann musste ich nicht immer unsicher sein und Angst haben, dass sie mich ignorieren würden, schließlich war ich ja die Tochter des Turnlehrers. Aber leider war ich nicht die Beste im Turnen. Dabei wollte ich doch so gerne, dass die Kinder mich gut fänden und Papa stolz auf mich war. Also wieder eine Niederlage, ich konnte wirklich nichts. Ich zog mich noch weiter zurück.

Im Herbst gingen wir, meine Schwester, die jetzt schon laufen konnte, und ich, mit unserer Mutter in den Wald, um Hagebutten für Gelee zu pflücken oder Reisig für den Winter zu sammeln. Nach der Schneideernte gingen wir auf die Felder, um Getreide nachzulesen, das die Bauern liegen gelassen hatten. Genau wie im vergangenen Jahr wurde der Winter wieder ruhiger für mich. Dieses Jahr durfte auch meine Schwester beim Plätzchenbacken helfen. Ich wurde wieder in Ruhe gelassen und hoffte, es würde immer Winter sein.

Wenn man in den Schnee hinaus durfte, hatte man so viele Jacken an, dass man sich kaum bewegen konnte, und Wollstrümpfe, die ständig juckten. Es machte trotzdem Spaß, mit dem Schlitten die Straße vor unserem Haus herunterzufahren. Nach ein paar Tagen beschwerte sich allerdings immer ein Bauer, dass wir die Straße mit unseren Schlitten zu glatt machten und er nicht mehr mit dem Fuhrwerk darüberfahren konnte.

Auch das neue Jahr begann wie das letzte: Im Frühjahr schaffte ich es, Bernd auszuweichen, indem ich früh vom Spielen nach Hause ging. Aber im Sommer konnte ich nicht fliehen. Bernd lauerte mir wieder überall auf. Ich konnte ihm einfach nicht ausweichen. Er lag wie ein dunkler Schatten über meinem Leben, und so erinnere ich mich auch an ihn, wie an einen großen dunklen Schatten. Ich wurde eifersüchtig auf die anderen Kinder, die meines Erachtens ein schönes Leben hatten. Sie konnten fröhlich sein, mussten nichts Böses machen und auch nicht lügen. Ich war es satt, ihnen beim Leben zuschauen zu müssen.

Im Herbst würde ich in die Schule kommen. Meine Eltern sagten, es sei sehr wichtig, dass ich da viel lernte. Wenn man viel wusste, sagte mein Papa, könnte man sich später ein schönes Leben machen. Da nahm ich mir vor, alles zu lernen, was es nur zu lernen gab, und dann würde ich mir ein schönes Leben machen. Davon träumte ich die ganze Zeit. Meine Hoffnung war, dass ich eines Tages einen Weg finden würde, dieses Dorf zu verlassen – wie im Märchen. Daran würde auch Bernd nichts ändern können. Ich würde nicht mehr lügen, sondern ganz ehrlich sein und es zu etwas bringen. Genauso würde ich es machen, ich ganz alleine.

3

»Ihr seid ja eh nichts, nur Zugereiste!«
1963–1967

Als das Jahr im Kindergarten zu Ende war, hatten auch die Schulkinder Ferien. Viele mussten nun mit auf dem Feld arbeiten, andere spielten wie immer auf den Höfen oder den Straßen im Dorf. Wir hatten Verwandtschaft in der Nähe von Schweinfurt. Meine Tante und mein Onkel lebten dort auf einem Bauernhof. Vor nicht allzu langer Zeit hatten wir sie an einem Feiertag besucht, und da meine Tante selbst keine Kinder hatte, lud sie uns für die Ferien zu sich ein. Danach fragte ich meine Eltern immer wieder und bettelte sie an, dass ich im Sommer eine Woche dort verbringen dürfe, schließlich gaben sie nach.

Mir wurde eingeschärft, dass ich aber mithelfen müsse, da es auf einem Bauernhof im Sommer viel Arbeit gäbe. Mutter meinte, ich wäre vielleicht noch zu klein dafür, aber ich blieb hartnäckig. Vater lieh sich den Lloyd 400 der Kindergärtnerin, damals war das, glaube ich, das einzige Auto im Dorf, und lieferte mich bei den Verwandten ab. Ich war zufrieden. Mindestens eine Woche ohne Angst.

Ich lernte viel in dieser Zeit, mir gefiel es auf dem Bauernhof. Ich half lieber beim Ausmisten als beim Abspülen, tat aber natürlich beides, denn meine Tante sollte mit mir zufrieden sein. Dann dürfte ich vielleicht bald wiederkommen. Mein Onkel hatte sogar einen Traktor, spannte aber trotzdem manchmal noch die Ochsen an. Ich ging mit ihm aufs Feld, half beim Strohstapeln und versuchte, mit dem riesigen Rechen zurechtzukommen. Nach getaner Arbeit schmeckte mir die Brotzeit am Abend besonders gut. Gegenüber wohnte ein Mädchen, mit dem ich mich anfreundete. Wir hatten eine wunderbare Zeit. Der Gedanke, wieder nach Hause zu müssen, war schrecklich. Das Einzige, was mich tröstete, war die Vorstellung, bald in die Schule gehen zu dürfen.

Als ich nach Hause zurückkam, gingen die Vorbereitungen los. Es kam ein Paket aus Frankfurt mit abgetragenen Kleidern meiner älteren Cousine. Was die Verwandten in Frankfurt aber als abgetragen ansahen, war für uns ganz neu. Die Kleider waren nicht ausgewaschen wie unsere, auch nicht geflickt oder gestopft, einfach wie neu. Ich würde diese Kleider nur in der Schule und an Sonntagen tragen dürfen. Mutter meinte, zusammen mit einer neuen Schürze und wenn ich nicht allzu viel wachse, könnte ich die Kleider das ganze Schuljahr anziehen. Sie nahm die nötigen Änderungen vor und schon war ich fertig ausstaffiert. In der Zwischenzeit plagte ich meine Eltern mit Buchstaben und Zahlen. Ich wollte alles wissen, was da in der Schule auf mich zukommen würde. Bald konnte ich meinen Namen schreiben und lernte, was addieren bedeutet.

Die Woche auf dem Bauernhof und die zweite zu Hause, in der sich fast alles um mich drehte, machten mir Mut und gaben mir Selbstvertrauen. Als Bernd mir wieder auflauerte, wehrte ich mich und sagte ihm, dass ich jetzt wisse, dass meine Eltern mich nicht wegschicken würden, vielleicht bestrafen, aber nicht wegschicken. Er war noch grober als sonst. Das ist das erste Mal, dass ich mich an sein Gesicht erinnern kann. Es erschien mir wie eine hämische Fratze, er lachte höhnisch und sagte: »Was glaubst du, was das für eine Schande für deine Familie wäre, wenn die Leute im Dorf erfahren, was du machst. Ihr könntet euch hier nicht mehr sehen lassen, da könnt ihr euch das Hausbauen aus dem Kopf schlagen. Ihr seit ja eh nichts, nur Zugereiste, die nicht einmal die eigene Verwandtschaft mag.« Ich war wieder am Boden zerstört, der Mut war weg.

War es möglich, dass unsere Verwandten uns nicht mochten? Es stimmte, meine Patin hatte viel an mir auszusetzen, aber das war doch nur so, weil sie viel Arbeit hatte und ich ihr dann manchmal auf die Nerven ging. Wir sahen die Verwandten auch nicht regelmäßig und auch sonst kaum jemanden,

denn alle arbeiteten den ganzen Tag. Mit dem Satz, dass ich
Schande über meine Familie bringen würde, traf er einen wunden Punkt. In mir hatte sich genau das mittlerweile festgesetzt,
und das wieder gesagt zu bekommen, traf mich schwer. Dabei
sollte ich als älteste Tochter so sein, dass meine Eltern stolz auf
mich wären und ich meiner kleinen Schwester mit gutem Beispiel voranging. Was sollte ich bloß machen? Ich beschloss, in
der Schule die Beste zu sein. Vielleicht konnte ich damit wieder etwas gutmachen.

Meine Eltern waren ganz begeistert, dass ich in die Schule
kam. Sie schenkten mir eine Schultüte, in der zu meiner Überraschung eine Kinderrechenmaschine, ein Griffel, bunte Kreide
und Süßigkeiten waren, die ich mit meiner Schwester teilte. Die
Freude meiner Eltern steckte mich an. Außerdem würde ein
Mädchen, mit dem ich mich schon im vergangenen Jahr angefreundet hatte, mit mir in die Schule kommen. Wir sahen uns immer, wenn ich zu ihnen auf den Hof kam, um Milch zu holen.

Beide waren wir ganz aufgeregt und verglichen, was wir
bekommen hatten. Mit der neuen Kreide übten wir schon mal,
Buchstaben zu schreiben. Im Kindergarten hatte ich mich jedes
Mal gefreut, wenn das Fräulein uns die schönen Geschichten
vorlas, und nun würde ich bald selbst in die Schule kommen
und Lesen lernen. Ich konnte es nicht erwarten, endlich damit
zu beginnen. Um mich herum würden viele Kinder sitzen,
manche kannte ich schon, von anderen hatte ich bisher nur
etwas gehört. Was mir allerdings Sorgen machte, war, dass die
anderen Kinder mir ansehen würden, dass ich nicht so war wie
sie. Konnte ich vor ihnen verbergen, wie schlecht ich war? Am
besten wäre es, dachte ich, ich würde mich zurückhalten, wie
ich es auch im Kindergarten getan hatte.

Als er dann endlich kam, der erste Schultag, begleitete
mich meine Mutter, obwohl ich doch wusste, wo die Schule
war. Ich kannte die meisten Kinder, die mit mir in die Klasse
gingen, und war erleichtert, dass auch sie ihre Mütter dabei-
hatten. Wir waren zu viert, meine Cousine, die auf der ande-

ren Seite vom Bach wohnte, das Mädchen, das ich vom Milchholen kannte, und der Nachbarsjunge vom Bauernhof nebenan. Die Leute erzählten, sein Vater sei ein reicher Bauer, und der Junge wäre sehr gescheit. Er konnte sogar Klavier spielen. Ich kannte ihn nicht gut, da er selten auf der Straße spielte. Vier Kinder, sagten die Erwachsenen, so eine große Klasse hatte es schon lange nicht mehr gegeben. Da waren Klassen mit nur einem Schüler, manche hatten zwei.

Wir saßen alle in demselben Schulzimmer: acht Klassen und ein Lehrer. Dass der Lehrer sehr streng war, hatte sich herumgesprochen und wir begegneten ihm mit Ehrfurcht. Er war schon älter, von kleiner Statur und sah mit seiner Strickweste sehr eindrucksvoll aus. Er war seit langer Zeit an dieser Schule und hatte bereits einige Eltern seiner damaligen Schüler unterrichtet. An unserem ersten Schultag war er sehr freundlich und wir fragten uns, ob er wirklich so streng war, wie ihn die anderen Kinder beschrieben hatten.

Ich ließ mich von der Begeisterung meiner neuen Mitschüler mitreißen. Wir bekamen unsere Plätze zugewiesen, und einer der älteren Schüler musste uns alles zeigen. Der Lehrer schärfte uns ein, dass wir das Klassenzimmer nicht ohne zu fragen verlassen dürften und dass wir beim Lernen ruhig zu sein hätten. Zum Schluss gab es für jeden noch einen Steckkasten aus Holz, mit dem wir ab dem nächsten Tag das Alphabet lernen sollten. Darauf freute ich mich am meisten. Meine Mutter hatte mir schon viele Buchstaben gezeigt, ich würde also bestimmt gut mitkommen. Auch zählen konnte ich schon und rechnen war sowieso einfach: Wenn man zwei Äpfel nahm und einen dazutat, waren das natürlich drei – ganz logisch. Was gab es sonst alles zu lernen? Ich war gespannt.

Am Morgen noch hatten wir alle schüchtern und schweigsam die Schule betreten, auf dem Heimweg aber plauderten wir ausgelassen und freuten uns auf den nächsten Tag. Am Abend, als mein Papa von der Arbeit kam, holte er den Fotoapparat aus dem Schrank und legte einen Farbfilm ein. Er hatte vorher noch nie einen Farbfilm gekauft, und jetzt tat er es nur für mich. Ich kam mir ganz wichtig vor, als er mich mit meiner neuen Schürze und meiner Schultüte im Arm fotografierte. Leider hielten die Glücksgefühle nicht lange an, konnte ich doch das Minderwertigkeitsgefühl, das ich im Kindergarten entwickelt hatte, nicht abschütteln. Wenn mich der Lehrer nicht für alles lobte, dachte ich, ich wäre nicht gut, ich konnte ja nichts. Warum also überhaupt erst damit anfangen? Natürlich hatte unser Lehrer, der acht Klassen in einem Raum unterrichtete, kaum Zeit, uns vier Neulinge ständig zu loben oder dauernd hinter uns zu stehen. Er gab uns den Setzkasten und wir sollten unter der Aufsicht eines älteren Schülers Buchstaben lernen.

Das Rechnen fiel mir leicht. Es war das Einzige, womit ich glänzen konnte. Beim Lernen der Buchstaben wurde ich immer schnell nervös, wenn ich eine Frage beantworten sollte. Ich konnte dann einfach nicht mehr denken, saß da und wusste nicht, was ich tun sollte. Wie funktionierte das noch mit der Reihenfolge der Buchstaben? Ich konnte mich weder an die Erklärungen unseres Lehrers noch an die meiner Mutter erinnern. Im Eifer, alles richtig machen zu wollen, kam ich ganz durcheinander und wusste schließlich überhaupt nichts mehr.

Auch dass wir Erstklässler bald sehen konnten, was passierte, wenn ein Schüler etwas falsch machte, trug kaum zu meiner Beruhigung bei. Dann holte der Lehrer ein Lineal oder eine Rute hervor und der Schüler bekam damit Schläge auf die Finger oder den Rücken. Mit der Zeit brachte ich meine Nervosität unter Kontrolle. Ich wollte doch unbedingt das Alphabet lernen, damit ich selbst die Geschichten lesen konnte, die ich sonst vom Fräulein im Kindergarten oder meiner Mutter gehört hatte. Um den Mitschülern zu gefallen, strengte ich mich besonders an. Ich versuchte, die Beste und Mutigste zu sein, hatte ein großes Mundwerk und probierte alles aus, was sich die anderen Mädchen nicht trauten. Ich sehnte mich so nach Anerkennung, dass ich alles tat, um von den Mitschülern wahrgenommen und akzeptiert zu werden.

Ich freundete mich näher mit dem Mädchen aus meiner Klasse an. Sie hatte noch eine andere Freundin, die etwas älter war als sie und gegenüber von ihrem Hof wohnte. Aus irgendeinem Grund durfte dieses Mädchen nicht mit mir spielen. So konnte meine Schulfreundin eben nur mit mir spielen, wenn das andere Mädchen keine Zeit hatte.

Dann war da noch Ingrid. Sie war ein Jahr älter als ich und wir mochten uns. Aber da ihre Eltern eine Gastwirtschaft hatten, spielte ich nicht oft mit ihr. Die Leute im Dorf meinten, das zieme sich nicht, dort laufe nur Gesindel herum. Mit denen sollte man sich nicht abgeben. Andererseits hielt mein Vater bei schlechtem Wetter den Turnunterricht im großen Saal der Wirtschaft ab, und dann durfte ich doch auch dorthin. Ich verstand das alles nicht. Was konnte Ingrid dafür, dass ihre Eltern ein Wirtshaus hatten oder welche Gäste zu ihnen kamen? Ich sagte mir schließlich, das sei auch in Ordnung, dann müsse ich wenigstens nicht raus oder liefe Gefahr, Bernd zu begegnen. Aber die Regeln der Erwachsenenwelt blieben mir ein Rätsel.

Zu Hause gab es viel zu tun, und da ich schon sechs war, musste ich auch mithelfen, dann noch die täglichen Hausaufgaben, und die Zeit verging wie im Flug. Mutter setzte sich immer zu mir und überprüfte, dass ich nichts vergaß oder falsch machte. Zwischendurch passte ich manchmal auf meine Schwester auf, die mittlerweile zwei Jahre alt war. Aber Mutter blieb immer in der Nähe, weil sie mir nicht traute und dachte, ich sei weiter eifersüchtig auf die Kleine. Bevor ich mich versah, näherte sich der Winter und Bernd war seit den Sommerferien nur einmal aufgetaucht. Ich fühlte mich in Sicherheit und versuchte, alle schlechten Gedanken zu verdrängen.

Seitdem ich in die Schule ging, durfte ich endlich auch mit in die Kirche. Ich dachte, wenn ich da gut zuhöre und bete, würde mir der liebe Gott vielleicht helfen. Aber es veränderte sich nichts und ich langweilte mich häufig während der Predigt. Trotzdem musste ich dorthin, denn der Pfarrer, der uns

Religionsunterricht gab, redete jedem ins Gewissen, der nicht am Sonntag in der Kirche gewesen war. Bernd war auch oft in der Kirche. Ich sah ihn zwar nicht, da die Männer oben auf der Empore saßen, fühlte mich aber ständig von ihm beobachtet. Es fiel mir schwer, mich auf die Predigt zu konzentrieren. Im Religionsunterricht erzählte uns der Pfarrer schöne Geschichten aus der Bibel, von Noah und Josef, von David und Goliath, und da merkte ich wieder, wie wichtig es war, im Leben brav zu sein. Wenn mir das gelingen würde, dann würde der liebe Gott vielleicht irgendwann vergessen, was ich gemacht hatte, und alles wäre gut.

Einmal sagte der Pfarrer, ich würde für mein Alter sehr philosophische Fragen stellen. Ich hatte keine Ahnung, was er damit meinte, aber das Wort hörte sich gewichtig an, und das spornte mich an, im Unterricht weiter mitzumachen. Da die Religion ja auch sonst eine wichtige Rolle in meinem Leben spielte, denn Mama hatte mir immer vom lieben Gott und dem Leiden vom Herrn Jesus erzählt, wollte ich unbedingt herausfinden, ob es auch für mich einen Weg in den Himmel geben würde. Und der Religionsunterricht war bestimmt der richtige Ort dafür. Als uns aber der Pfarrer von der Passionsgeschichte erzählte und genau beschrieb, wie der Herr Jesus leiden musste, da dachte ich, dass er doch nur einen Tag lang geschlagen wurde und dann war alles vorbei. Ich wünschte mir, ich müsste auch einen Tag lang Schläge ertragen und danach wäre alles vorbei. Ich empfand das als ungerecht und fühlte mich außerdem von Jesus allein gelassen, war er doch nie in mein Herz gekommen, wie es mir das Gebet versprach, obwohl ich seit Jahren darum bat. Der Pfarrer sagte, dass Jesus alle Menschen lieb hat. Warum also mich nicht?

Am Heiligabend durfte ich in diesem Jahr auch mit in die Kirche. Es war sehr schön mit all den Lichtern und Kerzen. Wir sangen gemeinsam und beteten für das Neugeborene. Als wir nach Hause kamen, war das Christkind schon da gewesen und ich bekam ein Fahrrad. Leider konnte man jetzt im Winter nicht viel damit anfangen, aber im Frühjahr würde mein Papa mir das Fahrradfahren beibringen.

Meiner Mutter ging es seit einiger Zeit nicht besonders gut. Die Vorbereitungen für den Hausbau, der Haushalt, der Garten und das Wohnen in dem kleinen Haus strengten sie sehr an und sie musste sich häufig hinlegen und ausruhen. Auch Papa machte eine schwere Zeit durch. Er hatte gerade die Arbeit als Schreiner aufgegeben und war nun in einem Gipswerk beschäftigt. Er hoffte, dass er so mehr Geld verdienen könnte, um unser neues Haus zu finanzieren. Ich musste meiner Mutter Arbeit abnehmen, half ihr beim Waschen, wischte Staub und trocknete nach dem Essen das Geschirr. Letzteres mochte ich nicht besonders gerne, aber Mutter hatte mir beigebracht, dass auch diese Arbeit getan werden musste, auch wenn es keinen Spaß machte.

Nach dem Abspülen und Hausaufgabenmachen schickte mich Mutter oft raus. Sie meinte, da jetzt Frühjahr sei und das Wetter schöner wurde, müsse ich nicht mehr zu Hause hocken. Ich ging dann oft alleine los, streifte durch die schönen Wiesen, die nicht weit von unserem Haus entfernt waren, und suchte Veilchen und Schlüsselblumen. Manchmal lag ich auch einfach stundenlang im Gras und träumte von einem anderen Leben weit weg von unserem Dorf. Jetzt, da ich lesen lernte, besorgte mir Mutter auch oft Bücher, damit ich üben konnte. Die meisten handelten von einem Mädchen aus Hawaii, das im Sommer Ferien auf einem Pferdehof machte. Das musste wunderschön sein, dachte ich, so ein Pferd ganz für sich zu haben und durch die Wälder zu reiten.

Einmal war ich wieder ganz versunken in die Geschichte vom Mädchen aus Hawaii, als Bernd vor mir auftauchte und mich wieder dazu zwang, ihn zu befriedigen. Ich wollte nicht, konnte mich aber nicht wehren. Hinterher war ich sehr niedergeschlagen, fragte mich, warum mein Leben nicht war wie in den Geschichten. Da kamen nie Männer vor, die Mädchen dazu zwangen, böse zu sein. Wieder zog ich mich zurück, versteckte mich und konnte meiner Mutter nicht erklären, weshalb ich so eine Eigenbrötlerin war. Wieder bestand ich darauf, die Sommerferien bei meiner Tante zu verbringen, und ich war erleichtert, als meine Eltern mir diesmal sogar erlaubten, zwei Wochen zu bleiben.

Als ich älter wurde, wurde mir klar, dass das, was ich mit Bernd machen musste, etwas mit Sex zu tun hatte. Etwas, das bei uns absolut tabu war, etwas Schlimmes. Nur die älteren Jungen in der Schule sprachen über dieses Thema, über das, was sie so alles darüber wussten oder gehört hatten. Da war auch ein Junge, der um einiges älter war als ich und der sich oft bei uns Zweitklässlern herumtrieb. Er starrte uns an, so dass ich mich unwohl fühlte. Gleich dachte ich, dass er wusste, was mit mir los war, und deshalb Interesse an mir zeigte. Auf die Idee, dass mich jemand einfach mögen könnte, kam ich nicht. Das schien mir unmöglich.

Meine Sorgen machten sich auch in meinem ersten Zeugnis bemerkbar. Eigentlich war es gar nicht so schlecht, aber der Lehrer schrieb hinein, dass meine Noten noch viel besser sein könnten, wenn ich nicht so viel träumen und mich mehr auf den Schulunterricht konzentrieren würde. Aber wie sollte ich das machen? Ich musste doch immer im Voraus planen, was ich in der Pause und am Nachmittag machen konnte, damit die anderen Kinder mich beachteten und sie mich mitspielen ließen. Wenn sie es dann nicht taten, war ich natürlich enttäuscht.

Im Sommer musste ich abends immer zum Friedhof, um das Familiengrab zu gießen. Der Friedhof lag wie in den meisten Gemeinden direkt neben der Kirche, und die befand sich etwas außerhalb des Dorfes. Ich war nun alt genug, ohne meine Mutter dorthin zu fahren. So stieg ich jeden Tag auf mein Fahrrad und fuhr mit meiner Gießkanne nach dem Abendessen zum Friedhof. Häufig traf ich dort andere Dorfbewohner, meistens Kinder, denen wie mir diese Aufgabe zugeteilt war.

An einem dieser Abende war auch Bernd da und sonst niemand. Er zog mich hinter das große Denkmal, das mitten auf dem Friedhof stand. Es hätte jederzeit jemand kommen können, aber das störte ihn nicht. Normalerweise, wenn er mich erwischte, ließ ich alles über mich ergehen, machte die Augen zu und wartete, bis es vorbei war. Aber hier auf dem Friedhof und mit der Gefahr, entdeckt zu werden – denn man hörte nicht, wenn jemand mit dem Fahrrad angefahren kam –, das ging nicht. Ich hatte wieder solche Angst. Was würde mit mir, mit meinen Eltern und meiner Schwester passieren, wenn uns jemand sah? Nachdem alles vorbei war, saß ich lange hinter dem eisernen Zaun, der das Denkmal umgab, und zitterte. Bernd war schon längst fort, aber ich konnte mich nicht bewegen, stand unter Schock, denn es war noch viel schlimmer gewesen als sonst. Was sollte ich bloß machen? Ich hatte Angst. Wie sollte ich meiner Mutter erklären, dass ich nicht mehr zum Gießen auf den Friedhof gehen wollte? Ich überlegte lange, und dann kam mir der Gedanke, dass Mama ja immer sagte, ich solle mich mehr um meine kleine Schwester kümmern. Sie war mittlerweile drei Jahre alt. Ich würde sie also einfach mitnehmen, dann konnte mir Bernd nichts antun. Und genauso machte ich es. Wann immer es ging, nahm ich meine Schwester bei der Hand und ging mit ihr den Weg am Bach entlang hinauf zur Kirche. Normalerweise mied ich diesen Weg, da es dort viel Gebüsch gab und ich Angst hatte, dass Bernd mir auflauerte. Aber zu zweit konnte uns nichts passieren.

An die folgenden Monate kann ich mich kaum erinnern, wahrscheinlich waren sie wie alle anderen. Sobald die kältere Jahreszeit kam, fühlte ich mich sicher. Mama besuchte Frau G. zwar manchmal oder schickte mich bei ihr vorbei, um etwas abzuholen oder zu bringen, aber nur am Tag, wenn Bernd nicht da war. Trotzdem hatte ich immer ein komisches Gefühl, wenn ich ihr Haus betrat. Frau G. nahm mir dann die Scheu, da sie sehr freundlich zu mir war. Ich fragte meine Eltern vor kurzem, ob sie sich an die Situation damals und an Bernd erinnern könnten, und beide sagten, dass sie ihn nirgends gesehen hätten, weder nach der Kirche beim Frühschoppen im Gasthaus noch bei anderen Ereignissen im Dorf. Er fiel einfach nicht auf, und daher wären meine Eltern auch nie auf die Idee gekommen, dass Bernd mir etwas antun könnte.

Nachdem der Winter vorbei war, wurde es bei uns sehr betriebsam. Mein Vater hatte endlich einen Bauplatz gefunden und wollte so schnell wie möglich mit der Arbeit beginnen. Freunde und Bekannte würden ihm helfen, doch bis zum Einzug lag noch viel Zeit vor uns. Wir hatten wenig Geld und Vater musste fast alles selber machen. Deshalb konnte er mich im Sommer auch nicht zu unseren Verwandten bringen. Wir halfen alle auf der Baustelle, denn Vater wollte den Rohbau bis zum Herbst fertig haben. Mir machte die Arbeit richtig Spaß. Ich mochte körperliche Arbeit, da hatte ich nicht viel Zeit zum Nachdenken und am Abend war ich so müde, dass ich gleich einschlief. Der Sommer verging rasend schnell.

Ich erinnere mich, dass in diesem Jahr eine neue Familie ins Dorf gezogen ist. Sie kam aus der Stadt und die Frau trug immer schicke Kleider und malte sich die Lippen rot an. Die Leute in Eschenau sagten, das sei unsittlich, und meine Patin warnte mich, dass sie mich verhauen würde, wenn sie mich jemals mit roten Lippen erwischen würde. Ich fragte mich, ob sie ihrer Tochter das auch sagte. Oder nur mir, weil ich ja kein Bauernkind war und deshalb Gefahr lief, auf die schiefe Bahn zu geraten. Ich wusste, dass meine Patin es eigentlich gut mit mir meinte, aber warum hatte sie immer etwas an mir auszusetzen?

Im Dorf sagte man, dass die Kleidung der Neuen unsittlich sei. Hinter vorgehaltener Hand tuschelten sie, das sei ja alles nur Gesindel. Aber auch wenn sie alle über die Neuen herzogen, jeder wollte wissen, was sie machten. Die Tochter war schon groß und ging in eine der oberen Klassen. Ich habe sie einmal in der Pause beobachtet, wie sie einen Tanz vorführte. Sie sagte, das sei ganz einfach – als wenn man eine Zigarette austreten würde. Die anderen Kinder guckten sie nur komisch an und fanden auch das unsittlich.

Die Worte sittlich und unsittlich wurden auf einmal überall benutzt. Sie kamen im Dorf richtig in Mode. Ich habe dann mal meine Mutter gefragt, warum das Lippen anmalen, kurze Röcke tragen, tanzen und alles, worüber die Leute redeten, schlimm sei. Sie erklärte mir in ihrer einfachen Logik, dass der liebe Gott uns alle schön gemacht hätte, dass wir für ihn alle schön seien und nichts weiter dafür tun müssten. Zu den Röcken meinte sie, dass es einfach schöner aussähe, wenn sie über das Knie gingen. Mir leuchtete das ein. Deshalb könnten die Leute im Dorf auch ruhig weiter über die Neuen reden, weil sie das ja alles nicht richtig machten, sagte ich. Aber davon wollte meine Mutter nichts wissen. Das sind genauso Leute wie wir, meinte sie, und dass wir nicht das Recht hätten, über andere zu urteilen. Das stünde nur dem lieben Gott zu.

In der dritten Klasse bekamen wir einen neuen Lehrer und wir brauchten auf einmal keine Schürzen mehr tragen. Einige der Mädchen hatten auch kurze Haare und keine langen Zöpfe mehr. Mir schnitt meine Mutter die Haare immer schon kurz, um die widerspenstigen Locken zu zähmen. So hatten wir jetzt alle eine ähnliche Frisur. Der neue Lehrer war viel jünger als der alte und kam aus der Stadt. Die älteren Schüler erzählten uns, dass das einen riesigen Unterschied machen würde, da die Menschen in der Stadt viel gescheiter wären. Die mussten es schließlich wissen, waren sie doch schon lange in der Schule. Der neue Lehrer teilte die Klassen auf. Die ersten vier blieben in dem alten Raum und die restlichen vier kamen in einen anderen, der bisher nur als Abstellkammer genutzt worden war. Und es gab noch eine Neuerung: Er brachte eine Abziehmaschine mit, auf der man Klassenarbeiten und Gedichte vervielfältigen konnte. Einer von uns musste an der Kurbel drehen, und dann kamen die Blätter bedruckt aus der Maschine. Der einzige Nachteil war, dass es fürchterlich nach Spiritus stank.

Ich erinnere mich noch, dass uns der Lehrer einmal ein Lied abgezogen hat, das »Danke« hieß. Es begann mit »Danke für diesen guten Morgen, danke für jeden neuen Tag«, und in der zweiten Strophe dankte man dem Herrgott für seine Freunde und dafür, dass man auch dem größten Feind verzeihen kann. Mir gefiel das Lied, und ich hatte keine Mühe, es auswendig zu lernen. Ich kann es sogar heute noch.

Als Kind dachte ich, wenn ich das Lied immer singe, dann würden nur noch die guten Dinge zählen, für die ich dankbar war. Dass ich eine Tante hatte, bei der ich den Sommer verbringen durfte, eine Schwester, die ich mit auf den Friedhof nehmen konnte, eine Mama, die mir wunderbare Geschichten erzählte, und einen Papa, der für uns ein Haus baute. Mama sang auch, wenn sie uns morgens weckte. Sie warf die Vorhänge zurück und trällerte »Die güldne Sonne, voll Freud und Wonne« mit ihrer wunderschönen und fröhlichen Stimme. Selbst wenn ich traurig war, vergaß ich bei diesem Lied alle meine Sorgen. Mama brachte mich auch sonst oft zum Lachen. Selbst wenn ich beim Lernen nicht schnell genug vorankam, munterte sie mich auf, und wir versuchten das Problem gemeinsam zu lösen.

Das Leben hätte wirklich schön sein können, wenn es Bernd nicht gegeben und er mich nicht gezwungen hätte, böse zu sein.

Seit dem Vorfall auf dem Friedhof konnte ich ihm aus dem Weg gehen, bis ich an einem Tag mit meiner Schulfreundin auf dem Acker, der oberhalb des Dorfes lag, spielte. Meine Freundin und ich tobten herum und pflückten Blumen, während ihre Eltern auf dem Acker arbeiteten. Als wir am Weinberg vorbeikamen, der Bernds Familie gehörte, passte Bernd mich ab. Meine Freundin war für einen kurzen Moment abgelenkt gewesen, und er musste mich schon länger beobachtet haben. Bernd kam hinter einem Strauch hervor und packte mich. Er schleppte mich in den Weinberg, verging sich an mir und stieß mich danach einfach wieder auf die Wiese.

In der Zwischenzeit hatte meine Freundin mich gesucht. Sie war böse auf mich, weil ich auf ihr Rufen keine Antwort gegeben hatte. Ich war so verwirrt, dass ich nicht wusste, was ich sagen sollte. Ich wollte mich entschuldigen, wusste aber nicht wie, ohne ihr zu erklären, was passiert war. Wir gingen dann schweigend nach Hause und spielten eine Weile nicht mehr miteinander. Ich erinnere mich, dass ich mich furchtbar schämte und Schuldgefühle hatte, wieder jemanden verletzt zu haben. Ich konnte es einfach niemandem recht machen, war es nicht wert, gemocht zu werden und Freunde zu haben. Ich blieb eine Außenseiterin auch in der Schule. Oft stand ich alleine in der Pause und schaute den anderen Kindern beim Spielen zu. Im Unterricht dachte ich darüber nach, was ich tun konnte, um auf mich aufmerksam zu machen. Ständig schweiften meine Gedanken ab und ich konnte mich schlecht auf den Unterrichtsstoff konzentrieren.

Der neue Lehrer wusste auch nicht genau, wie er mit mir umgehen sollte. Einmal kam er zu uns nach Hause und redete mit meinen Eltern. Er war davon überzeugt, dass ich auf ein Gymnasium gehen könnte, wenn ich mich nur genug anstrengen würde. Ich sei klug, nur manchmal sehr verträumt. Wenn ich das in den Griff bekäme, stünde einem höheren Abschluss nichts im Wege. Meine Eltern versuchten mir nach dem Gespräch klarzumachen, was das Gymnasium für eine Chance wäre, aber ich wollte davon nichts hören. Schließlich war keiner meiner Eltern auf eine höhere Schule gegangen, und trotzdem war etwas aus ihnen geworden. Bis es im Sommer Zeugnisse gab, hatte es auch der Lehrer aufgegeben, mich zu überzeugen, und so wurde nichts aus dem Gymnasium.

In der vierten Klasse legte man unsere Schule mit der des Nachbardorfes zusammen. Ich lernte neue Kinder kennen und hoffte auf einen Neuanfang. Sie kannten mich nicht, und so ging ich direkt auf sie zu, während die anderen noch abwarteten. Es waren drei Jungen und ein Mädchen, die zu uns kamen. Mit dem Mädchen verstand ich mich auf Anhieb, wir spielten zusammen und später lud sie mich auch ein, am Nachmittag zu ihr zu kommen. Leider wohnte sie zwei Kilometer entfernt, was die Besuche erschwerte. Aber seit ich ein Fahrrad hatte, durfte ich ab und zu ins nächste Dorf radeln, um Brot oder andere Lebensmittel einzukaufen. Deshalb erlaubte mir meine

Mutter auch, meine neue Schulfreundin zu besuchen. Endlich weg, dachte ich und fuhr, sooft ich konnte, zu ihr.

In unserem Nachbarort kannte mich niemand. Ich konnte dort ein normales Kind sein und musste keine Angst haben, dass Bernd auftauchte. Allerdings bemerkte er bald, dass ich häufig weg war, beschimpfte mich und sagte, ich solle öfter zu ihm kommen. Ich log ihn an und erklärte ihm, dass meine Eltern wollten, dass ich dorthin fahre. Er müsse das verstehen, wenn ich unser Geheimnis weiter hüten sollte. Irgendwie muss ich ihn überzeugt haben, denn er drohte mir nicht länger. Aber ich merkte, dass ihm die Situation missfiel. Er müsse bald zum Bund, knurrte er, dann wäre er sowieso nicht mehr oft da. Ich horchte auf, verstand aber die Zusammenhänge nicht.

Am Abend fragte ich dann meine Mutter, was ›zum Bund müssen‹ bedeute. Sie erklärte mir, dass alle Männer beim Bund zu Soldaten ausgebildet würden, damit sie uns im Falle eines Krieges verteidigen könnten. Ich wusste, was Krieg bedeutet, hatten mir meine Eltern doch häufig von ihrer Kindheit erzählt. Ich fragte und fragte weiter, bis meine Mutter ungeduldig wurde. Ob ein Soldat auch in einen Krieg müsste, der nicht hier sei, wollte ich wissen. Oder ob es gefährlich wäre, ein Soldat zu sein? Ob ein Soldat möglicherweise ums Leben kommen könnte? Meine Mutter wusste nicht recht, was sie mir antworten sollte und was ich mit meinem Gefrage bezweckte. Deshalb sagte sie nur: »Genug jetzt! Solange wir leben, wird es hier keinen Krieg mehr geben. Was sollen überhaupt all diese Fragen, du brauchst dir doch keine Sorgen zu machen.« Und fügte hinzu: »Es ist nicht einfach, über den Krieg zu reden, kümmere du dich lieber um deine Hausaufgaben.«

Ich kann mich noch gut an dieses Gespräch erinnern. Ich merkte, wie schwer es meiner Mutter fiel, über den Krieg zu sprechen. Ich hatte Gewissensbisse, sie damit konfrontiert zu haben. Aber ich musste wissen, was das alles bedeutete, und die Hoffnung, dass Bernd für lange Zeit weg sein würde und vielleicht niemals wiederkam, überwog.

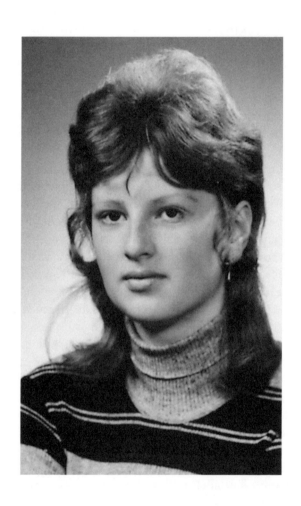

4

»Ihr werdet mit Schimpf und Schande vertrieben!«

1967–1972

Ich war froh, dass wir unseren Urlaub verlängert hatten, und erleichtert, dass ich meinen Eltern endlich gesagt hatte, was mir zugestoßen war. Die Erinnerungen an meine Kindheit kehrten zurück, und diesmal konnte ich sie mit meinem Mann und meiner Familie teilen. Ich war nicht Tausende von Kilometern entfernt und fühlte mich nicht allein mit all dem. Es war gut, hier zu sein, in dem Dorf, in dem sich alles abgespielt hatte. Es gab keine gegenseitigen Beschuldigungen, wir saßen einfach zusammen, sprachen miteinander und versuchten die Vergangenheit aufzuarbeiten. Wir waren alle sehr aufgewühlt, die Gefühle schwankten zwischen Wut, Angst und Mitleid. In den Augen meiner Familie war ich immer die Tochter und Schwester aus Amerika gewesen, die es endlich geschafft hatte, erfolgreich zu sein. Nun geriet auf einmal ihr ganzes Bild von mir durcheinander. Auch für mich war das alles verwirrend. Ich hätte nie gedacht, dass meine Familie mich für erfolgreich halten würde. Ich war immer so damit beschäftigt gewesen, Anerkennung zu finden, dass ich gar nicht wahrgenommen hatte, dass ich sie schon längst erhielt.

Dennoch waren wir alle erleichtert. Keinem von uns war bewusst gewesen, wie sehr wir uns in der Vergangenheit im Kreis gedreht hatten. Keiner wollte die Gefühle des anderen verletzen, und so wurden meine Probleme in der Kindheit und Jugend nicht weiter hinterfragt. All die Jahre machte sich jeder ein Bild vom anderen, das nichts mit der Realität zu tun hatte. Wir wollten eine Familie sein, fanden aber nicht zueinander. Jetzt hatten wir endlich die Chance, alles hinter uns zu lassen.

Wir waren auf einmal eins, es bedurfte keiner Erklärungen mehr. Wir rückten zusammen, litten gemeinsam und waren uns näher als je zuvor.

Auch mir wurde durch die Gespräche und das Beieinandersein vieles klar. Ich ging wieder und wieder das Erlebte durch, verstand, dass ich lange Zeit auf dem Niveau einer Vierjährigen stehen geblieben war. Ich war als Zehnjährige noch genauso naiv wie mit vier, konnte weder mit anderen Kindern umgehen noch ihre Reaktionen einschätzen. Die Gedankengänge waren immer dieselben. Ich dachte als Jugendliche noch genauso wie als Kind, dass ich ein kleines böses Mädchen wäre, das Schande über die Familie bringen würde. Kinder verstand ich nicht und Erwachsene auch nicht. Letztere waren für mich Menschen, denen man Respekt entgegenbrachte und denen man gehorchte. Akzeptanz und Anerkennung waren für mich Fremdwörter. Ich fühlte mich minderwertig und unverstanden. Ich kämpfte gegen meine Eltern, meine Schwester, das Dorf – gegen alle. Das ist ein Kampf, den man nicht gewinnen kann. Ganz egal was ich tat, ich dachte, es würde mir nie gelingen, dass mich jemand mögen würde. Die einfachsten Dinge, die man als kleines Kind lernt, waren für mich eine große Hürde. Nicht, weil meine Eltern mir nichts beibrachten, sondern weil ich es nicht aufnehmen konnte. Ich hatte Angst vor allem. Sogar meine vier Jahre jüngere Schwester hatte mich in der Entwicklung überholt.

Vom Balkon unserer Ferienwohnung hatte ich dieselbe Aussicht wie vom Balkon meines Elternhauses. Ich saß dort viele Stunden mit einer Tasse Kaffee und schaute zum Wald hinüber, der eine unwahrscheinliche Ruhe ausstrahlte. Eine Ruhe, die ich als Kind nie wahrgenommen hatte. Ich musste an das Jahr denken, in dem wir wieder ins obere Dorf gezogen waren. Meine Eltern waren fast jeden Tag auf dem Bau, wir wollten noch im selben Jahr einziehen. Nach der Schule ging ich nach Hause, zog mich um und lief zur Baustelle, wo meine Schwester und meine Eltern waren.

Ich musste immer an den Häusern unserer alten Nachbarn vorbei, auch an dem Haus des Jungen, der mich in der Schule immer so komisch angestarrt hatte. Er ging in die letzte Klasse der Volksschule und war schon fast ein Mann. Seine Familie hatte den größten Bauernhof im Dorf und man konnte über zwei Auffahrten auf ihren Hof gelangen. Die eine führte zum Wohnhaus und die andere zur Scheune. Manchmal kam der Junge, der Willi hieß, heraus und erlaubte mir über den Hof zu gehen. Das war eine Abkürzung. Er war sehr nett zu mir, obwohl ich in seiner Gegenwart ein ungutes Gefühl hatte und lieber am Hof vorbeiging. Er starrte mich noch immer so an, als würde er durch mich hindurchsehen.

Wenn meine kleine Schwester dabei war, konnte ich ihr nicht erklären, warum ich da nicht durchwollte, und so rannte sie alleine über den Hof, und ich fing sie am anderen Ende wieder ab. Auch Willis Mutter und Großeltern waren mir unheimlich. Ich dachte, sie hätten vielleicht was dagegen, dass ich die Abkürzung nahm.

Ich versuchte also immer zu vermeiden, am Hof vorbeizukommen und ging den langen Weg zum Neubau ganz um das Dorf herum. Aber da waren meine Eltern das Problem, wenn ich etwas von zu Hause holen musste, verbaten sie mir, diesen Weg zu nehmen, da das ja zu lange dauern würde. »Zum Spazierengehen und Herumtrödeln haben wir keine Zeit«, hieß es.

Auf einem solchen Weg hat mich der Willi dann auch mal wieder abgepasst. Ich war alleine, er lud mich wieder ein, durch den Hof zu gehen, seine Eltern seien auf dem Feld und die Großeltern im Haus. Ich wollte nicht und sagte, dass ich schnellstens nach Hause müsse. Da packte er mich am Arm und zog mich in die Scheune; bevor ich wusste was geschah, war er auf mir – genau wie der Bernd. Er hat mir noch mehr wehgetan als der Bernd, und ich muss wohl auch geschrien haben, denn sein Vater kam hinzu, guckte, drehte sich um und verschwand. Auch er hat mir gedroht wie der Bernd schon seit

Jahren: »Sag bloß nichts oder ihr werdet mit Schimpf und Schande vertrieben. Huren sind im Dorf nicht beliebt!«, fügte er hinzu. Das war ein neues Wort »Hure«. Ich hatte es zwar schon gehört und wusste, dass es schlimm ist, war mir aber nicht sicher, was es wirklich bedeutete. Seinen Vater erwähnte er nicht. Aber er musste ihn doch gesehen haben! Heute weiß ich, dass ich vergewaltigt wurde, aber damals war es nur noch einer. Ich wusste nicht ein noch aus. Was ist nur los mit mir, dass ich die Männer und Jungen zu so was verleite?

Und dass der Vater das gesehen hat! Jetzt wusste ich, der Traum vom Haus war vorbei, jetzt würden meine Eltern verschmäht werden. Ich traute mich nicht nach Hause, ich versteckte mich, ich war so verzweifelt. Ich weiß nicht, wo ich hin bin, weiß nur, dass ich wieder versagt hatte. Was, wenn der das nun auch immer wollte? Ich kam mir so dreckig vor, so schlecht, und schämte mich sehr. Ich war eine Nutte, dieses Wort sagten die älteren Kinder, wenn sie von schlimmen Frauen redeten. Warum? Ich wollte es doch gar nicht! War man so geboren? Konnte man nichts dagegen tun? Fortgehen, das war das Einzige, was man tun konnte. Aber wohin? Ich hatte doch niemanden. Die Tante aus der Nähe von Schweinfurt würde mich bestimmt nehmen, wenn ich fleißig arbeitete, aber dazu müsste ich erklären, warum ich zu ihr wollte, und das konnte ich nicht. Oh mein Gott! Bitte hilf mir!

Als ich mich endlich heimschlich, war es schon dunkel. Meine Eltern hatten sich natürlich Sorgen gemacht und mich im Dorf gesucht. Meine Schwester war fast in jedem Haus und hatte nach mir gefragt. Vater schrie mich an, er wollte wissen, wo ich gewesen sei. Ich sagte kleinlaut: «nirgends«. Da gab es Schläge. Sie hatten den ganzen Tag schwer gearbeitet, mich geschickt um Essen zu holen, das nie kam. Dann war ich spurlos verschwunden, und ich sagte nur »nirgends«! Es gab Schläge wie noch nie. Die Schläge, die ich bekam, fand ich gerecht, je schlimmer je besser, ich wollte sie, ich hatte es mir ja verdient. Ich hatte ja schon wieder einen Mann dazu gebracht, mir Böses zu tun. Ich heulte die ganze Nacht, oder wenigsten kam es mir so vor. Es war das erste Mal, dass ich mich erinnere, wieder geweint zu haben, seit der Bernd mich damals zur Reisighütte führte.

Wir schliefen alle in demselben Zimmer und meine Mutter hörte mich schluchzen. Irgendwann kam sie zu mir und meinte, die Schläge wären doch nicht so schlimm gewesen. Ich sei schließlich auch nicht brav gewesen. Mir waren die Schläge egal, ich hatte sie ja verdient. Außerdem taten sie längst nicht so weh, wie das, was Willi mir antat. Ich wollte nur weg, wusste aber nicht wohin. Ich wollte sterben, das hatte doch alles keinen Sinn. Ich war einfach nur schlecht, und das würde sich nie ändern.

Außerdem hatte uns Willis Vater gesehen, und nun würde alles herauskommen. Meine Familie würde aus dem Dorf gejagt werden, weil ich Schande über sie gebracht hatte. Meiner Mutter gegenüber ließ ich mir nichts anmerken und nickte nur. Ich versuchte, die Tränen zu unterdrücken und stark zu sein. Am nächsten Tag wartete ich die ganze Zeit, was passieren würde. Aber es geschah nichts. Das Leben im Dorf ging weiter wie bisher.

Ich zog mich wieder mehr zurück und redete nicht viel. Meine Eltern sagten, ich sei stur, aber das kannte ich ja bereits. Ich hörte mir seit Jahren genau das an. »Das Kind ist stur, launisch und ungezogen«, sagten sie immer. Sie konnten sich mein Verhalten einfach nicht erklären. Mutter meinte manchmal, wenn ich wieder besonders launisch war, dass ich es doch eigentlich gut hätte. Sie erzählte mir vom Krieg und was sie als Waisenkind mit acht Geschwistern durchmachen musste. Ich hörte ihr zu und beschwerte mich nie. Einmal sagte ich meiner Mutter, dass ich fortgehen wollte. Meine Eltern verstanden überhaupt nichts mehr. Sie gingen mit mir zum Hausarzt, denn einen Psychologen kannte man bei uns nicht. Der Arzt sagte meinen Eltern, dass ich ein ungezogener Fratz sei, und damit war die Sache erledigt.

Irgendwann nach den Sommerferien zogen wir ins neue Haus ein. Es war noch nicht ganz fertig, aber meine Eltern wollten die Miete für das andere Haus sparen und stellten unsere vier Betten im einzig fertigen Raum auf. Mein Vater arbeitete, ununterbrochen: nach Feierabend, an den Wochenenden und in den Ferien. Meine Schwester, die gerade zur Schule gekommen war, und ich gingen vormittags in den Unterricht und am Nachmittag halfen wir zu Hause. Wir kamen zu unterschiedlichen Zeiten heim, da meine Schwester in Eschenau in die Schule ging und ich mit dem Bus ins Nachbardorf fahren musste. Die alte Schotterstraße war mittlerweile geteert worden, damit die Schulbusse es einfacher hatten, von Dorf zu Dorf zu fahren.

Ich war nicht glücklich auf der neuen Schule, denn Willi war auch dort. Es machte mir Angst, ihn in jeder Pause zu sehen. Aber bald merkte ich, dass ich keine Angst haben musste, denn er ignorierte mich völlig. Er schaute durch mich hindurch, als wäre ich ein Nichts. Einerseits bedeutete das, dass ich aufatmen konnte, aber andererseits machte es mich gleichzeitig zur Außenseiterin, da Willi der Wortführer an der Schule war und ihm alle folgten. Mit unserer neuen Lehrerin war das nicht so. Willi und die anderen Jungen machten Witze über sie und meinten, dass sie mit der schon fertig werden würden. Aber da hatten sie sich getäuscht, denn sie war stark und duldete keine Widerworte.

Ich hielt mich in der Schule und zu Hause sehr zurück, versuchte, nicht aufzufallen und jeder Gefahr aus dem Weg zu gehen. Abends, wenn ich zu meiner Schulfreundin ging, um Milch zu holen, machte ich einen riesigen Bogen um den Hof von Willis Eltern. Manchmal blieb ich eine Weile bei meiner Freundin, weil ihre Eltern einen Fernseher hatten. Ich durfte dann eine Sendung mit sehen, das machte riesigen Spaß.

Das Problem war nur, dass dann die Zeit knapp wurde und ich mich auf dem Rückweg beeilen musste. Dann nahm ich oft die Abkürzung. Glücklicherweise war Willi selten zu sehen.

Dagegen überraschte er mich einmal, als ich mit dem Fahrrad aus dem Nachbardorf kam. Auf dem Weg gab es zwei Berge, an denen ich absteigen und das Fahrrad schieben musste. Auf der einen Seite war dichtes Gebüsch und Willi kam dahinter hervor. Er zerrte mich vom Rad und hinter die Sträucher. Er fasste mich an und meinte, das müsse mir doch gefallen, alle Frauen wollten das. Ich stammelte, dass ich ja noch gar keine Frau wäre, sondern ein Kind. Ihn interessierte das nicht, er meinte, ich sei schon groß genug. Nachdem er von mir abgelassen hatte, kamen wieder die Drohungen, und dann war er auch schon verschwunden. Ich konnte mich nicht bewegen und blieb einfach liegen. Irgendwann hörte ich einen Traktor und wusste, dass das nur Willi und sein Vater sein konnten. Sie waren auf dem Feld gewesen. Ich hob mein Fahrrad auf und schlich mich davon.

Nun war ich also nirgendwo mehr sicher: nicht im Winter, nicht am Tag und nicht im Nachbarort. Obwohl Willi mir nicht so oft auflauerte wie Bernd früher, war die Angst immer da. Ich sah ihn in der Schule, beim Arbeiten in der Scheune, die schräg gegenüber von unserem Haus war, und beim Milchholen, wenn er mit seinen Kumpels am Milchhaus stand. Dann steckten die Jungen immer ihre Köpfe zusammen und ich dachte, dass sie über mich lachen. Ich wusste nicht, was Willi ihnen erzählt hatte, aber für mich war es jedes Mal ein Alptraum, an ihnen vorbeizugehen. An Bernd kann ich mich nicht erinnern. Er war bei der Bundeswehr und man sah ihn kaum.

Das Schuljahr war jetzt bald zu Ende und Willi würde danach entlassen. Ich konnte es kaum erwarten, denn die Situation auf dem Schulhof wurde immer schlimmer. Willi starrte mich an und mir kam es vor, als ob er mit seinen Freunden über mich tuscheln würde. Ich schämte mich sehr und konnte mich nicht mehr auf den Unterricht konzentrieren. Meine Noten ließen nach und das blieb natürlich nicht unbemerkt. Meine Lehrerin sprach mit meinen Eltern über mein Verhalten. Sie sagte ihnen, ich sei klug, müsse mich aber mehr anstrengen und im Unterricht mitmachen. Aber wie sollte ich das anstellen, wenn ich ständig mit dieser Angst leben musste. Es kam noch hinzu, dass ich mir einbildete, meine Mitschüler würden mich ausschließen und mich komisch anschauen. Vielleicht hatte Willi sie mit seinem Gerede gegen mich aufgehetzt. Die Hoffnung, jemals dazuzugehören, gab ich endgültig auf. Ich fühlte mich allein und dachte darüber nach, wie ich mein Leben beenden könnte. Nicht einmal der liebe Gott hatte mir jemals geholfen, obwohl die Erwachsenen doch immer sagten, wie gut er zu den Menschen sei. Ich bat ihn nicht mehr um Hilfe. Vielleicht gab es ihn ja auch gar nicht, genauso wenig wie den Osterhasen, das Christkind und den Klapperstorch – alles nur Märchen.

Irgendwann half ich meiner Mutter in der Küche, und dann fragte ich sie, was eine Hure sei. »Wo hast du denn das her?«, fragte sie mich. Ich erklärte ihr, dass ich es auf dem Schulhof bei den anderen Kindern gehört hatte. Sie meinte, das seien eben Frauen, die sich an Männer verkaufen würden. Ich fragte sie: »Du meinst, die kriegen Geld dafür?« Ich überlegte und bohrte weiter: »Aber wofür denn? Was verkaufen die denn?« Mama sagte: »Die lassen sich dafür bezahlen, mit Männern ins Bett zu gehen.« Als ich »ins Bett gehen« hörte, wusste ich, dass ich nicht weiterzufragen brauchte, denn das Thema war tabu. Ich überlegte, was Leute wohl außer schlafen im Bett machten. Das konnte doch nicht so schlimm sein, dass man darüber nicht sprechen durfte. Immerhin dachte ich, dass ich nun wüsste, was eine Hure sei. Aber ich verstand nicht, warum Willi mich so nannte. Was hatte ich ihm eigentlich getan, dass er mir wehtat und mich dann noch beschimpfte. Ich dachte, vielleicht läge es daran, dass ich ein Arbeiterkind war. Durfte er als Bauernsohn mit mir machen, was er wollte? Mir kam es so vor.

In diesem Sommer blieb ich in den Ferien zu Hause. Ich half unseren Nachbarn, die keine Kinder hatten, auf dem Feld. Ich mochte diese Arbeit und fand es nicht schlimm, aufzustehen, sobald die Sonne aufgegangen war. In den Ferien blieb ich meist den ganzen Tag bei ihnen und ging dann am Abend müde nach Hause. Aber auch während der Schulzeit half ich der Tante, wie ich sie nannte. Sie freute sich darüber, zeigte mir viele Dinge und brachte mir bei, wie man eine Kuh melkt, damit ich ihr diese Arbeit abnehmen konnte. Mittlerweile gab es auch mehrere Traktoren im Dorf, nur wenige Bauern spannten noch ihre Ochsen oder Pferde ein. Auch unser Nachbar hatte einen kleinen Traktor. Wenn wir auf dem Feld die Ernte holten, durfte ich zufahren. Ich saß auf dem Traktor und musste immer die Garben anfahren, während der Bauer auf dem Feld stand und sie auf den Wagen lud. Das ersparte ihm das Auf- und Absteigen. Mir war schon ein wenig bange dabei, aber ich ließ mir natürlich nichts anmerken. Am Anfang ging mir der Traktor ständig aus, bis ich verstanden hatte, wie das mit den Pedalen funktionierte. Danach durfte ich sogar manchmal über die Feldwege nach Hause fahren. Ich kam mir sehr erwachsen vor und war glücklich, mithelfen zu dürfen.

Wahrscheinlich lag das auch daran, dass ich immer unter Aufsicht war, da konnte kein Bernd und kein Willi mir etwas anhaben. Leider durfte ich nicht jeden Tag zu unseren Nachbarn, denn zu Hause hatten wir auch viel zu tun. Ich musste meiner Mutter beim Kochen und bei der Hausarbeit helfen und am Samstag fuhr ich dann mit dem Fahrrad ins Nachbardorf einkaufen. Davor hatte ich Angst, denn auf dem Weg gab es viele Gelegenheiten, mir aufzulauern. Ich versuchte immer unterschiedliche Wege zu nehmen oder über die Feldwege ins Nachbardorf zu gelangen, aber auch dort fand Willi mich.

Als das neue Schuljahr begann, hoffte ich, dass alles besser werden würde, denn Willi war nicht mehr da. Er ging jetzt auf die Berufsschule. Aber ich hatte mich getäuscht. Er war jeden Tag zu Hause und arbeitete in der Landwirtschaft. Nur einmal in der Woche musste er zur Schule. Willi sollte später den Hof seiner Eltern übernehmen. Wenn ich von der Schule zurückkam, lauerte er mir immer wieder auf und testete an mir aus, was er an schmutzigen Dingen in irgendwelchen Magazinen gelesen oder von seinen Kumpels gehört hatte. Ich war für ihn eine leichte Beute. Ich wehrte mich nicht und schwieg. Was hätte ich auch machen sollen, ich kannte ja nichts anderes. Wenn er mich nicht als Übungsobjekt missbrauchte, ignorierte er mich. Mir tat das weh, denn komischerweise wollte ich, dass er mich mochte. Ich machte doch alles, was er von mir verlangte. Warum mochte er mich dann nicht und behandelte mich einfach wie Luft? Je mehr er mich ignorierte, desto mehr strengte ich mich an, dass er auf mich aufmerksam wurde. Willi stand überall im Mittelpunkt, war der Anführer der Dorfjugend. Alle Jungen hörten auf ihn und himmelten ihn an. Sie hatten alle keine eigene Meinung, das, was zählte, waren seine Worte. Für mich war klar, dass ich nie zu den Jugendlichen gehören würde, wenn er mich nicht akzeptieren würde. Selbst wenn wir alle am Milchhaus standen und Willi anzügliche Bemerkungen machte, über die seine Freunde hämisch lachten, stand ich nur verlegen daneben und sagte nichts.

Eine Situation ist mir besonders in Erinnerung geblieben. Einmal lief eine Frau die Straße entlang und Willi rief ihr hinterher: »Guck dera ihr bee gen a nixmer zam, des kummt vom Vögeln.« (»Schaut euch die an, ihre Beine gehen ja nicht mal mehr zusammen. Das kommt vom Vögeln.«) Der Sohn der Frau war einer seiner Freunde und stand direkt neben ihm. Er wurde rot, lachte dann aber genauso wie alle anderen. Meiner Freundin und mir war das sehr unangenehm, aber wir trauten uns nicht, etwas gegen Willi zu sagen.

Der Neubau war jetzt fast fertig. Wir mussten nicht mehr in einem Zimmer leben und schlafen, sondern wir Kinder hatten einen Raum und die Eltern einen zweiten. Da aber das Geld knapp war, entschlossen sich meine Eltern, das größte Zimmer im Haus, das eigentlich unser Wohnzimmer sein sollte, zu vermieten. Bald zog ein Paar bei uns ein. Der Mann war ein amerikanischer Soldat, der mit seiner Truppe oben im Wald die Radiostation bewachte. Seine Freundin war eine Deutsche.

Meiner Mutter war das alles nicht ganz recht. Sie hatte sich so gefreut, endlich ein Wohnzimmer zu haben. Mein Vater tröstete sie und sagte, dass es ja nur für ein Jahr sein würde, denn dann würde die Station geschlossen werden und die Amerikaner müssten woanders hin. Aber es ging meiner Mutter nicht nur um das Zimmer, sondern vor allem darum, dass in unserem Haus ein Pärchen lebte, das noch nicht verheiratet war. Meine Mutter änderte schnell ihre Meinung, als die beiden sich trauen ließen. Danach saßen wir alle oft zusammen und freundeten uns an.

Kurz vor Weihnachten hatten meine Eltern eine Überraschung für uns. Wir würden noch ein Geschwisterchen bekommen, sagten sie. Meine Schwester und ich freuten uns riesig. Nur meine Mutter hatte ein wenig Angst, denn schon die letzte Schwangerschaft war nicht leicht gewesen und mittlerweile war sie schon 34 Jahre. Damals war es nicht üblich, in dem Alter noch Kinder zu bekommen. Für uns hörte sich das alles an, als müsse das Kind vielleicht ohne Eltern aufwachsen, da sie ja schon so alt waren. Ich weiß noch, als unsere Nachbarin mit 61 Jahren starb, hieß es im Dorf, dass sie ja ein langes Leben gehabt hätte – mit 61. Aber die Schwangerschaft verlief problemlos und im Juni kam unsere Katrin zur Welt. Wir waren alle glücklich und die Sorgen, die wir uns gemacht hatten, waren vergessen. Ich hatte eine neue kleine Schwester, und Bärbel war froh, nicht mehr die Jüngste zu sein.

Auch in der Schule gab es eine Veränderung. Die katholische und die evangelische Schule wurden zusammengelegt. Wir hatten zum ersten Mal katholische Schüler in der Klasse. Das Klassenzimmer, in dem sonst die Jungen auf der einen Seite gesessen hatten und die Mädchen auf der anderen, teilte sich nun in einen evangelischen und einen katholischen Teil. Ich kannte schon einige Kinder vom Turnen im Nachbardorf, und so stellte ich mich in der Pause zu ihnen. Die anderen machten sich über mich lustig und konnten nicht verstehen, weshalb ich mit den Katholiken sprach. Ich begriff das nicht. Was kümmerte sie es, wenn ich mit den Neuen sprach? Sie mochten mich doch sowieso nicht.

Zu Hause fragte ich meine Mutter, was der Unterschied zwischen evangelisch und katholisch sei. Sie erklärte mir, dass die Katholiken einen Papst hätten und wir nicht. Auf die Frage, wofür denn so ein Papst gut sei, sagte meine Mutter, er würde für sie den Herrn Jesus auf Erden vertreten. Wir hätten es da leichter, denn wir könnten direkt zu Jesus beten. Ich war mir nicht ganz sicher, ob das so gut war, denn bis jetzt hatte Jesus mich ja nicht erhört. Aber das sagte ich natürlich meiner Mama nicht. Außerdem, fuhr sie fort, würden die Katholiken auch die Mutter Gottes anbeten. Wir hingegen würden sie verehren, aber nur zum lieben Gott und Jesus beten. Ich wunderte mich, wer sich das wohl ausgedacht hatte. Wahrscheinlich war es wieder mal so eine Art Märchen.

»Dann sind die ja gar nicht so viel anders als wir«, meinte ich, »die denken nur ein bisschen anders.« Meine Mutter verkniff sich ein Lächeln und stimmte mir zu. »Warum darf man dann nicht mit ihnen spielen?«, wollte ich wissen. Da guckte mich Mama erstaunt an und sagte: »Na, dir hat noch keiner verboten, mit anderen Kindern zu spielen! Dein Vater gibt Turnunterricht, und da hast du doch immer schon mit katholischen Kindern gespielt. Und überhaupt, im Krieg haben uns Waisenkindern die katholischen Nachbarn viel geholfen. Das ist doch alles Unsinn!« Mutter hatte wieder einmal die richtigen Worte gefunden und mir diese merkwürdige Welt erklärt. Ich wünschte mir, ich könnte ihr auch erzählen, was mich sonst alles bedrückte. Ich war mir aber nicht sicher, ob Mutter dann immer noch so gut zu mir sein würde. Ich nahm mir vor, sie niemals zu enttäuschen, und deshalb durfte sie auch nie erfahren, wie böse ich war.

Die Jugendlichen trafen sich wie immer am Milchhaus in der Mitte des Dorfes. Ich ging auch oft dahin und versuchte, auf mich aufmerksam zu machen. Ich erzählte ihnen, wie gut ich mich in der Landwirtschaft auskannte, dass ich Traktor fahren und Kühe melken konnte. Sie lachten nur über mich und machten komische Bemerkungen. Ich wurde das Gefühl nicht los, dass Willi ihnen erzählt hatte, dass ich leicht zu haben sei. Das führte dazu, dass die anderen sich über mich lustig machten.

Einmal fragte mich Jakob*, ein Freund von Willi, ob ich mit ihm auf seinem neuen Moped fahren wollte. Ich traute meinen Ohren kaum. Hatte er wirklich mich gefragt? Mich? Vorher durften einige der anderen Mädchen schon mal mit Willi oder ihm eine Testfahrt machen und ich hatte mir immer gewünscht, dass mich einer von ihnen auch mal fragen würde. Ich sagte schnell zu, bevor Jakob es sich anders überlegen konnte. Wir fuhren aus dem Dorf und Jakob bog in einen Feldweg ein. Er bat mich, abzusteigen, und ich fragte ihn, ob irgendetwas nicht stimmen würde. Da grinste er nur hämisch und meinte, es sei alles in Ordnung. Kaum hatte er das gesagt, begrapschte er mich auch schon überall. Das war zu viel für mich. Ich wehrte mich. Nicht noch einer, dachte ich. Ich konnte einfach nicht mehr.

Wieder war ich auf jemanden reingefallen, von dem ich gedacht hatte, dass er in Ordnung wäre. Er war sonst eher schüchtern und nett zu mir, natürlich nur, wenn Willi nicht in der Nähe war. Ich überlegte, was ich jetzt machen sollte. Wenn ich zu Fuß nach Hause laufen würde, würden die anderen noch mehr über mich lachen, denn ich käme nicht ungesehen an ihnen vorbei. Diese Schmach wollte ich nicht über mich ergehen lassen. Ich begann zu weinen und Jakob hörte auf, mich anzufassen. Er meinte, ich solle mich doch nicht so anstellen. Ich konnte es nicht fassen, drehte mich um und lief davon. Es dauerte nicht lange, bis Jakob hinter mir herkam. Er sagte: »Komm schon, wir fahren wieder zurück.« Ich setzte mich auf das Moped und war erleichtert, dass er nicht wie Bernd und Willi weitergemacht hatte. Doch von da an ignorierte er mich oder machte bissige Bemerkungen. Ich war mir sicher, dass Willi und er über mich redeten, und schämte mich fürchterlich.

Die Schulfreunde im Nachbardorf und das Training im Sportverein retteten mir das Leben. Wäre das nicht gewesen, ich hätte spätestens jetzt einen Weg gefunden, mir das Leben zu nehmen. Ich fühlte mich bei meinen Freunden aufgehoben und brauchte keine Angst zu haben. Auch im Sportverein war ich aktiv, nahm manchmal sogar an Wettbewerben teil. Natürlich war ich mir auch bei den Freunden nicht sicher, ob sie mich wirklich mochten. Aber sie fragten mich beim Spielen, ob ich mitmachen wollte, und unterhielten sich auch sonst mit mir. Sie gaben mir Sicherheit genauso wie meine Eltern. Nur bei ihnen fühlte ich mich wohl und konnte mich von den Übergriffen erholen. Vor allem zu Hause fand ich Ruhe.

Meine Eltern waren zwar streng, aber wir Kinder wussten, selbst wenn sie schimpften, dass sie es gut mit uns meinten und uns zu »rechtschaffenen« Menschen, wie sie es sagten, erziehen wollten. Der Spruch meines Vaters war immer: »Wenn man gut ist, kommt auch Gutes zurück.« Und Mutter sagte: »Wie man in den Wald hineinruft, so schallt es auch heraus.« Ich verstand, was sie uns beibringen wollten, hatte aber ständig ein schlechtes Gewissen, weil ich ihre Regeln ja nicht einhalten konnte. Ich fragte mich immer, wie ich ein besserer Mensch werden könnte. Oder würde ich mein ganzes Leben lang böse sein müssen?

Immer, wenn ich mir vorgenommen hatte, neu anzufangen und mich gegen die Männer zu wehren, kam einer von ihnen, und ich war wie gelähmt. Da waren die guten Vorsätze wieder dahin. Ich erinnerte mich nicht mehr an die einzelnen Taten und hatte gelernt einfach abzuschalten, so, als würde man ein Gerät ausmachen. Ich dachte und fühlte einfach nichts. Nur manchmal kam alles in mir hoch. Ich weiß, dass ich einmal auf einer Beerdigung war und die ganze Zeit daran denken musste, wie es wäre, wenn ich im Sarg liegen würde. Würden dann auch so viele Menschen kommen? Würden sie um mich weinen? Würde es Bernd, Willi und den anderen leidtun, was sie mir angetan hatten? Mir läuft es noch heute eiskalt den Rücken herunter, wenn ich mich an meine Gedanken von damals erinnere.

Einige Zeit später, ich war mittlerweile zwölf Jahre alt, nahm sich eine junge Frau aus unserem Dorf das Leben. Ich kannte sie und hatte öfter mit ihr gesprochen, wenn ich an ihrem Haus vorbeikam, das an dem Weg zu meiner Tante lag. Erst sagten die Leute, sie sei halt gestorben, aber dann ging die Tuschelei los. »Es sei ganz schlimm«, sagten sie. Ich fragte wie immer meine Mutter, was die Leute denn damit meinen würden, und sie erzählte mir, dass sich die junge Frau das Leben genommen hatte. Sie sei mit dem Fahrrad in den Fluss gefahren. Mama ermahnte mich, nicht darüber zu reden. »Und warum?«, wollte ich wissen. Mutter sagte: »Weil sich das Leben nehmen eine Sünde ist.« »Eine Sünde?«, fragte ich, »wie kann das denn eine Sünde sein? Dann ist man doch tot!« Da meinte meine Mutter: »Der liebe Gott schenkt uns das Leben, und deshalb haben wir nicht das Recht, es zu beenden, bevor er uns nicht ruft. Das muss schon der liebe Gott entscheiden, und deshalb ist es eben eine Sünde.« »Die Leute im Dorf sagen, dass sie deswegen nicht in den Himmel kommt. Stimmt das, Mama?«, fragte ich weiter. Mich beschäftigte diese Frage besonders. Aber Mutter konnte mir darauf keine Antwort geben, sie meinte nur, dass so etwas nur der liebe Gott wisse. Nur er allein könne einem in die Seele schauen.

Im Dorf wurde weiter viel geredet. Sie tuschelten hinter vorgehaltener Hand. Mir tat die arme Frau leid, keiner verlor ein gutes Wort über sie, und sie konnte sich nicht mehr wehren. Es gab auch keine richtige Beerdigung, denn bei Selbstmördern durften die Glocken nicht geläutet werden und meistens wurden sie ohne Segen in der Erde verscharrt. Aber diesmal machte der Kirchenrat eine Ausnahme und der Pfarrer durfte, natürlich ohne den Talar angelegt zu haben, ein paar Worte sagen. Einen Trauergottesdienst gab es nicht.

Ich bin oft an ihr Grab gegangen, wenn ich beim Gießen auf dem Friedhof war. Ich betete für die Frau und dafür, dass der liebe Gott sie in den Himmel lassen möge. Ich fühlte mich mit ihr verbunden, da ich in den vergangenen Jahren auch oft daran gedacht hatte, mir das Leben zu nehmen. Die junge Frau hatte den Mut dazu gehabt und jetzt sollte sie nicht in den Himmel kommen dürfen? Sie hatte bestimmt viel leiden müssen und war nicht wie ich böse gewesen, da müsste der liebe Gott ihr doch alles verzeihen. Bei mir war es anders. Ich war böse und machte schlimme Sachen. Da konnte ich verstehen, dass ich in die Hölle musste. Es spielte also keine Rolle, ob ich wartete, bis Gott mich zu sich holen würde, oder ob ich mich selbst umbrachte. Hölle war Hölle. Aber bevor wirklich etwas passierte, hörte ich immer meine innere Stimme, die sagte: Vielleicht kannst du ja doch noch einmal alles gutmachen. In der Bibel stand schließlich, dass man Reue und Buße tun musste, und dann würde einem vergeben.

Ich hatte lange versucht, den Glauben und Gott als Märchen anzusehen, aber jetzt, da ich Angst um die junge Frau hatte, fragte ich mich wieder, ob es nicht doch einen Gott gäbe? War er gut oder böse? Ich war verwirrt, meine Gedanken drehten sich im Kreis wie schon so oft. Ich beschloss damit aufzuhören. Legte den Schalter um und schon dachte und fühlte ich nichts mehr.

Ich war jetzt im Konfirmandenalter und wir mussten jede Woche in den Unterricht und den kleinen Katechismus auswendig lernen. Damit hatte ich so meine Schwierigkeiten, versuchte aber, mir nichts anmerken zu lassen. Als ich endlich konfimiert wurde, freute ich mich mehr darüber, ab jetzt am Samstagabend ausgehen zu dürfen, als darüber, einen religiösen Segen zu bekommen. Die Jugendlichen im Dorf ignorierten mich weiter, und so nahm ich die Einladungen meiner Freunde im Nachbardorf an.

Wir waren eine Gruppe von sechs bis acht Jugendlichen, die sich regelmäßig trafen. Einer von ihnen hatte zu Hause einen Partykeller. Seine Eltern erlaubten uns, dort zu sein und zu feiern. Ich lief die zwei Kilometer bis ins Nachbardorf und meist begleiteten mich meine Freunde zurück. Allerdings drehten sie an der Kirche um, weil keiner von ihnen am Friedhof vorbei wollte. Ich lachte über sie, denn mir machte das nichts aus. Die Toten hatten mir noch nie was angetan.

Wir hatten nur noch ein Jahr vor uns, denn ab jetzt war es für alle Schüler Pflicht, bis zur neunten Klasse die Schulbank zu drücken. Allerdings mussten wir dafür nach Haßfurt fahren. Dort wurden alle Neuntklässler der umliegenden Ortschaften zusammengezogen. Wir waren über dreißig Schüler.

Die neue Schule war ganz anders. Es war eine Berufsschule und alle waren älter als wir. Dort gab es eine Kantine und sogar eine Raucherecke. Wir wollten natürlich genauso sein wie die älteren Schüler, passten uns an und rauchten Zigaretten. Morgens, wenn wir auf den Bus warteten, krempelten wir unsere Faltenröcke aus Wolle hoch, damit auch wir modisch aussahen. Irgendjemand brachte sogar einmal eine *Bravo* mit in die Schule. Wir lasen sie von vorne bis hinten und versuchten alles über Schlagersänger, Make-up, Kleidung und die Liebe zu lernen. Das war natürlich viel interessanter, als sich auf den Unterricht zu konzentrieren. Wir legten unser Taschengeld zusammen und kauften uns die Zeitschrift jede Woche. Dann wanderte sie von einem zum anderen.

Von unseren Eltern hörten wir, dass wir dieses »Blatt« bloß nicht ansehen sollten, das »Geschreibe« würde uns auf die schiefe Bahn bringen. Also versteckten wir die *Bravo*, wenn wir nach Hause kamen, und lasen heimlich. Alles, was darin stand, war für mich das wirkliche Leben. Ich erfuhr all die Dinge, die früher tabu waren. So verstand ich endlich, was es bedeutete, eine Jungfrau zu sein, und konnte mir erklären, was Willi damit gemeint hatte, als er sagte: »Die muss auch noch entjungfert werden.« Ich wusste nun, was Sex bedeutete, und dachte darüber nach, ob der Frauenarzt wohl bemerkt hatte, was mit mir los war, als meine Mutter mich irgendwann zu ihm gebracht hatte. Mir wurde einiges klar. Aber nicht nur das lernte ich aus der Zeitschrift. Ich erfuhr, wie man sich schminkt und welche Kleidung modern war. Das Geld, das ich am Wochenende für das Bedienen bekam, gab ich für die Dinge aus, die man laut *Bravo* als junger Mensch haben musste.

Wenn sich auch mein Leben während der Schulzeit und an den Wochenenden verändert hatte, blieb es in der Dorfgemeinschaft wie gehabt. Ich war weiterhin die Außenseiterin, wurde gehänselt und gedemütigt. Trotzdem ging ich immer wieder zu den Jugendlichen und versuchte, in ihre Gruppe zu kommen. Sie aber sahen mich als leichtes Mädchen, als Flittchen. Warum das so war, konnte ich nicht verstehen.

In den letzten Jahren wurde mir erst langsam bewusst, was da eigentlich passiert war. Willi und Bernd redeten mir ein, dass ich ja von ihnen angefasst werden wollte und schuld an allem sei. Ich sollte lieber schweigen, sonst würde ich auch noch Schande über meine Familie bringen. Sie setzten mich und die anderen so unter Druck, dass ich keine Chance hatte, von ihnen akzeptiert zu werden, und die anderen keine Chance hatten, auf mich zuzugehen.

Ich hielt das damals alles nicht mehr aus und war entschlossen, das Dorf nach dem Schuljahr zu verlassen. Mein Plan war es, in der Diakonie, in der meine Mutter als junges Mädchen gewesen war, eine Haushaltslehre zu machen. Eines Abends standen wir wieder alle an der Milchstelle und ich erzählte den anderen, was ich vorhatte. Ich dachte, das wäre ihre letzte Möglichkeit, mich aufzuhalten und in ihre Gruppe aufzunehmen. Aber sie lachten nur und meinten, dass die meisten Mädchen ja schon putzen könnten, ohne dafür in die Lehre gehen zu müssen. Aber ich verzichtete lieber auf eine Anstellung im Büro und ging auf die Haushaltsschule, als weiter im Dorf bleiben zu müssen.

In der Schule hatten wir Berufsberatung, aber unser Lehrer machte mir wenig Hoffnung, dass ich ein Angebot finden würde, das außerhalb von Eschenau lag. Also ging ich zu unserem Pfarrer und bat ihn um Hilfe. Ich fragte ihn, ob er nicht ein gutes Wort für mich in der Diakonie einlegen könnte. Er stellte mir dann ein Zeugnis aus und gab mir eine Anschrift. Ich wurde dort angenommen. Die Lehre würde erst einige Monate später, im September, beginnen, aber man durfte bereits Mitte August anreisen. Ich stand am 14. August vor der Tür.

5

»Ich wollte nicht mehr leiden.«

1972–1981

Die diakonische Anstalt in Neuendettelsau bestand aus mehreren Altenheimen, einem Krankenhaus und einem Heilerziehungsheim für behinderte Kinder. Dazu gehörten außerdem noch die Schwesternwohnhäuser und Internate für die Auszubildenden. In der Diakonie konnte man sich zur Alten- und Krankenpflegerin ausbilden lassen. Aber bevor ich das machen konnte, musste ich in die Lehre als Hauswirtschaftsgehilfin.

Nachdem ich aus Eschenau angereist war, wurde mir ein Zimmer zugewiesen. Sie waren alle gleich: zwei Betten mit Nachttischen an der langen Wand, gegenüber zwei Schränke und dazwischen ein einfacher Tisch mit zwei Stühlen. Für mehr war kein Platz. Meine Zimmergenossin war natürlich noch nicht da, und so lernte ich in den nächsten Tagen nur ein Mädchen kennen, die wie ich schon früher angereist war.

Es war Silvia*. Ich fragte sie, warum sie schon so früh da war, und sie erzählte mir, dass ihre zwei Schwestern hier in Neuendettelsau arbeiteten und sie mit ihnen Zeit verbringen wollte. Sie hatten auch vorher in der Diakonie eine Lehre gemacht. Silvia kannte sich also schon ein wenig im Ort aus und zeigte mir alles. Wir freundeten uns an und fragten nach einigen Tagen die Diakonisse, ob wir zusammen in ein Zimmer ziehen dürften. Sie gab uns die Erlaubnis und wir waren überglücklich. Auch sonst fühlte ich mich in dem Dorf wohl. Dort kannte mich niemand und ich konnte ganz von vorne anfangen. Ich war stolz, eine Freundin wie Silvia zu haben, die bei allen beliebt war und bei der ich mich nicht anstrengen musste, damit sie mich mochte.

Zwei Wochen später ging es los. Ich wusste mittlerweile, dass ich neben der Schule im Heilerziehungsheim arbeiten sollte. Mir war das ganz recht so, ich würde bestimmt gut mit den behinderten Kindern zurechtkommen. Sicher würde es manchmal schwierig werden, aber die Kinder scherten sich sicher nicht darum, wer ich war und wie mein Leben bisher verlaufen war. Aber es kam anders.

In der Gruppe, der ich zugewiesen wurde, waren nur Erwachsene. Es nutzte nichts, dass die Schwestern mir sagten, sie alle wären auf dem geistigen Niveau von Elfjährigen, ich kam mit ihnen einfach nicht zurecht. Ich fühlte mich den Behinderten ausgeliefert. Sie sahen aus wie meine Tanten und Onkel, nicht wie Kinder, und ich sollte sie anweisen, bestimmte Arbeiten zu machen. Aber wie sollte das gehen, ich traute mich einfach nicht. Ich hatte immer gelernt, dass man Erwachsene siezt und respektvoll behandelt. Jetzt sollte ich mit ihnen umgehen, als wären sie kleine Kinder. Ich biss die Zähne zusammen und gab mein Bestes, aber die ersten Arbeitstage waren schlimm für mich. Ich wusste nicht, wie ich reagieren sollte, wen ich hätte um Rat fragen können. Die Angst, etwas falsch zu machen und wieder heimgeschickt zu werden, war zu groß.

Silvia merkte, dass mit mir etwas nicht stimmte und ich im Schlaf weinte. Sie sprach mit unserer Hausschwester darüber, die mich daraufhin zu sich rief. Sie hatte Verständnis für meine Situation und ahnte, auch wenn ich es ihr nicht direkt sagte, was los war, womit ich Probleme hatte. Die Schwester fragte mich, ob ich lieber im Altenheim arbeiten wolle. Ich war froh über dieses Angebot und nahm an. Von da an ging alles besser. Ich mochte die älteren Menschen und beschäftigte mich gerne mit ihnen. Zwar war die Hausschwester dort strenger, aber wenn man seine Arbeit ordentlich erledigte, hatte man keine Schwierigkeiten mit ihr.

Fast hätte ich sogar etwas Selbstvertrauen aufgebaut, wenn nicht die Wochenenden zu Hause gewesen wären. Einmal im Monat durften wir zu unseren Eltern fahren. Ich versuchte immer, mich darum zu drücken, aber das gelang nicht immer. Natürlich vermisste ich meine Familie, aber nach Eschenau zurückzukehren, war für mich eine Qual. Abends traf ich mich dann mit meinen Freunden aus dem Nachbardorf und mied die Eschenauer Jugendlichen. Nur ab und zu sah ich meine alte Schulfreundin, aber wir hatten uns verändert und waren uns irgendwie fremd.

Wenn ich zufällig doch mal jemanden aus unserem Dorf traf, fragten sie mich, ob ich nun endlich Putzen gelernt hätte oder ähnliche Dinge. Ich wusste nicht, was ich darauf sagen sollte. Gleich fühlte ich mich minderwertig und schlecht. Der Alptraum meiner Kindheit schien Wirklichkeit zu werden: Ich würde als Putzfrau enden, während alle anderen einen richtigen Beruf erlernten. Ich war ein Nichts. Meine einzige Hoffnung war, weit weg von Eschenau zu leben und alles hinter mir zu lassen. Also entschloss ich mich, die Zeit in Neuendettelsau zu nutzen und möglichst viel für die Zeit danach zu lernen. Ich nahm mir Menschen, die ich für erfolgreich hielt, zum Vorbild. Ich beobachtete, wie sie sprachen, sich bewegten und was für Kleidung sie trugen, um sie dann nachzuahmen. Langsam machte ich Fortschritte.

Silvia und ich verbrachten viel Zeit miteinander und hatten eine Menge Spaß. Wenn in Neuendettelsau etwas los war, gingen wir gemeinsam hin und feierten mit den anderen jungen Leuten. Im Jugendhaus, in dem wir wohnten, gab es eine Sperrstunde, an die wir uns eigentlich immer hielten, aber wenn es eine besondere Feier gab, schlichen wir uns durch das Fenster – unseren Notausgang – davon. Später, als wir schon lange nicht mehr im Jugendhaus wohnten, erzählte uns die Schwester, dass sie ganz genau von unseren nächtlichen Ausflügen gewusst hatte, uns aber den Spaß nicht verderben wollte. Am nächsten Tag ließen sie uns dann immer besonders hart arbeiten. Das war ihre Rache.

Die Arbeit im Altenheim gefiel mir. Ich merkte, dass die alten Menschen mich mochten und sich über jede kleine Aufmerksamkeit freuten. Sie bedankten sich immer und gaben mir das Gefühl, gebraucht zu werden. Auch die Schwestern waren mit mir zufrieden, hatte meine Mutter mir doch schon vorher alles Wichtige beigebracht. Außerdem war ich nicht mehr die ganze Zeit damit beschäftigt, Lügen zu erfinden, damit keiner hinter mein schlimmes Geheimnis kam. Es waren kleine Schritte, aber so nach und nach wurde ich offener und zugänglicher. Ich lernte selbst Entscheidungen zu treffen, und Silvia half mir dabei. Aber auch die anderen Mädchen waren sehr nett. Sie kamen genau wie ich vom Dorf, aber im Unterschied zu früher interessierte es im Internat niemanden, ob die Eltern Bauern oder Arbeiter waren. Alle waren gleich.

Während meiner Ausbildung in Neuendettelsau besuchte ich nebenbei die Berufsaufbauschule, um einen höheren Abschluss zu machen. In den ersten beiden Lehrjahren musste ich deshalb einmal in der Woche zur Schule gehen. Danach hätte ich jeden Tag Unterricht gehabt. Leider musste ich nun meinen Traum aufgeben, denn meine Eltern konnten die Schule nicht finanzieren. Trotzdem wollte ich in der Diakonie bleiben und bewarb mich deshalb um einen Ausbildungsplatz im Krankenhaus. Ich musste eine schriftliche Aufnahmeprüfung machen und mir ein Gesundheitszeugnis besorgen. Die Prüfung schaffte ich ohne Probleme, aber bei der ärztlichen Untersuchung stellte sich heraus, dass meine Wirbelsäule nicht gerade gewachsen war. Ich konnte die Ausbildung also nicht machen.

Nun stand ich ohne eine Arbeit da und mein letztes Jahr in der Lehre war bald vorüber. Was sollte ich danach machen? Ich bekam Panik. Würde das bedeuten, dass ich wieder nach Hause müsste? Ohne höheren Abschluss und ohne richtigen Beruf? Was wäre das für eine Schande. All meine Hoffnungen auf ein schönes Leben waren dahin.

Ich erzählte einer Freundin von meinen Problemen und dass ich unmöglich wieder nach Hause könne. Sie war schon älter, hatte eine eigene Wohnung und ein eigenes Auto. Es ging ihr in der Zeit auch nicht besonders gut, weil sie Liebeskummer hatte, und so beschlossen wir, gemeinsam wegzugehen. Wir packten unsere Sachen und fuhren gen Süden. Kurz vor Udine in Italien platzten gleich zwei Reifen der alten Ente. Wir wussten nicht, was wir machen sollten. Es gab keinen Ersatzreifen und Geld für einen neuen hatten wir auch nicht. Uns blieb nichts anderes übrig, als wieder zurückzufahren.

Wir brauchten drei Tage per Anhalter, bis wir endlich wieder im Jugendheim waren. Die Diakonieschwestern waren wütend auf uns, weil wir, ohne ein Wort zu sagen, weggefahren waren. Trotzdem durften wir bis zum Ende des Schuljahres bleiben. Danach blieb mir nichts anderes übrig, als zurück nach Hause zu gehen. Traurig verabschiedete ich mich von meinen Freunden und machte mich auf den Weg.

Ich wusste nicht, was ich machen sollte. Würde ich für immer in Eschenau bleiben müssen? Gerade hatte ich doch erst angefangen zu leben. Ich brauchte unbedingt eine neue Arbeit. Vielleicht konnte ich als Kellnerin arbeiten, das hatte ich ja früher schon an den Wochenenden gemacht. Kaum war ich zu Hause angekommen, da hatte meine Mutter Neuigkeiten für mich. Ihr Bruder hätte für mich eine Stelle in München. Seine Frau war Filialleiterin in einer Metzgerei, zu der auch eine Großküche gehörte. Von dort aus lieferten die Mitarbeiter Mittagessen an Büros und Geschäfte in der Umgebung aus. Sie suchten noch jemanden, der die Bestellungen annahm, und meine Tante und mein Onkel dachten, das könnte ich machen. Besser als gar nichts, dachte ich und fuhr nach München. Wohnen konnte ich bei den Verwandten, die etwa eine Stunde von der Innenstadt entfernt lebten. Ich bekam ein Zimmer im ausgebauten Keller und durfte das Gästebad im Erdgeschoss benutzen. Dafür musste ich 500 DM im Monat bezahlen, was für die Lage ein guter Preis sei, wie mir mein Onkel versicherte. Aber bei einem Lohn von 800 DM, von dem noch das Geld für das S-Bahn-Ticket abging, blieb dann nicht mehr viel übrig. Essen musste ich ja schließlich auch noch. Aber irgendwie würde ich schon über die Runden kommen.

Ich stand morgens um 3.30 Uhr auf, um pünktlich um 6.00 Uhr an meinem Arbeitsplatz zu sein. Die ersten Tage waren anstrengend, weil ich keine Erfahrung hatte und niemand da war, der mich einarbeitete. Nur der Chefkoch gab mir einige Tipps und erklärte mir den Ablauf in so einer Großküche. Jeden Morgen musste ich nun telefonisch die Bestellungen für das Mittagessen entgegennehmen. Jeder wollte etwas anderes und ich verlor manchmal den Überblick. Deshalb entwickelte ich ein System, damit ich ja nichts vergaß. Ich schrieb alle möglichen Bestellungen auf ein Blatt Papier – wie ein Formular eben –, kreuzte nach dem Telefonat die jeweilige Bestellung an und brauchte dann nur noch die entsprechenden Anweisungen an die Küche und den Lieferanten zu geben. Es lief alles gut und mir gefiel die Arbeit. Auch der Küchenchef war zufrieden mit meiner Arbeit. Zum ersten Mal hatte ich das Gefühl, selbständig arbeiten zu können und für andere wichtig zu sein. Ich ging nicht nach Hause, bis alles erledigt und für den nächsten Tag vorbereitet war.

Im Winter entschied ich mich, bei meinen Verwandten auszuziehen. Ich musste morgens immer im Dunkeln den Weg zur S-Bahn laufen, und das war mir unheimlich. Außerdem war die Strecke sehr lang. Ich war dankbar, als einer der Köche mir von einer freien Wohnung erzählte, von der aus ich schneller zur Arbeit kommen konnte. Der Haken war nur, dass ich für eine eigene Wohnung das Einverständnis meiner Eltern brauchte, da ich erst im Februar achtzehn wurde. Als ich an Weihnachten nach Hause fuhr, erzählte ich meinen Eltern davon und sie waren einverstanden. Wir machten einen Plan und kurze Zeit später kam mein Vater nach München und half mir beim Umzug. Meine Tante und mein Onkel wollten nicht, dass ich gehe, aber es blieb ihnen nichts anderes übrig, als meine Entscheidung hinzunehmen.

Ich konnte meine neu gewonnene Freiheit leider nur ein paar Wochen genießen. Denn dann kam mein Chef zu mir und teilte mir mit, dass er mir kündigen müsse und ich nur noch zwei Wochen bleiben könne. Ich war geschockt. Warum? Machte ich etwa meine Arbeit nicht gut genug? Er sagte, dass er sehr zufrieden mit mir sei und ich schwer zu ersetzen wäre. Aber meine Tante hatte dem Direktor gedroht, dass sie nach dreißig Jahren kündigen würde, wenn ich nicht ginge. Ich verstand gar nichts mehr. Warum gönnte sie mir mein Glück nicht. Was hatte ich meinem Onkel und ihr denn getan? Es half alles nichts, ich musste gehen. Die einzige Erklärung, die ich hatte, war, dass sie durch meinen Auszug 500 DM im Monat weniger in ihrer Kasse hatten, und das war damals viel Geld.

Ich versuchte natürlich gleich, eine neue Arbeit zu bekommen, aber ohne Abschluss war das fast unmöglich. Arbeitslosengeld wollte ich auch nicht beantragen, hieß es bei uns zu Hause doch immer, dass nur Gesindel Geld vom Staat annimmt. Aber wenn es so weiterging, würde ich meine Wohnung verlieren, und deshalb beschloss ich, doch zum Arbeitsamt zu gehen. Ich schämte mich schrecklich und erzählte niemandem davon. Aber dafür konnte ich erst mal bleiben.

In den Zeitungen las ich die Stellenangebote und irgendwann entdeckte ich eine Anzeige, in der jemand nach einem Hausmädchen suchte. Ich stellte mich bei der Haushälterin vor und wurde für die Münchner Stadtwohnung ihres Chefs eingeteilt. Dort konnte ich auch wohnen. Ich kündigte mein kleines Apartment und zog in mein neues Zimmer. Mir gefiel die neue Arbeit, doch auch diesmal hielt mein Glück nicht an. Nach einigen Wochen beschloss mein Chef, seine Stadtwohnung zu räumen und ganz aufs Land zu ziehen. Also schenkte er die Wohnung seinen Kindern, die keine Haushälterin brauchten, und ich stand wieder auf der Straße und wusste nicht weiter.

Mein alter Chef aus der Großküche bot mir glücklicherweise an, bei seiner Mutter zu wohnen. Ich hätte dort ein kleines, aber billiges Zimmer und seine Mutter wäre froh, nicht immer so allein zu sein. Ich sagte zu und löste die andere Wohnung auf. In den nächsten Monaten verdiente ich ein wenig Geld mit einem Job als Verkäuferin. Ich lief von Tür zu Tür und bot den Leuten Enzyklopädien an, die nur leider keiner haben wollte.

Die ältere Dame, bei der ich untergekommen war, war sehr nett, aber das half mir alles nicht. Ich fand keine richtige Arbeitsstelle und war verzweifelt. Was ich auch anfing, ich versagte: den höheren Abschluss, die Lehre als Krankenschwester, den Job in der Großküche und dann als Hausangestellte. Die ganze Unsicherheit war wieder da. Ich dachte ständig daran, dass ich vielleicht nach Eschenau zurück müsste und was dann die Leute denken würden. Für sie wäre dann endgültig klar, dass ich eine Versagerin war. Alles würde von vorne losgehen: der Spott, die Beleidigungen und, was noch viel schlimmer war, die Vergewaltigungen.

Ich sah keinen Ausweg mehr und war so verzweifelt, dass ich eines Abends alle Tabletten, die ich auftreiben konnte, auf einmal herunterschluckte. Ich hoffte, dass danach endlich alles zu Ende sein würde. Zum Glück aber tat meine Vermieterin an diesem Abend etwas Ungewöhnliches. Sie klopfte an meine Tür und als ich ihr nicht antwortete, kam sie herein, was sie sonst nie machte. Vielleicht hatte sie geahnt, dass es mir schlecht ging. Auf jeden Fall sah sie die leeren Tablettenschachteln und rief sofort den Krankenwagen.

Als ich wieder aufwachte, lag ich in einem fremden Raum, meine Knöchel und Handgelenke waren festgebunden und kein Mensch war zu sehen. Ich versuchte zu schreien, hatte aber keine Kraft dazu. Irgendwann kam eine Krankenschwester, die mir sagte, dass ich bereits seit zwölf Tagen hier liegen würde. Ich hätte sehr viel Glück gehabt, dass ich noch am Leben sei. Da erinnerte ich mich wieder, was passiert war. Ich fing an zu weinen und dachte nur, dass es wohl eher ein Unglück sei. Nichts konnte ich, nicht einmal mich umbringen. Als Kind hatte ich immer sterben wollen, damit die Menschen um mich trauern müssten. Sie sollten ein schlechtes Gewissen haben, wegen all dem, was sie mir angetan hatten. Aber dieses Mal war es anders. Ich wollte kein Mitleid erregen, ich wollte nicht mehr leiden und keine Niederlagen mehr ertragen müssen.

Kurze Zeit später verlegte man mich in ein Zimmer mit acht anderen Patienten. Ich ging zum Psychiater, sprach aber nicht mit ihm. Wie hätte ich auch erklären sollen, was mit mir los war. Ich schämte mich zu sehr, und auch die Gruppensitzungen, zu denen ich gehen musste, halfen mir nicht weiter. Die meisten Patienten waren drogensüchtig oder hatten Schwierigkeiten mit Alkohol. Ich gehörte da nicht hin. Nach acht Wochen sagte ich den Ärzten dann endlich, wer ich war und wo meine Familie lebte. Sie riefen meine Eltern an und Vater holte mich ab. Zu Hause verließ ich das Zimmer nicht und sprach kaum. Meine Eltern waren völlig überfordert. Sie verstanden nicht, was in mir vorging und weshalb ich das gemacht hatte. Ich konnte ihnen immer noch nicht von meinen Qualen erzählen und wollte einfach nur wieder weg – egal wohin.

Irgendwann kam einer meiner Onkel zu uns. Er war Kaufmann und reiste viel durch die Gegend. Vor kurzem war er im Schwarzwald gewesen und hatte gehört, dass dort in einem Hotel eine Bedienung gesucht wurde. Er sprach mit den Besitzern und die waren sofort einverstanden. Mir ging es gleich besser. Vielleicht würde ja doch noch alles gut werden. Meine einzige Sorge war, dass ich kaum Erfahrungen im Hotelbetrieb hatte. Die Wochenenden, die ich während der Schulzeit auf Festen bedient hatte, halfen mir nicht viel weiter. Aber ich würde das schon irgendwie hinkriegen.

Die ersten Tage waren hart und die Chefin bekam natürlich sofort mit, dass ich keine ausgebildete Kraft war, und hätte mich am liebsten wieder nach Hause geschickt. Aber die Saison hatte schon begonnen und es war schwer, auf die Schnelle eine neue Bedienung zu bekommen. Ich durfte also bleiben und strengte mich besonders an, möglichst schnell zu lernen. Alles war schließlich neu, aber ich war fest entschlossen, hier Erfolg zu haben. Ich rief mir immer wieder die Worte meines Vaters ins Gedächtnis:»Beim Zuschauen kannst du viel lernen.« Und deshalb guckte ich mir alles bei den Kollegen ab, was ich noch nicht konnte, und balancierte bald selbst drei Teller auf einem Arm und bediente die moderne Kasse.

Ich hatte ein kleines Zimmer unterm Dach und lebte mich langsam ein. Wir arbeiteten sechs Tage in der Woche und hatten dann einen Ruhetag. Mir gefiel es hier, die Menschen waren nett und mit der Arbeit klappte es auch immer besser. Nur mit der Chefin hatte ich so meine Probleme. Sie konnte nicht damit umgehen, dass ich eine ungelernte Kraft war, und behandelte mich dementsprechend. Ich nahm das in Kauf; ich ließ mich nicht rausekeln, denn sonst hätte ich wieder nach Hause gemusst.

Im November waren Betriebsferien. Ich überlegte, was ich machen sollte, denn nach Eschenau wollte ich auf keinen Fall. Leider hatte ich noch keinen Führerschein und auch kein Auto, um wegzufahren. Daher beschloss ich, zu bleiben. Mein Onkel kam mich in der Zeit manchmal besuchen. Dann lud er mich zum Abendessen in ein feines Restaurant am See ein. Ich freute mich immer, ihn zu sehen, bis ich irgendwann merkte, dass er sich an mich heranmachen wollte. Nach dem Essen suchte er nach einem Vorwand, mich in sein Hotelzimmer zu locken. Ich sagte ihm dann, dass ich unten auf ihn warten würde, aber er bestand darauf, dass ich mitkam. Ich hatte sofort ein ungutes Gefühl, aber er war schließlich mein Onkel und nicht irgendein Mann, den ich auf der Straße kennengelernt hatte.

Aber mein Bauchgefühl war richtig. Sobald wir sein Zimmer betreten hatten, machte er sich an mich ran. Ich war bestürzt und wehrte mich. Mir kamen die Tränen, und erst dann ließ er von mir ab. Er versuchte noch ein paar Mal, mich anzufassen, aber ich wich ihm aus und rannte aus dem Zimmer. Ich wusste nicht, wie ich zurück nach Hause kommen sollte, denn das war zehn Kilometer entfernt. Aber dort bleiben wollte ich auch nicht. Ich machte mich zu Fuß auf den Weg und war schon eine Ewigkeit unterwegs, als neben mir ein Auto hielt. Es war mein Onkel. Er stieg aus und befahl mir, mich in den Wagen zu setzen. Er würde mir nichts tun, meinte er. Ich zögerte erst, stieg dann aber doch ein. Was blieb mir auch anderes übrig. Mein Onkel fuhr mich bis vor das Hotel. Wir sprachen die ganze Zeit kein Wort miteinander und ich saß nur starr vor Angst neben ihm. Als wir endlich angekommen waren, ging ich ohne mich zu verabschieden ins Hotel, in dem ich wohnte. Ich habe meinen Onkel seit diesem Vorfall nur ein Mal bei der Beerdigung meiner Patin gesehen.

Als die Ferien vorbei waren und die Arbeit endlich wieder losging, war ich erleichtert. Es gab viel zu tun, und ich musste nicht permanent über den Abend mit meinem Onkel nachdenken. An Weihnachten und Neujahr waren wir ununterbrochen ausgebucht, da viele Urlauber zum Skifahren kamen. Sie waren alle gut gelaunt und brachten mich oft zum Lachen. Mir gefiel das, da machte einem auch die viele Arbeit nichts aus.

In der Nachsaison wurde es dann schwerer. Die Tage zogen sich hin und ich hatte viel Zeit zum Grübeln. Ich zog mich zurück, und das machte alles noch schlimmer. Wieder stellte ich mir die alten Fragen: Durfte ich nicht glücklich sein? Warum passierte immer mir das? Und so weiter und so weiter. Meine Laune sank, und das wirkte sich natürlich auch auf meine Arbeit aus. Die Chefin kritisierte mich dann oft und ich fühlte mich noch schlechter.

Dann hatten wir wieder Saison und alles pendelte sich ein. Ich arbeitete viel und die Monate bis zu den nächsten Betriebsferien vergingen schnell. Ich blieb auch dieses Mal dort und sparte mein Geld, um den Führerschein zu machen. Die meisten meiner Bekannten hatten schon längst einen und ich wollte jetzt endlich auch mit dem Auto durch die Gegend fahren können. Im März war es so weit. Ich war gerade einundzwanzig geworden und hatte die Prüfung bestanden. Nur ein eigenes Auto konnte ich mir noch nicht leisten. Deshalb mietete ich mir in den Ferien eines und fuhr damit nach Hause. Ich hatte meine Eltern und Geschwister lange nicht gesehen und wollte sie überraschen. Sie würden große Augen machen, wenn ich mit dem Auto und der extra neu gekauften Kleidung ankommen würde. Als es so weit war, freuten wir uns alle riesig. Mir wurde erst jetzt bewusst, wie lange wir uns nicht gesehen hatten. Im Dorf war alles unverändert. Ich besuchte die wenigen Freunde, die ich nach so langer Zeit noch im Nachbardorf hatte, aber wir waren uns alle fremd. Sie führten genauso wie ich ihr eigenes Leben, und wir hatten uns nicht viel zu sagen.

Während meines Besuches hörte ich, dass der Sportverein im Nachbardorf einen Wirt für die Vereinsgaststätte suchte. Einige Vereinsmitglieder sprachen mich darauf an. Sie meinten, ich hätte doch mittlerweile genug Erfahrungen gesammelt, das wäre sicherlich kein Problem für mich, so eine Wirtschaft zu leiten. Ich wollte erst nicht und hatte Angst vor der großen Verantwortung. Aber der Vorstand des Sportvereins und einige andere Mitglieder versicherten mir, dass sie mich unterstützen würden. Ich ließ mich überreden. Da alles sehr schnell gehen musste, fuhr ich sofort in den Schwarzwald zurück, kündigte und packte meine Sachen.

Nach meiner Rückkehr kaufte ich mir als Erstes ein Auto, um die ganzen Einkäufe in der Stadt erledigen zu können. Ich richtete die Gastwirtschaft her, und dann konnte es losgehen. Es war November und ich hatte schon Angst, dass nicht genug Gäste kommen würden, weil die Fußballsaison zu Ende war, als ein US-Bataillon im nahen Wald ein Manöver abhielt. Ihr Hauptquartier bauten sie in der Turnhalle auf und abends kamen sie immer nach oben in die Wirtschaft. Ich brauchte also keine Angst zu haben, das Haus war immer voll. Aber nicht nur die Soldaten kamen, sondern auch die Einheimischen, denn für sie war die Anwesenheit der Amerikaner eine willkommene Abwechslung. Nach einigen Wochen zogen die Soldaten wieder ab und versprachen dem Verein für all die Mühen einen Sportplatz zu bauen. Drei Soldaten würden im März mit den entsprechenden Geräten kommen und alles fertig machen. Ich hatte also erst mal eine Verschnaufpause. Alle freuten sich, als es dann im März endlich losging. Die drei Soldaten schliefen in der Turnhalle und ich machte ihnen abends das Essen. Insgesamt waren sie sicher einige Wochen da und hatten so viel Kontakt zu den Einheimischen. Oft saßen wir alle zusammen und spielten Karten. Als die Soldaten dann ihren Auftrag erledigt hatten, wurden sie von ihrem Bataillon abgeholt und wir feierten ein großes Abschiedsfest. Sogar die lokale Zeitung berichtete darüber. Die drei Soldaten hinterließen mir ihre Adressen und Telefonnummern und wir versprachen uns, in Verbindung zu bleiben.

Im Sportheim hatte inzwischen die Fußballsaison begonnen. Immer wieder ließ ich mich dazu überreden, einen Kasten Bier für die Mannschaft, die gewonnen hatte, auszugeben oder die Mannschaft, die verloren hatte, zu trösten. Aber ich hatte Spaß, in diesem Dorf hatte ich mich schon immer wohlgefühlt. Zuhause in Eschenau war ich natürlich noch mehr verrufen, aber damit hatte ich ja gerechnet, da in meiner Kindheit die Gastwirtin in unserem Dorf und ihre Familie ja auch nichts galten. Ich vermied in unserem Dorf zu sein, und die Einwohner vermieden es auch, in mein Gasthaus zu kommen.

In diesem ersten Jahr hatte ich viel über Finanzen und Haushaltsgeld gelernt und oft mit Lehrgeld bezahlen müssen, aber nach der Fußballsaison wollte ich zum ersten Mal in Urlaub fahren. Als ich jedoch in der Kreisstadt zwei Tage zuvor von meinem Steuerberater zum Reisebüro oder umgekehrt fahren wollte, hatte ich einen Unfall. Die Windschutzscheibe platzte, und die kleinen Scherben flogen mir mit voller Wucht ins Gesicht. 64 Stiche im Gesicht allein – ich sah fürchterlich aus, mein Gesicht war feuerrot und geschwollen. Ich musste auch für kurze Zeit Krücken benutzen, da mein linkes

Knie beschädigt war. Den Urlaub verbrachte ich dann im Bett. Ich versuchte noch das Gasthaus zu betreiben, aber es ging einfach nicht mit der Krücke und diesem ungeheuren Gesicht, das für einige Monate geschwollen blieb. Also wieder ein Niederschlag. Nicht einmal ein volles Jahr hatte ich dort ausgehalten, was jetzt?

Ich blieb bei meinen Eltern, bis mein Gesicht etwas anschaulicher wurde. Dann kam auch schon der Anruf aus dem Schwarzwald. Wie es mir wohl ginge? Auf meinen Bericht hin kam dann der eigentliche Grund des Anrufes, ob ich nicht zurückkommen wollte, ich würde gebraucht werden. Es war das erste Mal für mich, dass mich jemand anforderte. Ich ging gerne zurück. Dieses Mal kam ich ja als Fachkraft, nicht als das dumme Ding, das von nichts Ahnung hatte.

Es ging sehr gut am Anfang. Ich hatte nun ein Auto und konnte in meiner Freizeit in das nahe Titisee fahren. Ich freundete mich dort mit einer Urlauberin an, die mir später einmal das Leben retten würde. Die Arbeit kannte ich und wusste, was auf mich zukam. Ich freute mich schon auf den Winter, die Weihnachtszeit und die Weihnachtsurlauber. Es war die schönste Zeit im Jahr, wenn es auch sehr stressig war. Jedoch bekam ich mehr und mehr Schwierigkeiten mit meiner Chefin. War es, weil wir beide dickköpfig waren? War es, weil ich mich unterdrückt und nicht anerkannt fühlte? Ich tat doch alles, was von mir verlangt wurde. Ich weiß es nicht. Ich war wie immer unsicher, und das machte sich auch bemerkbar.

Eines Abends war ich wieder einmal in Titisee und meine Freundin, die Urlauberin aus dem Rheinland, war auch da. Wir hatten eine gute Zeit, sie hatte mich von der Arbeit abgeholt und deshalb war ich darauf angewiesen, wieder von ihr nach Hause gebracht zu werden. Aber auch mein Chef war anwesend und auf meine Nachfrage stimmte er zu, mich mit nach Hause zu nehmen.

Wir wurden gesehen, und es wurde der Chefin brühwarm erzählt, die zur Decke ging. Ich kann mich an keine Einzelheiten mehr erinnern, nur, dass es auf einmal wieder war wie früher. Ich war das Luder, ich kostete ihr die Ehe! In meinem Zimmer überlegte ich, wie oft oder wie lange ich mit dieser Schande und diesen Niederlagen, die ich immer über mich brachte, gelebt hatte. Bis jetzt hatte sich noch nichts Gutes für mich ergeben. Immer wenn es mir gut ging, war es kurzfristig. Die nächsten Tage waren schrecklich und es waren nur noch ein paar Wochen bis zu den Betriebsferien. Warum wurde ich nicht entlassen? Das Arbeiten im Hotel wurde von Tag zu Tag unmöglicher, dann kamen die Betriebsferien, und ich war immer noch nicht entlassen worden. Warum? Sie hasste mich so. Wollte sie mich quälen? Das gelang ihr, ich bewegte mich wie in einem Traum, völlig roboterhaft. Alles schien unwirklich. Die Vergangenheit hatte mich wieder eingeholt, ich war wieder das kleine Mädchen, das nicht wusste, wie es sich verhalten sollte. Das bisschen Sicherheit und Selbstvertrauen, das ich inzwischen gewonnen hatte, war wieder weg.

Ich war wieder verzweifelt, genauso wie damals in München, wieder war ich nichts, konnte nichts, nicht einmal einen Job halten. Sollte ich wieder einen Selbstmordversuch unternehmen? Der Gedanke lag nah, aber wie? Ohne davor wieder gerettet zu werden und dann hören zu müssen, dass ich ja nur Mitleid schinden wollte. Ich fuhr an einem meiner freien Tage in die nahe Schweiz. Ich erinnere mich noch daran, ein Schild gesehen zu haben »Kellnerin gesucht«, und ich dachte, das wäre ja auch eine Möglichkeit, ins Ausland zu gehen, wo mich keiner kannte, keiner wusste, wer ich »wirklich« war, wo ich herkam oder was ich getan (oder nicht) getan hatte.

Sofort am ersten Tag des Urlaubs begann ich zu packen, ich wusste noch nicht wohin, nur fort. Ich packte in dem kleinen Zimmer alles, das mir wert war, ließ aber bewusst einiges zurück, damit man denken würde, ich wolle wiederkommen. Ich wollte nicht, dass man mir nachkam, versuchte, mich wieder zurückzuholen. Ich fuhr mit meinem Auto ziellos in der Gegend herum, wohin nur? Was sollte ich tun? Ich konnte doch nichts, hatte nur das, was im Auto war – sonst nichts. In diesem Zustand konnte ich auch nicht an Freunde denken, wie hätte ich denen ins Gesicht schauen können oder meinen Eltern. Die meisten Freunde waren verheiratet und hatten Kinder, hatten ein Haus, ein Einkommen. Ich aber hatte nichts, nur was da in dem einen Koffer war. Da konnte ich doch nicht zurück.

Ich sah ein Reisebüro, ich ging hinein und als ich wieder herauskam, hatte ich ein Ticket nach San Francisco. Was hatte mich auf diese Idee gebracht? Ich weiß es nicht. Ich kann mich an nichts in dem Büro erinnern, kann nicht einmal sagen, wo es war, wo ich diesen Flugschein kaufte. Ich hatte mein Konto fast geleert, und was ich nach dem Ticketkauf noch übrig hatte, würde ich in Amerika brauchen. Was wollte ich nun in San Francisco? Ich konnte doch nicht einmal Englisch! Ein paar Worte wie: »Hello, how are you!« und »I am Peter and this is Billy Ball. This is a table and this is a chair.«, aber das war es dann auch schon. Panik setzte ein, aber hier bleiben konnte ich auch nicht. Also dann! Nur, der Abflug war erst in vier Wochen, es dauerte so lange, einen Reisepass zu bekommen, da wäre ja das Restaurant schon wieder auf. Die durften mich nicht finden. Aber wo sollte ich in der Zwischenzeit bleiben? Geld für ein Hotel hatte ich nicht. Das wenige, das ich noch hatte, brauchte ich für Amerika. Der bloße Gedanke machte mir eine Gänsehaut. Ich dachte an die Freundin, die ich hier kennengelernt hatte. Sie hatte mich immer eingeladen, ich solle doch mal zu Besuch kommen. Sie wusste, dass wir jetzt Betriebsferien hatten und würde sich nichts dabei denken, wenn ich käme. Ich rief sie an, und tatsächlich sagte sie, sie würde sich freuen, wenn ich käme. Ich fuhr ins Rheinland.

Ich verbrachte die vier Wochen mit meiner Freundin und ihrer Familie. Sie allein wussten, wo ich hin wollte. Sie kannten aber meine Familie nicht, wussten damals noch gar nicht, wo ich eigentlich herkam, und dem Betrieb im Schwarzwald würden sie bestimmt nichts sagen. Auf dem Weg nach Frankfurt zum Flughafen ließ ich unterwegs mein Auto stehen, fuhr mit dem Zug weiter. Ich wollte auf keinen Fall gefunden werden. Ich hatte für kurze Zeit auch Angst, Angst vor der Zukunft, aber dann kapselte ich mich wieder ab, schloss meine Gefühle ab, wie ich es als Kind schon gelernt hatte, einfach nichts fühlen, einfach nichts.

6

»Fühlt man sich so,
wenn man glücklich ist?«

1981–2007

Später im Flugzeug war es, als würde ich einen Film sehen. Alles war so unwirklich. Ich saß nur da und schaute, was um mich herum geschah. Als wir über Grönland flogen und ich durch das kleine Fenster die Eisberge sah, wurde ich ganz ruhig und in mir breitete sich auf einmal ein unerklärbares Gefühl von Frieden aus. Ich hörte eine leise Stimme in mir, die sagte: Jetzt wird alles gut. Ich genoss den Rest des Fluges, fühlte mich frei und verschwendete keinen Gedanken mehr daran, was ich in Amerika tun würde. Als wir zur Landung ansetzten, ertönte Frank Sinatras Lied »I Left My Heart in San Francisco« in der Kabine. Dann landeten wir am Donnerstag, den 3. Dezember 1981 in Amerika.

Ich hatte mir bis jetzt noch keinen Gedanken darüber gemacht, wie es weitergehen sollte. Also fragte ich erst einmal die Stewardess, ob sie mir ein Hotel empfehlen könnte. Von denen, die sie mir nannte, kannte ich nur das Hilton, und so fuhr ich dorthin. Schon beim Einchecken war mir klar, dass ich nicht lange bleiben konnte. Es war einfach zu teuer, aber für ein paar Nächte würde es schon reichen.

Nachdem ich meinen Koffer ausgepackt hatte, ging ich raus, um mir die Umgebung anzusehen. Ich lief durch die Straßen und bewunderte deren Sauberkeit, die Häuser und die wunderschöne Anlage um das Hotel herum. Am Abend ging ich in das Hilton-Tower-Restaurant und konnte von meinem Tisch aus durch die hohen Fenster über die ganze Stadt blicken. Ich saß lange da und träumte vor mich hin. Irgendwann kam der Oberkellner an meinen Tisch und fragte: »Sind Sie Deutsche?« Ich nickte. Er sagte, er heiße Udo, und fragte, ob er sich zu mir setzen dürfe. Ich war froh über ein wenig Gesellschaft. Er stellte mir die üblichen Fragen, die man einem Touristen stellt. Dann erzählte Udo, dass er mit seiner Mutter als Achtjähriger in die Staaten gekommen war. Er gab mir Tipps, was ich mir am nächsten Tag unbedingt ansehen sollte, und ich war froh, jemanden kennengelernt zu haben, der sich auskannte.

Am nächsten Tag machte ich mich auf den Weg. Ich sah zum ersten Mal den Pazifik und konnte mich gar nicht mehr losreißen von diesem Anblick. Ich konnte einfach nicht glauben, dass ich wirklich in Amerika war – am anderen Ende der Welt, weit weg von unserem Dorf. Die Ruhe, die ich schon im Flugzeug gespürt hatte, kam wieder. Sie nahm mich völlig ein. Es war ein ähnliches Gefühl wie früher, als ich diese Lähmung spürte, nur eben im positiven Sinn. Ich ließ mich treiben, blieb den ganzen Nachmittag am Ufer, hörte dem Rauschen der Wellen und dem Geschrei der Seelöwen zu. Ich genoss zum ersten Mal in meinem Leben einen Tag – oder eigentlich war es schon der zweite, an dem ich keine Angst mehr hatte – keine Angst mehr davor, alles richtig machen zu müssen, keine Angst mehr davor, dass man mir ansieht, wie böse ich war, und keine Angst mehr davor, dass ich versage. Es war wirklich ein neuer Anfang.

Am Abend ging ich wieder ins Hotelrestaurant. Der Oberkellner begrüßte mich wie eine alte Freundin. Wir unterhielten uns, nachdem ich gegessen hatte, und er sagte, dass er übers Wochenende nach Carmel an der Pazifikküste zu seiner Familie und seinen Freunden fahren würde. Wenn ich Lust hätte, könnte ich mitkommen. Ich nahm die Einladung an.

In späteren Jahren habe ich mich oft gefragt, woher ich den Mut nahm, einfach mit einem wildfremden Mann wegzufahren. Ich kann nicht sagen, dass mir damals alles egal war, im Gegenteil, es fühlte sich alles richtig an, was ich machte.

Udo behandelte mich wie jeden anderen Menschen, und so konnte auch ich sein, wie ich wirklich war. Ohne die Angst ließ es sich einfach leichter leben. Ich hoffte, das würde immer so bleiben.

Die Zeit bei Udos Familie und Freunden war sehr schön. Alle waren so herzlich und freundlich zu mir. Ich fühlte mich so wohl wie noch nie. Die ersten zwei Wochen wohnte ich in einem Motel, dann lud mich eine Freundin von Udo, die auch Deutsche ist, ein, bei ihr und ihrem Mann zu wohnen. Wir verstanden uns gut, und so sagte ich zu. Ich verbrachte meine Tage am Meer, und wenn es mal regnete, saßen meine Freundin und ich bei einem Kaffee zusammen und erzählten uns Geschichten aus unserem Leben. An so einem Nachmittag sprachen wir darüber, dass ich zwei Jahre vorher einige amerikanische Soldaten kennengelernt hatte. Sie meinte, dass ich sie doch mal anrufen sollte. Die drei Soldaten hatten mir doch schließlich ihre Telefonnummern gegeben. Vielleicht wäre es ja lustig, wenn einer zufällig in der Kaserne in der Nähe stationiert wäre und wir uns wiedersehen könnten.

Als ich noch in Deutschland war, hätte ich mich das nie getraut. Aber hier waren die Menschen so freundlich und mir konnte ja nichts passieren. Also entschied ich mich, es zu versuchen. Ich schrieb mir jedes Wort auf, das ich sagen musste, um nach der richtigen Person zu fragen. Die ersten zwei Nummern waren nicht mehr vergeben. Bei der dritten Nummer meldete sich eine Frau, die sagte, dass ihr Sohn nicht zu Hause sei. Sie gab mir eine andere Nummer. Ich hatte nicht damit gerechnet, dass eine der Nummern noch aktuell wäre, und jetzt, da es ernst wurde, verließ mich fast der Mut. »Nun ruf schon an!«, sagte meine Freundin. Also wählte ich die Nummer.

Der Onkel von Rick, so hieß der Soldat, war am Telefon. Er sagte, dass Rick in der Nähe stationiert sei und nur am Wochenende zu Besuch käme. Ich sollte es dann noch mal versuchen. Dann fragte er mich nach meiner Nummer, damit Rick mich erreichen könnte. Ich gab sie ihm. Drei Stunden später klingelte das Telefon und Rick war am Apparat. Er freute sich, von mir zu hören, und wir lachten über unsere Kommunikation – ich mit meinem bisschen Englisch und er mit seinem bisschen Deutsch. Als wir uns verabschiedeten, sagte er, dass er mich gerne sehen würde und wir auf jeden Fall bald wieder telefonieren sollten.

Wenige Tage später rief er mich wieder an. Dieses Mal fragte er, ob ich nicht Lust hätte, Weihnachten nach Washington zu seinen Verwandten zu kommen. Er hatte ihnen von mir erzählt und sie würden mich gerne kennenlernen. Ich war mir nicht sicher und sagte ihm, dass ich erst darüber nachdenken müsse und ihm dann Bescheid geben würde. Wie sollte ich mich mit meinen geringen Englischkenntnissen mit all den Menschen unterhalten? Meine Freunde sagten, das wäre der beste Weg, die Sprache schnell zu lernen. Ich ließ mich überzeugen und sagte Rick zu.

Am 23. Dezember fuhr ich mit dem Zug los. Die Fahrt dauerte 24 Stunden. Die Landschaft, die ich durchquerte, war wunderschön: die Redwoods, Cascade Mountains, die Wälder, Seen und Flüsse. Ich erinnerte mich an die Zugfahrten von Neuendettelsau nach Eschenau, auch da war die Landschaft schön, aber damals konnte ich das alles nicht genießen. In Gedanken war ich immer schon in Eschenau und hatte Angst davor, Willi oder Bernd über den Weg zu laufen. Ich schob diese unangenehmen Erinnerungen beiseite und genoss die Fahrt.

Rick und seine Cousine Lisa holten mich am Bahnhof ab. Er kam in Uniform und erklärte gleich, dass er in der Nacht arbeiten müsse. Aber am Weihnachtsmorgen wäre er wieder da.

Ich wurde sehr freundlich in Washington von seiner Verwandtschaft begrüßt. Ricks Onkel Joe und seine Frau Jody hatten acht Kinder zwischen 10 und 28 Jahren. Sie alle wollten mich kennenlernen. Rick brachte uns zu ihrem Haus, stellte mich vor und fuhr dann zur Arbeit. Alle standen um mich herum. Es war wie in den Träumen meiner Kindheit, wenn ich mir vorgestellt hatte, dass ich auch mal im Mittelpunkt stand. Ich war überwältigt.

Am nächsten Morgen wurden die Weihnachtsgeschenke ausgepackt, und alle hatten für mich etwas dabei. Ich war ganz verlegen, hatte ich doch so etwas nicht erwartet. Außer einem Geschenk für meine Gastgeber hatte ich nichts dabei. Am späten Vormittag kam dann Rick nach Hause, gerade rechtzeitig zum großen Weihnachtsessen. Wir stellten uns alle zusammen in die große Küche, fassten uns an den Händen und jeder betete laut. Ich wurde wieder verlegen und dachte, jetzt müsste ich auch gleich was sagen. Ich wusste überhaupt nicht, was, und hatte kaum verstanden, was die anderen von sich gegeben hatten. Zu meiner Erleichterung erwartete niemand, dass ich auch etwas dazu beitrug.

Danach setzten wir uns alle um einen Tisch und aßen. Es war eines der schönsten Weihnachtsfeste seit meiner Kindheit. Ein Fest, das ich nie vergessen werde. Es erinnerte mich daran, wie schön Mutter und Vater Weihnachten immer für uns Kinder gemacht hatten.

Nicht alle Kinder von Ricks Onkel und Tante wohnten mehr zu Hause. Lisa, die mich mit Rick am Bahnhof abgeholt hatte, lebte zusammen mit ihrem Bruder Mike in Seattle. Dorthin gingen wir am Abend. Rick hatte ein Fotoalbum dabei mit Bildern aus der Zeit, als er in Deutschland stationiert war. Wir erzählten uns alte Geschichten, soweit das mit meinen Englisch- und Ricks Deutschkenntnissen möglich war. Wenn wir mal nicht weiterkamen, versuchten wir es mit Händen und Füßen oder ich holte mein Wörterbuch hervor. Ich fühlte mich wohl in der Runde.

Als ich später im Bett lag, dankte ich Gott, dass er mir den Mut gegeben hatte, in dieses Land zu gehen. Natürlich hatte ich auch Angst, dass mein Glück nicht anhalten würde, aber das versuchte ich zu verdrängen. Jetzt wollte ich die Zeit mit meinen neuen Freunden genießen und das Leben ohne Angst.

In den nächsten Tagen führte mich Lisa durch die Stadt. Ich erzählte ihr, dass ich in Amerika bleiben wollte; sie war ganz begeistert und versuchte gleich, mich zu überreden, in Seattle zu bleiben, genug Arbeit gäbe es auch. Keine halbe Stunde später saßen wir in einer Kneipe, wo sie mich Toni, dem Inhaber, vorstellte und ihn nach einem Job für mich fragte. Kurz darauf war ich eingestellt.

Als ich Rick die Neuigkeit erzählte, war er sichtlich froh, dass ich nicht schon wieder abreiste. Es passte alles. Die Arbeit machte mir Spaß und mit Toni und seiner Frau schloss ich schnell Freundschaft. Die Gäste waren sehr umgänglich, erlaubten sich nur manchmal einen Spaß wegen meiner Englischkenntnisse. Aber das wurde bald besser. Es dauerte nicht lange, und ich fühlte mich, als würde ich schon ewig dort arbeiten.

Rick sah ich nur an den Wochenenden. Er zeigte mir die Kaserne, in der er arbeitete und wohnte, fuhr mit mir in die nahe liegenden Parks und an das Meer. Wir verstanden uns gut. Er war der erste Mann, in dessen Gegenwart ich mich ungezwungen geben konnte. Mit ihm lachte ich viel und konnte meine Vergangenheit vergessen. Wenn er nicht da war, vermisste ich ihn. Ich zählte die Tage und Stunden, bis er wiederkam. War ich etwa verliebt? So beschrieb man es zumindest in den Romanen, die ich gelesen hatte. Ich war irritiert und versuchte meine Gefühle zu ordnen. All das war neu, und ich fragte mich: Fühlt man sich so, wenn man glücklich ist?

Bald machte ich sogar den amerikanischen Führerschein und Rick gab mir sein Auto während der Woche. Er brauchte es in der Kaserne nicht. Also holte ich ihn am Wochenende dort ab und brachte ihn am Sonntag wieder zurück.

Am Valentinstag, dem 14. Februar, überraschte mich Rick mit einer Karte und Schokolade. Ich kannte diese Tradition nicht und wusste nicht so richtig, wie mir geschah. Da es an diesem Tag regnete, fragte er mich, ob wir seine Tante und seinen Onkel besuchen wollten. Ich war einverstanden. Als wir dort ankamen, war aber niemand zu Hause und Rick führte mich unter eine Laube, damit wir vom Regen nicht nass wurden. Er fragte mich, ob es mir noch in Amerika gefallen würde. Ich sah ihn verwundert an und sagte natürlich. Dann fuhr er fort, ob ich mir denn vorstellen könnte, für immer hier zu bleiben. Ich nickte und dachte, das hab ich ihm doch alles schon gesagt. Aber ich hatte nicht lange Zeit, weiter nachzudenken, was all die Fragerei sollte, denn Rick fragte, ob ich mir vorstellen könnte, mein Leben mit ihm zu verbringen. Ich erschrak, die Gedanken wirbelten nur so durch meinen Kopf. Hatte er mich etwa gerade gefragt, ob ich ihn heiraten wollte? Ich fragte noch mal nach: »Wie meinst du das?« Und da sagte er: »Würdest du mich heiraten?« Ich war völlig irritiert und wusste im ersten Moment nicht, was ich antworten sollte. Aber dann breitete sich in mir wieder diese Ruhe aus und ich wusste, jetzt wird alles gut. Ich sah in sein erwartungsvolles Gesicht und sagte: »Ja! Yes! Ja! Yes, Yes!« Immer und immer wieder wiederholte ich die beiden Wörter.

Ich war überglücklich. Mir wurde erst jetzt bewusst, dass ich diesen Mann, seitdem ich ihn wiedergesehen hatte, liebte. Aber das alles war so unglaublich. Bisher hatte ich doch immer gedacht, dass mich nie jemand mögen würde, geschweige denn, dass jemand sein Leben mit mir teilen wollte. Davon hätte ich nicht einmal zu träumen gewagt. Ich sah in Ricks strahlendes Gesicht und fragte ihn: »Why?« Und er antwortete: »Because I love you, silly.« Mir kamen die Tränen vor Glück.

Als ich Rick an diesem Abend in die Kaserne fuhr, sagte er beim Abschied, dass wir vielleicht heiraten könnten, bevor meine dreimonatige Arbeitserlaubnis auslaufen würde. Das war ja schon bald, dachte ich. Ich bekam ein wenig Panik, aber ein Zurück gab es nicht mehr. Am 2. April 1983 wurden wir standesamtlich getraut. Im Jahr darauf sollte die kirchliche Trauung bei Ricks Familie in Indiana folgen.

Vor der Hochzeit erzählte ich Rick, warum ich nach Amerika gekommen war. Ich wollte nicht mit einer Lüge in die Ehe gehen. Natürlich hatte ich Angst – zum ersten Mal wieder –, dass er mich dann nicht mehr heiraten wollte, aber dieses Risiko musste ich eingehen, und die Angst, ständig ein Geheimnis vor ihm zu haben, war größer. Er sagte, dass es ihm leidtue, was mir passiert sei. Das würde aber nichts daran ändern, was er für mich empfinde. Das war alles. Wir sprachen lange Zeit nicht mehr darüber.

Wir suchten uns eine kleine Wohnung in der Nähe der Kaserne, und ich fand Arbeit in einem Tante-Emma-Laden. Wir waren glücklich, planten eine Familie und sparten dafür. Aber am Ende des Jahres kam Rick mit der Nachricht nach Hause, dass er den Befehl hatte, nach Deutschland zu gehen. Ich wollte nicht und war traurig. Mir ging es in Amerika gut und ich konnte ein normales Leben führen. Jeden Tag erholte ich mich mehr von den Qualen meiner Kindheit. Und jetzt sollte ich wieder zurück? Ich betete, dass ein Wunder geschehen würde. Diesmal half es, denn Rick sagte an Weihnachten, dass ich noch nicht mit dem Packen anzufangen bräuchte. Es könnte sein, dass er woandershin müsse. So war es dann auch. Er wurde auf eine geheime Mission nach Honduras geschickt. Ich hatte Angst um ihn, weil ich wusste, dass es in Honduras Aufstände gab, aber ich war auch froh, nicht nach Deutschland zu müssen.

Die folgenden zehn Wochen waren die längsten in meinem Leben. Ich hatte Angst um meinen Mann. Andere Ehefrauen bekamen Post von ihren Männern, aber ich nicht. Zum ersten Mal nahm ich in Amerika wieder die Bibel zur Hand, die mir meine Patin zur Konfirmation geschenkt hatte, und betete. Gott hatte mir dieses neue Leben geschenkt, das konnte doch nur bedeuten, dass er mich doch liebte. Ich bat ihn, mir nicht schon wieder alles zu nehmen. Mir half der Glaube und gab mir Hoffnung, dass Rick gesund zurückkommen würde. Nach endlosem Warten war es dann so weit. Ich erhielt die Nachricht, dass ich meinen Mann in der Kaserne abholen konnte. Mir ging es gleich besser, als er wieder da war und einige Tage später auch seine Briefe eintrafen.

In der nächsten Zeit dachte ich manchmal an meine Eltern und Geschwister. Bislang konnte ich das nicht, aber so langsam kam mein schlechtes Gewissen durch, dass ich ihnen kein Lebenszeichen gab. Sie wussten nicht einmal, wo ich war. Meine Eltern waren immer gut zu mir gewesen und machten sich bestimmt Sorgen. Ich nahm mir vor, meine Mutter im November anzurufen, wenn sie ihren 50. Geburtstag feierte. Den ganzen Sommer über machte ich mir Gedanken darüber, wie sie wohl reagieren würde. Konnten sie mir noch einmal vergeben? Als es dann so weit war, saß ich schon früh morgens am Telefon. Ich hatte kaum geschlafen und war sehr nervös. Meine Schwester Katrin war am anderen Ende der Leitung und ich wusste erst nicht, was ich zu ihr sagen sollte, und geriet ins Stottern. Meine Schwester fragte dann: »Heidi, bist du das?« Ich bejahte und sie fing an zu weinen. »Endlich!«, stöhnte sie. Nach einer kurzen Pause fragte ich sie, ob sie denken würde, dass Mutter mit mir sprechen wollte. Katrin beruhigte mich: »Aber ja, wir warten doch schon seit Jahren darauf, von dir zu hören.« Mutter sei gerade nicht zu Hause, sagte sie, aber ich sollte doch in zwei Stunden noch mal anrufen.

Als ich den Hörer aufgelegt hatte, war ich erleichtert, wusste aber immer noch nicht, wie ich meiner Mutter alles erklären sollte. Ich konnte ihr doch nicht sagen, warum ich ohne ein Wort verschwunden war. Ich entschied, ihr einfach zu sagen, dass es mir schwerfiele, darüber zu reden, und dass ich ihr irgendwann alles erzählen würde.

Es war gut, dass Katrin meine Mutter auf den Anruf vorbereiten konnte. Ich wünschte ihr alles Gute zum Geburtstag und entschuldigte mich, dass ich, ohne etwas zu sagen, fortgegangen war. Mutter war nur froh, endlich von mir zu hören. Sie hatte so gelitten all die Zeit, in der sie nicht wusste, was mit mir war. Jetzt war ihr die Erleichterung anzumerken und sie erzählte, dass sie mich lange gesucht hätten – sogar über das Fernsehen. Sie konnte es kaum glauben, dass ich in Amerika war und seit zwei Jahren verheiratet war. Am Ende des Gespräches versprach ich, ihnen zu schreiben und meine Adresse und Telefonnummer zu schicken. Ich war froh, endlich meine Familie wiedergefunden zu haben und ihnen sagen zu können, dass es mir gut ging.

In den nächsten Jahren hielten wir engen Kontakt. Ich erzählte meiner Familie zwar immer noch nicht, warum ich nach Amerika gegangen war, aber ich merkte, dass das auch nicht so wichtig war. Sie waren froh darüber, dass ihr Sorgenkind ein geregeltes Leben hatte und glücklich zu sein schien.

An Weihnachten überraschte mich mein Mann dann mit einem Flugticket nach Deutschland. Er wollte, dass ich meine Familie wiedersah. Ich war mir nicht sicher, ob das eine gute Idee war. Mit meiner Familie zu reden war die eine Sache, aber in das Dorf zurückzukehren die andere. Die Sehnsucht nach meiner Familie siegte. Ich flog kurze Zeit später los.

Als ich ins Dorf fuhr, überkam mich die alte Beklommenheit. Ich wollte auf keinen Fall Bernd oder Willi begegnen. Mit Willi würde das schwierig werden, denn der Hof war gleich um die Ecke. Aber ich merkte bald, dass ich mir keine Sorgen machen musste. Er ging mir aus dem Weg. Hatte er etwa ein schlechtes Gewissen, fragte ich mich. Mir war es recht. Ich verbrachte die Zeit mit meiner Familie und wanderte mit meiner Mutter durch die Gegend. Wir sprachen viel über ihre Kindheit – meine sparten wir hingegen aus. Die Wochen vergingen schnell, und eh ich mich versah, saß ich schon wieder im Flugzeug.

Die Reise hatte mir gutgetan, und ich dachte, mein Leben hätte eigentlich nicht besser sein können. Das Einzige, was mich beschäftigte, war, dass ich nach fünf Jahren Ehe immer noch nicht schwanger wurde. Wir wünschten uns eine große Familie, aber es passierte nichts. Gerade war ich dreißig Jahre geworden, und es wurde langsam Zeit. Ich ging zum Arzt, aber er konnte mir nicht helfen. Ich sagte ihm ja auch nichts über meine Vergangenheit. Dass ich nicht schwanger wurde, beschäftigte mich immer mehr, und mit diesem Problem kehrten auch die Gedanken an früher zurück. Ich steigerte mich richtiggehend hinein. Nur nach außen versuchte ich die Fassade aufrechtzuerhalten, damit niemand merkte, was mit mir los war. Die Vergangenheit hatte mich wieder eingeholt. Die Gedanken drehten sich im Kreis. Konnte ich keine Kinder bekommen, weil ich als Kind böse war? Hatte Gott sich diese Strafe für mich ausgedacht? Nach fünf Jahren glücklicher Ehe überkamen mich jetzt wieder die Scham und die Schuldgefühle von früher. Mein Selbstvertrauen war wie weggeblasen. Ich verhielt mich anders gegenüber meinen Freunden. Da außer meinem Mann niemand von meiner Kindheit wusste, konnten sie nicht verstehen, warum ich mich auf einmal zurückzog. Es wurde von Tag zu Tag schwerer für mich, am Leben teilzunehmen und zur Arbeit zu gehen. Ich hatte richtige Depressionen.

Ich quälte mich, irgendwie vergingen die Jahre, aber meine Schuldgefühle, dass ich nicht schwanger wurde, gingen nicht weg. Im Gegenteil. Ich versuchte mich abzulenken, lieh mir Bücher aus, machte mein High-School-Diplom, belegte Kurse am College, arbeitete ehrenamtlich beim Roten Kreuz und gab danach Computerunterricht bei der Armee. Aber auch das half immer nur für kurze Zeit.

Wenn Besuch kam, riss ich mich zusammen und tat so, als wäre alles gut. Ich erzählte niemandem von meinen Problemen. 1991 besuchte uns meine Schwester Katrin. Wir fuhren mit ihr quer durch die USA. In den vier Wochen, in denen wir unterwegs waren, setzte ich alles daran, dass es Katrin gut ging und sie viel erlebte. Sie sollte zu Hause erzählen, wie schön es gewesen war, damit meine Eltern stolz auf mich wären. Nur das war wichtig.

Zwei Jahre nach dem Besuch meiner Schwester erhielt mein Mann das Angebot, für einige Zeit nach Deutschland zu gehen. Er sollte dort Soldaten für ihren Einsatz im zweiten Golfkrieg ausbilden. Ich war unglücklich darüber, aber diese Beförderung konnte er sich nicht entgehen lassen. Als ich länger darüber nachdachte, sah ich es auch als Chance, wieder mehr mit meiner Familie zusammen zu sein. Meine Schwester Bärbel hatte mittlerweile eine Familie, Katrin war verlobt und meine Eltern wurden langsam älter. Rick nahm also das Angebot an.

In Wiesbaden, wo Rick stationiert war, arbeitete ich zunächst weiter beim Roten Kreuz. Später unterrichtete ich Soldaten in verschiedenen US-Einheiten. Ich fuhr durch Süddeutschland, Belgien, Holland und Norditalien und führte die Soldaten in verschiedene Software-Programme ein. Später dann entwickelte ich eigene Lehrpläne dafür und bildete die Fachkräfte aus, die die Soldaten entsprechend schulen sollten.

Wir sahen an Wochenenden oft unsere Familie und unsere ehemaligen Nachbarn aus Missouri. Mit diesen hatten wir uns damals angefreundet, und nun waren auch sie hier in Deutschland stationiert. Babbi und ich schlossen enge Freundschaft. Wir unternahmen viel zusammen – sogar einen Kurzurlaub zu ihrer Familie nach Florida. Dann kam die erschütternde Nachricht, dass sie Krebs hatte und sie wurde sofort zurück in die Staaten in ein Krankenhaus gebracht. Das war im August 1994. Nach Weihnachten kam dann die Nachricht, dass es ihr besser ginge. Sie sagte mir, dass sie sich in einer Schule angemeldet hätte und ihr das Leben in Georgia gefiel. Aber das ging nur zwei Monate gut, dann kam der verheerende Anruf, dass sie es nicht schaffen würde. Der Tumor war wieder da, und die Ärzte konnten ihr jetzt nur noch helfen, die Schmerzen zu lindern.

Mein Mann und ich flogen sofort zu ihnen, um ihnen beizustehen. Im August ist sie dann gestorben. Sie war nur 36

Jahre alt und hatte zwei Kinder, die noch die Grundschule besuchten. Ich war erschüttert. Der Tod dieser Freundin traumatisierte mich. Es war, als ob ich all meine Ängste, all meinen Jammer und meine Schmerzen der letzten Jahrzehnte in diese Trauer steckte. Dazu kam, dass Rick in den Bosnien-Konflikt musste. Ich stürzte mich in meine Arbeit, ich war kaum mehr zu Hause, sondern war nur noch von Campus zu Campus unterwegs. Ich hatte auch aufgegeben, mir im Dorf die Anerkennung der Bewohner zu erarbeiten. Das tat weh, immer kam ich mir dort schlecht und dreckig vor. Würde ich immer eine Außenseiterin sein? Würde man mir nie vergeben?

Insgesamt blieben wir drei Jahre, bevor wir im November 1996 in die USA zurückkehrten. Ricks Zeit bei der Armee war vorbei. Wir zogen in unser Haus in Tacoma, in der Nähe von Seattle, das wir vor acht Jahren gekauft hatten. Ich fand schnell eine Stelle als Lehrerin in einem Business College. Es machte mir wieder Spaß zu unterrichten. Rick kümmerte sich zunächst um die Renovierung des Hauses, aber als alles fertig war, wusste er nicht, wie er sich beschäftigen sollte. Ich hatte meine Arbeit und wenn ich nach Hause kam, wollte ich mich ausruhen. Rick vermisste die regelmäßige Arbeit beim Militär; er hatte sich nie Gedanken darüber gemacht, was danach sein würde. Rick zog sich immer mehr zurück, schrieb Gedichte und Kurzgeschichten, die ich nicht lesen durfte, und lebte in seiner eigenen Welt. Ich hatte keinen Platz darin.

Wir sprachen nicht mehr viel miteinander und ich hatte schreckliche Angst, ihn zu verlieren. Ich machte mir ständig Gedanken darüber, wie es weitergehen sollte. Meine Depressionen kamen zurück und wurden schlimmer als je zuvor. Manchmal bekam ich richtige Panikattacken und wollte nicht, dass mein Mann das Haus ohne mich verließ. Ich bildete mir ein, dass er überall in Gefahr war und vielleicht einen Unfall haben könnte. Rick wusste nicht, wie er darauf reagieren sollte. Er war mit sich selbst beschäftigt und konnte sich nicht noch zusätzlich mit meiner grundlosen Angst belasten.

Für uns war das eine schwere Zeit. Wir lebten uns auseinander und ich hatte große Angst, wieder zu versagen. Wie hätte ich das meinen Eltern erklären sollen? Wie hätte ich ihnen jemals wieder unter die Augen treten sollen? Im Dorf könnte ich mich dann auch nicht mehr blicken lassen, dachte ich. Meine Panikattacken und Depressionen wurden so schlimm, dass ich meine Arbeit aufgeben musste. Selbst um den Haushalt konnte ich mich kaum noch kümmern. Wenn meine Mutter anrief, log ich sie immer an und sagte, dass es uns gut gehen würde – alles bestens. Nach so einem Gespräch war ich tagelang nicht ansprechbar. Ich hatte dieselben Gewissensbisse wie früher, wenn ich lügen musste, und fühlte mich furchtbar einsam. Meine Probleme konnte ich niemandem anvertrauen – nicht meinem Mann, nicht meiner Familie, nicht meinen Freunden. Ich war damit allein.

Zum Jahreswechsel 1999 verlor mein Mann dann irgendwann die Geduld. Er schickte mich zum Arzt. Ich wollte erst nicht, ließ mich dann aber doch überzeugen. Der Ärztin erzählte ich, dass ich oft krank sei und es mir schlecht ging. Sie verschrieb mir dann ein Medikament gegen Depressionen. Danach wurde es besser und im März konnte ich sogar wieder arbeiten gehen.

Doch das Verhältnis zwischen meinem Mann und mir wurde nicht besser. Wir waren zwar freundlich zueinander, aber irgendetwas trennte uns. Das Vertrauen war weg. Er sprach nicht mit mir über seine Sorgen, und ich konnte ihm nicht sagen, was wirklich mit mir los war. Dazu kam meine Angst um unsere Ehe, die ich, wenn ich heute darüber nachdenke, nicht hatte, weil ich dann alleine gewesen wäre, sondern vor allem, weil ich zu Hause nicht als Versagerin dastehen wollte. Das verschlimmerte alles noch.

Die Lösung kam dann von außen. Mein Arbeitgeber bot mir an, an einem anderen Standort des Colleges zu arbeiten. Ich hätte bis nach Oregon drei Stunden zur Arbeit fahren müssen, deshalb lehnte ich erst ab. Aber dann dachte ich noch mal darüber nach. Vielleicht wäre ein wenig Abstand gar nicht so schlecht, vielleicht würde dann alles gut werden. Ich sprach mit Rick darüber, und er fand die Idee gut. Mit der Gehaltserhöhung könnte ich mir eine kleine Wohnung mieten, und am Wochenende würden wir uns an einem Ort treffen.

Es dauerte nicht lange und wir merkten, dass wir einander vermissten. Mein Mann reiste meist schon am Freitag an, während ich noch bei der Arbeit war. Wenn ich heimkam, standen Blumen auf dem Tisch und das Essen war fertig. Rick überraschte mich immer wieder mit neuen Dingen. Diese Seite kannte ich bisher noch gar nicht an ihm. Wir redeten viel miteinander und meist blieb er bis Montag oder Dienstag.

Ein Kollege erzählte mir einige Zeit später, dass sie in seiner Schule einen Lehrer suchen würden. Falls ich jemanden wüsste, sollte ich ihm Bescheid geben. Mir ging das nicht aus dem Kopf. Das wäre doch der ideale Job für meinen Mann, dachte ich. Ich rief also Mike, meinen Kollegen, an und fragte ihn, ob er etwas dagegen hätte, wenn mein Mann sich bewerben würde. Ihm war das recht und er sagte, Rick solle vorbeikommen und sich vorstellen. Zu meiner Überraschung war mein Mann gleich einverstanden. Er ging sogar mit mir los, um einen Anzug und eine Krawatte zu kaufen – das hatte er noch nie gemacht. Er bekam die Stelle und zog zu mir in die Wohnung.

Da wir in den folgenden Monaten nur selten nach Hause fuhren und das Apartment für zwei Personen etwas klein war, entschlossen wir uns, das Haus in Tacoma zu vermieten und ein neues in der Nähe unserer Arbeit zu kaufen. So konnten wir die unnötigen Kosten für die Wohnung sparen, und das Haus stand nicht mehr leer. Wir fanden schnell ein neues Heim und zogen im Mai 2000 ein.

Das Leben war für uns beide wieder schön. Wir verstanden uns gut und die Arbeit machte Spaß. Ich dachte, ich hätte meine Probleme hinter mir gelassen, und setzte langsam die Tabletten gegen meine Depressionen ab. Schließlich war der

Grund dafür ja behoben, so meinte ich. Wir fühlten uns wohl in dem neuen Haus mit dem riesigen Garten.

Im Sommer kam dann die Nachricht, dass meine kleine Schwester schwanger war. Als ich diese Nachricht hörte, freute ich mich für sie, bemerkte aber einen Knoten im Bauch, den ich noch nicht so recht einordnen konnte. Die Nachricht über ihre Schwangerschaft ließ mich nicht mehr los, ich konnte an nichts anderes mehr denken und wusste nicht recht warum. Ich wollte mich doch so sehr mit ihr freuen und mit meinen Eltern, die sich darauf freuten, ein Enkelkind ins Haus zu bekommen.

Aber ein nagendes Gefühl blieb, auch konnte ich mich auf einmal nicht mehr an mein Heimatdorf erinnern, ohne dabei die Geschehnisse meiner Kindheit hervorzurufen. Ich hatte es die letzten Jahre verdrängen können. Immer wieder, wenn ich von Kindesmissbrauch etwas hörte, dann wollten diese Erinnerungen wieder zum Vorschein kommen, aber ich ließ das nicht zu. Ich konnte diese Gedanken erfolgreich immer wieder wegschieben. Jetzt aber nicht mehr, immer stärker waren diese Rückblicke, es wurde so schlimm, dass ich nachts nicht einschlafen konnte. Ich traute mich nicht einmal, ins Bett zu gehen, da ich wusste, sobald ich die Augen zumachte, kamen die Bilder wieder, die Bilder meiner Kindheit. Mir wurde bewusst, dass das mit der Schwangerschaft meiner Schwester zu tun hatte. Was wenn sie ein Mädchen bekäme? Aber ich war doch davon überzeugt, dass ich das einzige Opfer war. Als ich im Winter 1985/86 zum ersten Mal meine Heimat besuchte, habe ich nach den beiden gefragt. Sie waren verheiratet, hatten selbst Kinder – sicher war das nur eine Jugendphase, die sie damals mitmachten, als sie sich an mir vergingen. Ich war überzeugt davon! So dachte ich wenigstens all die Jahre. Aber jetzt fragte ich mich, ob ich nicht nur überzeugt sein wollte, es nicht wahrhaben wollte, dass es da noch mehrere Opfer hätte geben können. Deshalb konnte ich doch schweigen. Wenn da Hinweise gewesen wären, dann hätte ich doch reden müssen, um weitere Opfer zu verhindern. Niemals könnte ich damit leben, zu wissen, dass andere Kinder erleiden mussten, was ich mitgemacht hatte, nur weil ich geschwiegen hatte.

Aber wie leicht hatte ich mich überzeugen lassen, ich wusste doch wirklich nur, dass beide verheiratet waren, sonst nichts! Das stoppt niemanden. Den Bernd habe ich meines Wissens schon nicht mehr gesehen, seitdem ich das zweite Mal das Dorf verlies. Und den Willi, den sah ich mit seinem Traktor am Haus vorbeifahren, wenn ich dort zu Besuch war. Aber geredet habe ich auch mit ihm nie mehr. Obwohl ich mir jedes Mal vornahm, dass ich den beiden gegenübertreten und ihnen zeigen würde, dass aus mir etwas geworden war, dass ich nicht mehr ein Nichts war, wie sie mir immer vorausgesagt hatten. Aber dann hatte ich nie den Mut dazu, sondern kämpfte gegen die Beklommenheit, die mich fast jedes Mal erdrückte, wenn mein Mann und ich im Dorf ankamen. Es dauerte immer ein paar Tage, bis ich wieder normal schnaufen konnte. ›Jetlag‹ haben wir es genannt, aber ich wusste, warum ich morgens um fünf am Küchentisch saß und Kreuzworträtsel löste, nur um nicht denken zu müssen, da ich nicht schlafen konnte.

Jetzt war meine jüngste Schwester schwanger. Sie wohnte in dem Dorf, was wenn sie ein Mädchen bekommen würde? Muss ich ihr dann sagen, was mir passiert war? Ich bin ja nicht dort, um selbst auf das Kind aufzupassen. Wenn ich es meiner Schwester erzählen würde, würde sie mir glauben? Oder ihr Mann? Sie kennen die beiden doch nur als angesehene Bürger! Und wenn ich mich dem allem zu Unrecht aussetzte und von denen nichts mehr zu befürchten war? Was dann? Dann konnte es passieren, dass ich meine Schwester verlieren würde. Sie würde vielleicht nicht verstehen, warum ich das mit mir hatte machen lassen. Was, wenn sie es meinen Eltern erzählte? Entweder würden sie mir nicht glauben oder sich Vorwürfe machen, dass mir das vor ihren Augen passiert war. Das konnte ich meinen Eltern doch in ihrem Alter nicht mehr antun.

Solche Gedanken übernahmen mein Leben, ich konnte gerade noch meine Arbeit verrichten, aber wenn ich nach Hause kam, war ich erschöpft, da ich die vergangene Nacht nicht geschlafen hatte. Meist schlief ich sogar im Wohnzimmer ein, nach einer Stunde, wenn mein Mann heimkam, machte ich gerade noch das Essen. Mein Haus litt darunter, ich verrichtete die täglichen Arbeiten nicht mehr, ich vernachlässigte meinen Garten, und ich wollte nachts nicht ins Bett, da ich wusste, dass, wenn ich meine Augen zumachte, die Bilder wiederkommen würden. Mein Mann konnte nicht verstehen, was mit mir los war. Er half im Haushalt mit, begann seine eigenen Hemden zu bügeln und mit der Zeit auch meine Blusen. Er versuchte mir zu helfen, verstand aber nicht, warum ich nicht zu einer normalen Zeit ins Bett ging, mich ausschlief und dann wieder meine Arbeit machte. Ich sagte ihm, dass ich Angst hatte, dass meine Schwester ein Mädchen bekommen könnte, dass ich dann mit ihr reden müsste und dass ich davor Angst hatte. Er meinte, dass das was ich erlebt hatte, auch verarbeitet werden müsste und ich ganz allein entscheiden müsste, aber, dass er mir helfen würde, ganz egal, wie diese Entscheidung ausfallen würde. Endlich ließ ich zu, dass die Erinnerungen zurückkamen. Ich konnte sie nicht mehr aufhalten, ich erinnerte mich an meine Kindheit und ich fragte mich, was ich wohl gemacht hatte, um die beiden zu provozieren. Ein Bild, das besonders stark war, war, als ich in den Erdbeeren saß. Ich ließ das ganze Band noch einmal in meinem Kopf durchlaufen und auf einmal traf es mich! Wir wohnten noch im ersten Haus! Die Bärbel war gerade erst geboren! Ich war erst VIER Jahre alt. Ich dachte, du kannst nichts dafür, du kannst doch nichts dafür! Du warst doch erst vier! Ich schüttelte meinen Mann, der im Bett neben mir lag und schlief. Unter Tränen schrie ich immer wieder »It wasn't my fault! It wasn't my fault!« Er fragte, was nicht meine Schuld gewesen sei, und ich sagte ihm:»Ich konnte nichts dafür, ich war doch erst vier«, und dann sagte ich ihm, wie ich zu diesem Schluss kam. Es

wurde mir endlich bewusst, dass ich all die Jahre die Schuldgefühle für die Ereignisse meiner Kindheit fälschlich hatte. Ich
war nicht schuld! Eine Vierjährige kann nicht schuld sein! Ich
habe niemanden »gelassen«, ich konnte mich nicht wehren.
Aber wie war es beim Willi? War ich da schuld? Wie alt war
ich da? Ich wusste noch genau, was ich an dem Tag machte
und wo er mich gepackt hat. Wir waren auf dem Bau, ich sollte
heim, um etwas zu essen zu holen. Heim? Wir wohnten im
unteren Dorf, der Neubau war noch nicht fertig. Wir sind im
Herbst 1967 eingezogen, im Februar 1967 war ich zehn
geworden, also war ich höchstens zehn Jahre alt. Aber der
Willi der war doch nur drei Jahre älter als ich, fast auf den Tag
genau drei Jahre. Wie konnte das sein? Ich weiß, er war viel
größer als ich und so breitschultrig – ich war ein schmächtiges
Kind. Ich war starr vor Schreck, als er mich packte und wehrte
mich nicht. Ich hatte solche Angst, kein Wort kam über meine
Lippen, bis er mir wehtat und ich aufgeschrien habe. Da kam
dann auch sein Vater, sagte aber nichts und verschwand wieder. Bin ich daran schuld, weil ich mich nicht gewehrt habe?
Auch die vielen anderen Male nicht, bei denen er mir aufgelau-
ert hat.

Ich konnte mich von diesen Gedanken nicht mehr trennen,
sie beschäftigten mich Tag und Nacht. Auch auf der Arbeit
war es schwer, die Konzentration weiter zu behalten. Mein
Mann meinte, ich solle sie anzeigen, aber das konnte ich meiner Familie nicht antun. Ich war gerade mal wieder befördert
worden, leitete jetzt das neue Semester, in dem wir Reparatur
von Computern und Netzwerkaufbau unterrichteten. Ich
brauchte meine ganze Kraft, um meinen Pflichten nachzukom-
men, wenn ich dann nach Hause kam, überkamen mich die
Depressionen, und ich war nur noch auf dem Sofa. Manche
Nacht bin ich dort eingeschlafen und erst im Morgengrauen
wieder aufgewacht. Mein Mann hatte Mitleid mit mir und ließ
mich in Ruhe, nahm mir alle Arbeit ab. Ich versuchte, die
Gedanken an meine Kindheit wieder zu verdrängen. Mir

wurde bewusst, dass ich damit nicht umgehen konnte. Die Angst um das ungeborene Kind meiner Schwester und das Hin und Her der Schuldgefühle konnte ich nicht mehr verkraften. Weihnachten kam und dann mein Geburtstag, meine Schwester entband einen Tag danach. Es war ein Junge, welch ein Glück, jetzt würde alles wieder gut.

Aber dem war nicht so, es wurde nicht alles wieder gut. Ich hatte die Tabletten gegen Depressionen vor einem Jahr eingestellt. Die Vergangenheit hatte mich wieder eingeholt, ich trauerte zum ersten Mal um meine Kindheit. Ich trauerte darum, dass ich keine Kinder bekommen konnte. Lag es daran, dass ich zu viel Angst hatte, selbst Kinder zu haben? Die Depressionen nahmen wieder überhand, ich merkte, dass mir die Arbeit zu viel wurde. Auch damals musste bei mir noch alles perfekt sein, wenn ich nicht die perfekte Arbeitnehmerin sein konnte, dann musste ich die Arbeit aufgeben. Das tat ich auch im Juni. Ich ging nach Hause, zog mich um und legte mich auf das Sofa. Da verbrachte ich – mit Unterbrechungen – die nächsten zwei Jahre, hatte immer den Fernseher laufen, damit ich ja nicht denken musste. Ich ging nicht mehr aus dem Haus, mein Mann erledigte alle Einkäufe. Ich war nicht mehr zu gebrauchen.

Ich verfiel immer tiefer in dieses stumpfe Dasein, ich schämte mich, dass mein Mann alles tun musste, was dann hieß, dass ich noch depressiver wurde. Es war ein Kreislauf. Ich konnte doch auf keinen Fall zugeben, dass ich versagt hatte, erst meine Arbeit aufgeben und nun auch noch faul auf der Couch liegen.

Ich hatte meine Gefühle nicht mehr unter Kontrolle. Selbst wenn meine Mutter anrief, fing ich zu weinen an. All die Jahre hatte ich es geschafft, meine Gefühle vor ihr zu verbergen, aber jetzt ging es nicht mehr. Meine Mutter machte sich Sorgen und sagte, sie würde gerne zu mir kommen. Ich konnte es kaum glauben. Mutter wurde als zwölfjähriges Mädchen von einem Bomber aus angeschossen. Sie hatte eine Heidenangst vor Flugzeugen. Wenn ein Düsenjäger bei uns über das Dorf flog, lief meine Mutter immer sofort ins Haus. Und jetzt wollte sie freiwillig hierher fliegen? Ich konnte einfach nicht nein sagen. Sie blieb drei Monate und es war sehr schön, sie um mich zu haben. Wir hatten endlich einmal Zeit füreinander. Mutter genoss es, in meinem großen Garten zu arbeiten, und wenn sie ins Haus zurückkam, stand das Essen auf dem Tisch. In Eschenau musste sie das immer machen, selbst wenn sie erschöpft war. Wir machten einige Tagesausflüge, denn Mutter wollte keine langen Reisen während ihres Aufenthaltes unternehmen. Abends, wenn wir wieder heimkamen, setzten wir uns zusammen.

An einem Abend deutete ich ihr gegenüber an, was mir als Kind passiert war. Ich lenkte das Thema bewusst auf Bernd und Mutter erzählte, wie viel seine Frau für das Dorf tat und dass auch Bernd sich engagieren würde. Da platzte es aus mir heraus:»Dem würd ich nicht trauen!« Ich sagte meiner Mutter, dass er mir als Kind nachgegangen war. Mutter wusste nicht, wie sie reagieren sollte. Sie meinte nur:»Wenn der mir wieder über den Weg läuft, den spuck ich an!« Weiter unterhielten wir uns nicht darüber. Ich schärfte ihr nur noch ein, dass sie ja nichts dem Vater erzählen sollte, weil ich Angst hatte, dass er Bernd was antun könnte und dann womöglich im Gefängnis landete. Von Willi sagte ich nichts. Ich traute mich nicht, sagten doch immer alle, was für ein guter Nachbar er sei.

Keine von uns beiden hätte in dem Moment daran gedacht, zur Polizei zu gehen und eine Aussage zu machen. Als ich klein war, gab es für so etwas ja noch nicht einmal Gesetze. Deshalb dachte auch jetzt keiner von uns daran, Anzeige zu erstatten. Es blieb alles, wie es war.

Mir ging es nicht wirklich besser, nachdem ich mit meiner Mutter gesprochen hatte. Aber immerhin konnten wir zwei jetzt besser miteinander reden. Ich vertraute ihr alltägliche Dinge an, was ich sonst nie gemacht hatte, und sprach mit ihr über meine Arbeit. Früher hätte ich immer Angst gehabt, dass sie denken würde, ich wollte nur angeben. Diese Angst war jetzt weg. Wir kamen uns in den drei Monaten näher, und dafür war ich dankbar. Als Mutter wieder abreiste, hoffte ich, dass ich endlich wieder ein normales Leben führen könnte. Aber es dauerte nur wenige Tage, bis ich in den alten Trott verfiel und die Depressionen zurückkamen. Ich lag wieder auf dem Sofa und dämmerte vor mich hin. Noch schlimmer wurde es, als ich erfuhr, dass meine Schwester ein zweites Mal schwanger war. Die Alpträume kamen mit voller Wucht zurück. Ich brauchte nur etwas zu sehen oder zu riechen, was mich an meine Kindheit oder mein Dorf erinnerte, und schon brach ich zusammen. Ich schaffte es manchmal nur, mich abzulenken, indem ich mich vor den Fernseher oder den Computer setzte.

Wenn jemand anrief, sagte ich immer, es geht uns gut und es ist alles in Ordnung. Wie hätte ich auch erklären sollen, warum es mir wieder so schlecht ging. Nur meiner Freundin, bei der ich wohnte, als ich nach Amerika kam, konnte ich nichts vormachen. Sie merkte sofort, als sie mich anrief, dass mit mir etwas nicht stimmte. Sie sagte, ich solle jetzt sofort zum Arzt gehen. Ich versprach, ihren Rat zu befolgen. Aber als ich meine Freundin das nächste Mal am Apparat hatte, war ich natürlich immer noch nicht dort gewesen. Jetzt drohte sie mir und sagte, wenn ich nicht sofort hingehen würde, würde sie selbst den Arzt rufen. Mir blieb also nichts anderes übrig. Aber was sollte ich ihm sagen? Ich bin faul? Ich bewege mich nicht? Ich liege nur herum und tue nichts? Ich schämte mich wieder.

Es war das erste Mal, dass ich seit langer Zeit aus dem Haus ging und Auto fuhr. Mir zitterten die Knie und ich war schweißgebadet, als ich beim Arzt ankam. Im Wartezimmer versuchte ich mich zu beruhigen, aber das Zittern hörte nicht auf, und die Tränen liefen mir über die Wangen – ich konnte sie einfach nicht stoppen. Die Ärztin sah mich und wusste sofort, dass mit mir etwas nicht stimmte. Sie wollte mich zu einem Psychologen überweisen, aber das lehnte ich ab. Ich konnte doch nicht zugeben, dass ich verrückt war. Ihr blieb nichts anderes übrig, als mir Antidepressiva zu verschreiben und in zwei Wochen zu kontrollieren, ob es mir besser ging. Ich nahm die Tabletten und nach einer Woche spürte ich endlich eine Besserung. Die Träume wurden weniger, und ich konnte mich einigermaßen konzentrieren. Noch besser wurde es, als meine Schwester einen Jungen zur Welt brachte. Ich brauchte also keine Angst mehr um das Kind zu haben.

Einige Monate später sollte die Taufe meines kleinen Neffen sein und meine Schwester fragte, ob wir nicht kommen wollten. Ich war jetzt schon seit acht Jahren nicht mehr in Eschenau gewesen. Also beschlossen wir, nach Deutschland zu fliegen. Als wir ins Dorf fuhren, wusste ich, dass es dieses Mal anders sein würde. Ich verdrängte nicht mehr, was in meiner Kindheit geschehen war, sprach sogar mit meinem Mann darüber. Als Rick einmal mit den Kindern im Wohnzimmer mit einem Trecker spielte, hörte ich meinen kleinen Neffen sagen, dass der Nachbar Willi auch so einen hätte. Mir zerriss es fast das Herz. Und als meine Schwester mir dann auch noch erzählte, wie gut Willi zu ihren Kindern sei, konnte ich mich kaum mehr zurückhalten. Später, als Rick und ich alleine waren, sagte ich zu ihm, wir müssten Gott danken, dass meine Schwester keine Mädchen hätte, sonst würde ich umkommen vor Sorge.

Die Zeit in Deutschland verging schnell. Ich nahm mir vor, ab jetzt mehr auf mich zu achten, mich nicht mehr gehen zu lassen und regelmäßig meine Tabletten zu nehmen. Hier im Dorf war mir noch einmal ganz klar geworden, dass ich keine Schuld an all dem hatte. Allein die beiden Männer waren dafür verantwortlich, dass ich in meiner Kindheit die Hölle durchmachen musste.

Zurück in den USA versuchte ich gleich, meinen guten Vorsätzen Taten folgen zu lassen. Ich machte eine Diät, denn durch die Tabletten hatte ich 15 Kilogramm zugenommen, und ließ mir die Haare schneiden. Mein Mann und ich überlegten, wie es weitergehen sollte. Er wollte gerne zurück nach Indiana zu seiner Familie und mich hielt eigentlich auch nichts mehr in Oregon. Also zogen wir um und ließen alles hinter uns. Es war wie ein Neuanfang.

Ich wollte gerne wieder arbeiten und hatte die Idee, mich mit einer Firma selbständig zu machen, über die ich mich als Privatkoch anbot. Es dauerte nicht lange, bis ich die nötigen Papiere zusammen und einen Kurs, den das Gesundheitsamt vorschrieb, hinter mich gebracht hatte. Aber bevor es losging, wollten wir noch einmal einen größeren Urlaub machen. Ich hatte bald meinen 50. Geburtstag und unsere Silberhochzeit stand auch vor der Tür. Rick schenkte mir deshalb eine Reise nach Deutschland und Italien. Wir nahmen uns vor, erst meine Eltern zu besuchen, dann eine Woche in Italien zu verbringen und vor der Rückreise noch einmal zu meiner Familie zu fahren. Ich freute mich sehr darauf. Wir buchten die Flüge für März 2007.

7

»Die Drohungen von damals werden jetzt Wirklichkeit.«

März–November 2007

Nachdem ich mein Schweigen gebrochen hatte und wir die Flüge verlängert hatten, um noch bis zum Ostersonntag, dem 8. April 2007 in Deutschland bei meiner Familie zu bleiben, zogen noch einmal die letzten 46 Jahre an mir vorbei. Es war, als stünde ich neben mir und sähe eine unfassbare Geschichte. Ich hatte immer solche Angst, dass meine Familie erfahren würde, wie meine Kindheit wirklich war, und dass sie mich dann verachten würden. Doch nicht nur meine Eltern und Katrin brachten mir viel Verständnis entgegen, auch Bärbel meinte, dass ihr jetzt einiges klar würde. Früher hatten wir uns nicht besonders gut verstanden und auch als Erwachsene wurden wir nie richtig warm miteinander. Es war, als stünde eine Wand zwischen uns, die nun nach fast 50 Jahren langsam bröckelte.

Mein Leben war bisher von der Angst bestimmt, dass alles ans Tageslicht kommen würde. Deshalb versuchte ich all die Jahre, besser zu sein als andere und dadurch Anerkennung von meiner Familie und der Dorfgemeinschaft zu bekommen. Jetzt auf einmal war ich davon befreit. Ich verstand, dass ich nicht länger nach Anerkennung suchen musste, denn meine Familie brachte sie mir schon lange entgegen. Und das Dorf interessierte mich nicht mehr. Es rückte in den Hintergrund und nur die Familie war es, die zählte.

Ich dachte an meine Freundin Marianne aus dem Nachbardorf. Ich wollte nicht, dass sie es von anderen erfuhr, wenn die Gerüchteküche erst mal brodelte, und auch meine Schulfreundin aus Eschenau sollte von mir hören, was mir passiert war.

Mit ihr sprach ich als Erstes. Ich ging mit meinem Mann zu ihr. Sie passte gerade auf ihren Enkel auf, als wir bei ihr ankamen. Der Kleine krabbelte auf seiner Decke herum, während wir uns unterhielten. Ich wusste nicht, wie ich anfangen sollte, und dann platzte es einfach aus mir heraus. Sie war erstaunt. Dann fragte sie mich: »Aber warum rückst du jetzt mit der Sprache raus? Das ist doch schon so lange her?« Ich versuchte ihr zu erklären, dass es Beweise gäbe, dass beide sich weiterhin an Kindern vergingen, und sie doch schließlich wolle, dass ihr Enkel in Sicherheit aufwachse. Sie schien für ihn keine Gefahr zu sehen. Ich war irritiert, dass sie so reagierte. Wir redeten noch ein Weile, aber es kam nicht wirklich etwas dabei heraus.

Anders war es bei Marianne. Als ich zu ihr ging und ihr von meinen Kindheitserlebnissen erzählte, war sie sehr schockiert. Sie fragte mich nicht, warum ich nicht weiter geschwiegen hatte, sondern sie fand es richtig, dass ich endlich zur Polizei gegangen war.

Unsere letzte Woche in Deutschland war angebrochen und meine Gefühle schwankten jetzt immer hin und her. Ich war einerseits erleichtert, dass ich endlich etwas gesagt hatte, und andererseits bedrückte es mich, dass meine Umwelt – vor allem meine Eltern – so litt. Sie mussten erst mal den Schock verkraften. Ich war froh, bei ihnen zu sein, um ihnen zu sagen, dass sie keine Schuld träfe. Sie hätten nichts anders machen können. Im Gegenteil, dank ihrer Erziehung und der Werte, die sie mir mitgaben, hatte ich das überhaupt bis jetzt durchstehen können. Ihr Rückhalt hatte mir immer wieder Mut gemacht.

Am Ostersonntag traten Rick und ich die Rückreise an. Es war schwer, Abschied zu nehmen. Wir wussten nicht, wann wir uns alle wiedersehen würden. Zu Hause versuchte ich, mein altes Leben wieder aufzunehmen, mich durch Arbeit abzulenken, aber ich konnte mich nicht konzentrieren. All meine Kindheits- und Jugenderinnerungen kehrten zurück und ich durchlebte sie noch einmal. Ich war aufgewühlt, tat mir selbst leid, weil mir die unbeschwerteste Zeit im Leben genommen wurde, und wusste nicht mehr weiter. Deshalb entschloss ich mich zum ersten Mal in meinem Leben Hilfe anzunehmen und vertraute mich einer Freundin an, die Krankenschwester ist. Sie empfahl mir eine Therapeutin. Ich traute mich nicht, einen Termin zu machen, die Hemmungen waren einfach zu groß. Immer wieder zögerte ich den Anruf hinaus und es dauerte noch ganze drei Wochen, bis ich all meinen Mut zusammennahm.

In der Zwischenzeit telefonierte ich viel mit meiner Familie. Ich musste immer wieder ihre Stimmen hören, um mich zu vergewissern, dass sie mir nicht böse waren oder mich verurteilten. Ich konnte es nicht glauben, dass ich nicht mehr lügen musste. Das war ein befreiendes Gefühl. Die Lügen hatten mich mein ganzes Leben lang begleitet, auch wenn das Lügen in meinem Fall nur das Nicht-Aussprechen eines Geheimnisses war. Ich dachte trotzdem immer, mein Leben sei eine einzige große Lüge.

Wenn ich jemandem sagte, es ginge mir gut, war es meist eine Lüge. Wenn ich sagte, es sei alles in Ordnung, war es eine Lüge. Wenn ich sagte, ich sei wunschlos glücklich, war es eine Lüge. Genauso wie es eine Lüge war, wenn ich als Kind heimkam und sagte, ich sei bei einer Freundin gewesen, und mich in Wahrheit in einem Versteck von einem neuen Übergriff erholte. Das Einzige, was keine Lüge war, war meine Ehe. Meinem Mann hatte ich deshalb vor unserer Ehe von meiner Kindheit erzählt. Ich hätte es nicht ausgehalten, mich immer zu fragen, ob er mich auch lieben würde, wenn er von meinem Geheimnis wüsste. Denn so war es mit meiner Familie. Wir konnten nicht ehrlich miteinander umgehen, weil ich ihnen verschwieg, was passiert war, meine Gedanken aber ständig darum kreisten, was geschehen würde, wenn sie es wüssten.

Durch die Erfahrungen der letzten Wochen wurde mir das alles bewusst. Ich war mir jetzt ganz sicher, den richtigen Entschluss gefasst zu haben. Langsam spürte ich wieder diesen inneren Frieden, der sich auch in mir ausgebreitet hatte, als ich nach Amerika kam. Aber es war nicht nur befreiend, dass meine Familie endlich alles erfahren hatte, sondern auch, dass ich zur Polizei gegangen war. Ich war mir nach den Gesprächen mit anderen Menschen aus dem Dorf sicher, dass es weitere Opfer gab – über all die Jahre gegeben hatte. Sie brauchten jetzt meine Hilfe, damit auch sie sich von der Last befreien konnten. Etwa eine Woche nachdem wir wieder in Amerika waren, sprach ich mit Sofie, der Schwester meiner Freundin Gisela. Sie erzählte mir, dass auch ihre Nichte froh war, dass ich zur Polizei gegangen war. Es gab ihr den Mut, auch Anzeige zu erstatten. Außerdem sagte Sofie, es gäbe ein weiteres Mädchen, das vor etwa zwei Jahren von Bernd belästigt wurde. Es war damals zu Kunigunde in die Kindertagesstätte gegangen. Das Mädchen hatte seinen Eltern bis jetzt verschwiegen, weshalb es sich irgendwann geweigert hatte, dorthin zu gehen. Sofie hatte mit ihrer Mutter gesprochen und ihr meine Geschichte erzählt. Die Mutter konnte es nicht glauben, fragte aber dennoch ihre Tochter, ob da was gewesen sei. Ihre Tochter erzählte ihr dann, was sie erlebt hatte, und daraufhin erstatteten die Eltern Anzeige. Doch das waren nicht die einzigen Fälle. In der nächsten Woche erfuhr ich von einer anderen jungen Frau aus dem Dorf, dass auch sie von Bernd missbraucht wurde. Sie erstattete kurze Zeit später ebenfalls Anzeige.

Was ich für einen Stein ins Rollen gebracht hatte, wurde mir erst jetzt klar. Ich hätte nie gedacht, dass es so viele andere Opfer geben würde. Aber nachdem ich von diesen Mädchen und Frauen wusste, dachte ich, das waren bestimmt nicht alle. Immerhin hatten die beiden Männer 46 Jahre lang Zeit, ihr Unwesen zu treiben. Umso wichtiger, dass ich endlich geredet hatte – nicht nur, damit ich anfangen konnte zu leben, sondern auch all die anderen Frauen. Vielleicht würden die Menschen im Dorf endlich handeln und verhindern, dass weitere Kinder in Gefahr waren.

Anfang Mai sprach ich dann mit meinem Schwager Frank. Er erzählte mir, dass bald wieder Dorffest in Eschenau sei und er sich entschlossen hätte, diesmal nicht daran teilzunehmen. Mit der Familie G. und Willi zusammen zu feiern, das könne er nicht. Auch andere waren seiner Meinung: Sofies Mann und ihr Bruder, der Ortssprecher von Eschenau ist. Auf der Versammlung, die in den nächsten Tagen stattfinden und auf der das Dorffest vorbereitet werden sollte, wollten die Männer sagen, dass sie in diesem Jahr aufgrund der Geschehnisse nicht mitmachen würden. Ich sagte Frank, dass sie das selbst entscheiden müssten, sie würden schließlich im Dorf leben und mit den Menschen dort auskommen müssen.

Nach der Sitzung klingelte mein Telefon und ich erfuhr, was passiert war. Die drei Männer hatten sich vor der Versammlung zusammengesetzt und genau aufgeschrieben, was sie sagen wollten. Es war ihnen wichtig, in der Öffentlichkeit keine Namen zu nennen, da die Staatsanwaltschaft ihre Ermittlungen aufgenommen hatte und sie einem Urteil nicht vorgreifen wollten. Deshalb hieß es in ihrem Schreiben, das sie in der Sitzung vorlasen, nur, dass der Staatsanwalt im Dorf wegen Sexualdelikten ermitteln würde und sie aus diesem Grund nicht am Dorffest teilnehmen wollten. Als Sofies Mann das Schreiben vorgelesen hatte, platzte es aus Kunigunde heraus: Es könne sich dabei ja nur um ihren Bernd handeln, aber das sei alles schon lange her. Es wäre ja schon verjährt und außerdem hätte sie mit der betroffenen Familie schon alles geklärt. Kunigunde hatte also vor den anwesenden Dorfbewohnern bestätigt, dass sie von einem Fall wusste. Danach wurde beschlossen, dass das Dorffest abgesagt würde. Von den Vorwürfen gegen Willi wurde auf der Versammlung nicht gesprochen.

Die Ereignisse überschlugen sich danach. Jeden Tag telefonierte ich mit meinen Eltern und Freunden. Sie erzählten mir, dass Bernd sich das Leben hatte nehmen wollen, aber einer seiner Nachbarn ihn hatte davon abbringen können. Kunigunde hatte dann gemeinsam mit dem Nachbarn den Notarzt gerufen und Bernd wurde in eine psychiatrische Klinik gebracht. Ich war erleichtert, denn ich wollte nicht, dass er so einfach davonkam. Dafür hatten wir Opfer zu lange leiden müssen.

Außerdem wurde mir berichtet, dass die Pfarrerin im Dorf gewesen sei und verkündet hatte: »Ich habe denen ja gesagt, sie sollen keine Anzeige erstatten, ich habe gleich gesagt, da passiert sonst was.« Ich wusste, dass Gisela vorher bei ihr gewesen war, um Trost und Rat zu suchen, weil ihre Tochter auch ein Opfer war. Sie hatte ihr anvertraut, dass sie wie ich zur Polizei gehen wollte. Als die Pfarrerin kurz darauf Giselas Tochter sah, zeigte sie mit dem Finger auf sie und sagte: »Bei den anderen ist es ja verjährt und bei dir ist ja nicht viel passiert.« Ich konnte es kaum glauben, was Gisela mir erzählte. Die Pfarrerin hatte erstens ihre Schweigepflicht verletzt und zweitens verharmloste sie das Ganze noch und versuchte nicht, jedes weitere Opfer zu schützen. Als ich das hörte, war ich so empört, dass ich mir im Internet die Adresse des zuständigen Dekans heraussuchte und ihm eine E-Mail schickte. Ich schilderte ihm den Fall und fragte höflich, ob man der Pfarrerin nicht irgendwie Einhalt gebieten könnte. Sie würde mit ihren Äußerungen nicht dazu beitragen, dass man im Dorf anständig miteinander umgehen könnte. Der Dekan antwortete mir und zeigte sich selbst hilflos gegenüber der momentanen Situation im Dorf. Er verteidigte die Pfarrerin und bat mich, doch das persönliche Gespräch mit ihr zu suchen, um ihre Handlungsweise zu verstehen.

Diese ganze Aufregung überforderte mich immer mehr. Ich war hin und her gerissen, wollte in der Nähe meiner Familie sein. Ich hatte den Stein ins Rollen gebracht, und nur ich konnte Gerüchten entgegentreten und Fragen beantworten, die die Einwohner von Eschenau jetzt hatten. Die Wahrheit sollte endlich ans Licht kommen, damit andere Opfer geschützt würden.

Ich verstand, dass einige der Opfer nicht öffentlich reden wollten. Sie machten ihre Anzeige bei der Polizei, bestanden aber darauf, dass ihre Identität geschützt blieb. Ich verstand das nur zu gut, konnte ich ja selbst so viele Jahre nicht darüber sprechen und war überrascht, dass mir die Worte jetzt so einfach über die Lippen kamen. Ich hoffte nur, dass diese Frauen und Mädchen sich die nötige Hilfe suchten und sie auch finden würden.

Mir tat es weh, dass meine Eltern Fragen ausgesetzt waren, auf die nur ich eine Antwort hatte. Ich sprach deshalb mit meinem Mann und wir waren uns einig, dass ich wieder nach Deutschland fliegen sollte.

Kurz vor meiner Abreise rief mich Gisela aufgeregt an und erzählte mir, dass Willi in der vergangenen Nacht mit dem Auto seines Sohnes gegen einen Baum gerast sei. Er hätte aber alles heil überstanden. Sie meinte, dass auch er versucht hätte, sich das Leben zu nehmen. Also wollte auch er sich heimlich davonschleichen. Im Stillen hoffte ich, dass seine Familie genauso reagieren würde wie Bernds, die ihn gleich in die Klinik gebracht hatte.

Drei Tage später, an Christi Himmelfahrt, holte mich Frank in Frankfurt vom Flughafen ab. Auf der Fahrt sprachen wir nicht viel und waren beide in Gedanken versunken. Frank berichtete, dass die Kirche eine Einladung für eine Sitzung am Abend verschickt hatte, auf der stand: »Wegen der akut aufgetretenen Probleme der jüngsten Zeit scheint es uns notwendig, dass wir uns alle zu einem gemeinsamen Gespräch treffen.« Ich wusste bereits davon und hatte mir auf der langen Reise überlegt, dass ich vielleicht hingehen sollte, um eventuelle Missverständnisse aufzuklären. Und um den Eschenauern zu erklären, was mich zu der Anzeige bewogen hatte. Frank stimmte mir zu.

Als wir zu Hause ankamen, stand meine Mutter kreidebleich im Flur. Ich wusste sofort, dass etwas passiert war. Wir hatten uns noch nicht einmal begrüßt, als ihr die Tränen in die

Augen schossen und sie sagte: »Der Willi, der ist tot. Er hat sich heut früh bei seiner Tante im Nachbarort erhängt.« Mich befiel wieder diese Lähmung, die immer über mich kommt, wenn ich geschockt bin. Es dauerte eine Weile, bis ich überhaupt denken konnte. Mein Gott, er hatte doch Familie, kam es mir in den Sinn, wie kann er die nur im Stich lassen. Jetzt, wo sie die meisten Fragen an ihn haben? Warum? War er wirklich so feige gewesen, dieser große Bauer, der doch immer so selbstsicher war? Der mir immer gesagt hatte, ich solle den Mund halten, uns Gesindel würde man eh nichts glauben.

Frank und ich aßen schweigend die Suppe, die Mutter für uns aufgehoben hatte. Wir waren alle bedrückt. Später, als ich Gisela besuchte, erzählte ich ihr, was geschehen war. Auch sie war erschüttert. Uns war einfach nicht klar, warum Willi das gemacht hatte. Er, der selbst Schöffe am Gericht war, musste doch wissen, dass mein Fall längst verjährt war, und die Anzeige von Sofie wurde schon im letzten Jahr abgelehnt. Die beiden anderen Fälle, von denen mir erzählt wurde, waren nur versuchte Vergewaltigungen. Hatte er etwa Angst, dass noch mehr rauskommen könnte? Warum sonst hätte er das tun sollen? Wir wussten keine Antwort darauf und werden sie wohl nie bekommen.

Die Sitzung am Abend wurde abgesagt, dennoch versammelten sich viele Eschenauer in der Dorfmitte. Auch Sofies Mann Georg* ging hin und wurde sofort beschimpft. »Was, du traust dich noch her?«, sagten sie und: »Ihr seid schuld, dass der Willi tot ist!« Der Sohn meines Cousins drohte sogar: »Das gehört gerächt, und zwar sofort gerächt.« Als Georg nach Hause kam, schrieb er jedes Wort auf, das sie ihm entgegengerufen hatten. Wir konnten jetzt alle nur noch hoffen, dass die Lage sich wieder normalisieren würde, wenn die Menschen ihren ersten Schock überwunden hatten.

Leider wurde es aber immer schlimmer. Die Medien waren auf Eschenau aufmerksam geworden, und in einer Fränkischen Zeitung erschien ein erster Artikel mit dem Titel: »Polizei ermittelt wegen Sexualdelikten«. Kurz darauf legte die Lokalzeitung nach. In einem großen Artikel hieß es dort, dass die Fälle verjährt seien und dass alles nur von »einer Person, die längst anderswo lebt und nur kurz zu Besuch in der alten Heimat« war, initiiert wurde. Seitdem grüßte man meine Familie im Dorf nicht mehr. Als mein Vater am Tag der Veröffentlichung das von der evangelischen Kirche herausgegebene »Sonntagsblatt« austrug, wurde er von einem Bauern wütend beschimpft und vom Hof verwiesen. Er solle sich nie mehr dort blicken lassen, sagte man ihm.

Mein Vater, der immer für jeden im Dorf da gewesen war, wurde jetzt ignoriert und all sein Engagement war vergessen. Über Nacht wurden meine Eltern von guten zu bösen Menschen, die schuld am Tod des beliebten Großbauern waren. Mein Vater versuchte, gemeinsam mit Frank, mit den Menschen zu reden, aber selbst bei unserem Nachbarn, meinem Cousin, wurde er nur beschimpft und vom Hof gejagt.

Auch in der folgenden Woche schlugen einem aus vielen lokalen und überregionalen Zeitungen die Schlagworte entgegen: »Rufmord«, »verjährt«, »Rache?« und »die Frau aus den USA«. Diese Berichte schürten die Stimmung im Dorf nur noch weiter. Wir konnten nur immer wieder sagen: Es war kein *Rufmord*, da es der Wahrheit entsprach; nicht alle Fälle waren *verjährt,* denn die Staatsanwaltschaft erklärte bald, es gäbe mindestens noch drei weitere, nicht verjährte Fälle; es war keine *Rache,* sondern die Pflicht, andere Kinder zu schützen; und die *Frau aus den USA,* nun, das war ich, und das wussten jetzt alle 192 Einwohner von Eschenau.

Als dann auch noch das Radio in dieser Form berichtete, rief ich zwei Journalisten an und fragte sie, ob sie mich absichtlich kenntlich machen und falsche Tatsachen verbreiten wollten. Ich forderte von ihnen, die Dinge richtigzustellen. Kaum hatte ich den Hörer aufgelegt, als meine Schwester zur Tür reinkam und sagte: »Heidi, jetzt kannst du deine Seite der Geschichte erzählen. Ich hab das Fernsehen dabei.« Zuerst glaubte ich ihr nicht, aber dann sah ich das Team des Bayerischen Rundfunks, das einen Bericht drehen wollte. Ich war mir nicht sicher, ob ich in der Lage sein würde, den Reportern ihre Fragen zu beantworten, denn die letzten Tage hatten mich sehr mitgenommen. Sie versicherten mir, dass man mein Gesicht nicht aufnehmen würde. Das beruhigte mich etwas und schließlich stimmte ich zu und sagte in die Kamera: »Ich habe nur geredet, als ich herausfand, dass es noch mehr Opfer gibt. Opfer in verschiedenen Altersgruppen, was mich überzeugt hat, dass das Ganze auch heute noch geschieht. Niemals hätte ich es meinen Eltern angetan, in ihrem Alter noch erfahren zu müssen, dass eines ihrer Kinder vor ihren Augen missbraucht wurde. Kinder sind heute noch gefährdet, und als mir das bewusst wurde, konnte ich nicht mehr schweigen.« Ich hoffte, mit dieser Aussage alles Nötige gesagt zu haben und die Presse würde uns in Zukunft in Ruhe lassen.

Für den nächsten Tag war die Beerdigung des Selbstmörders angesetzt. Alle Opfer sowie ihre Freunde und Angehörigen beschlossen, das Dorf an diesem Tag zu verlassen. Wir wollten der Familie nicht zumuten, dass sie durch uns an seine Taten erinnert wurden. Denn sie trugen ja keine Schuld daran und taten uns leid. Meiner Freundin hatte die Pfarrerin sogar verboten, zur Beerdigung zu kommen. Wir gingen also entweder zu Verwandten oder machten einen Ausflug. Die Presse berichtete am nächsten Tag, dass es eine große pompöse Beerdigung gewesen sei. Sogar der Dekan hielt die Ansprache, die Glocken läuteten ungewöhnlich lange und der anschließende Gottesdienst sollte den Angehörigen Trost spenden. Fünf Polizisten in Zivil begleiteten die Trauergäste, denn die Pfarrerin hatte Angst, dass den dreihundert Anwesenden etwas passieren könnte. Als ich den Bericht las, musste ich an die arme junge Frau denken, die 1970 Selbstmord begangen hatte und bei der keine Glocken läuten durften, der Gottesdienst abgesagt wurde und der Pfarrer keinen Talar tragen durfte. Die Kirche musste sich anscheinend sehr verändert haben.

Wenn ich gehofft hatte, dass die Presse nach meiner Aussage das Interesse an mir verloren hatte, so wurde mir nur wenige Tage später klar, dass ich mich sehr getäuscht hatte. Die Journalisten kamen von überall: aus München, Köln, Berlin, Hamburg. Ob Fernsehen, Radio oder Printmedien, sie alle stellten mir immer dieselben Fragen und ich wiederholte nur das, was ich dem Bayerischen Rundfunk schon gesagt hatte, und fügte einzig hinzu, dass ich nicht verstehe, warum meine Familie und die der anderen bekannten Opfer im Dorf so schlecht behandelt würden. Sie könnten nichts für das Geschehene.

Am folgenden Sonntag ging ich gegen Mittag zum Haus meiner Eltern. Sie waren außerhalb zur Kirche gefahren und noch nicht zurück. Als ich die Tür öffnete, klingelte das Telefon. Es war der ehemalige Kirchenlektor aus Eschenau. Er sagte mit ruhiger Stimme:»Sag dem Adam, ich habe den Pfarrer nicht angerufen, weil ich herausgefunden habe, dass man im Nachbardorf auch gegen uns hetzt, und ich mag es nicht, wenn man über Tote schlecht redet.« Ich wusste nicht, wovon er überhaupt sprach. Ich sagte:»Niemand spricht schlecht über die Toten.« Er unterbrach mich, als ob er mich nicht gehört hätte, und fuhr fort:»Ich mag es nicht, wenn man einen Toten hasst.« Wieder versuchte ich einzulenken:»Niemand hasst einen Toten oder sonst jemanden. Wir hassen nicht!« Erneut ignorierte er meinen Einwand und sagte:»Ich mag es nicht, dass die Dörfler in den Zeitungen Vergewaltiger und Verbrecher genannt werden und dass der Hahn kräht.«»Da müssen Sie die Frau Pfarrer fragen«, antwortete ich,»niemand hier hat die Zeitungen hereingezogen oder Namen genannt. Niemals!« Ich wollte ihm erklären, dass ich nicht zuerst zur Zeitung gegangen war, sondern erst, als man mir Dinge anheftete, die nicht der Wahrheit entsprachen. Jetzt hatte ich zum ersten Mal das Gefühl, dass er mir zuhörte. Er fragte:»Welche Namen?«»Die Namen der Täter«, gab ich zurück.»Wir haben sie nie erwähnt. Darüber sollten Sie auch mit der Frau

Pfarrer sprechen.« Aber der alte Mann ging darüber hinweg und fuhr einfach fort: »Dein Vater muss sich daran gewöhnen, dass ihn die Leute nicht mehr anschauen oder grüßen. Ihr müsst euch alle darauf gefasst machen, dass ...« Da legte ich den Hörer auf. Ich wollte gar nicht wissen, worauf wir uns gefasst machen sollten. Heute wünschte ich, ich hätte mir den Rest doch angehört, da mir in den nächsten Tagen andere Menschen erzählten, dass er uns Opfern drohte.

Am Abend desselben Tages fand ein erstes Friedensgebet in der Gemeinde statt, zu dem wir Opfer nicht eingeladen waren. Die Pfarrerin äußerte sich in den kommenden Wochen der Presse gegenüber, dass die Opfer sich besser »anderswo« eine seelsorgerische Hilfe suchen sollten. Eine große überregionale Zeitung zitierte sie mit folgenden Worten: »Im Nachbardorf ist das Gleiche passiert, und da hat kein Hahn danach gekräht.« Wir waren empört. Aber ihre Reaktion zeigte uns deutlich, dass unser Dorf sich in Täter und Opfer sowie deren Angehörige und Freunde aufgespaltet hatte. Dazwischen gab es nichts mehr. Mir wurde das jetzt alles zu viel – die Situation im Dorf, die Emotionen und die tägliche Berichterstattung. Gegenüber der Presse verweigerte ich mich, ich hatte alles, was wichtig war, gesagt.

Als ich einige Tage später wieder bei meinen Eltern war, rief mich die Wirtin an, in deren Pension ich übernachtete. Sie sagte, ich solle doch bitte zum Haus ihrer Tochter kommen – aber nicht allein. Als Frank und ich dort ankamen, waren ihr Mann und sie auch schon da und ich konnte sehen, dass sie beide mit den Tränen kämpften. Ich fing gleich an zu zittern und fragte sie, was denn los wäre, schlimmer konnte es ja sowieso nicht mehr werden. Ich war auf alles gefasst – fast alles. Sie erklärten mir, dass sie am Morgen jemand angerufen und gesagt hätte, wenn ich nicht gehen würde, würde bald etwas Schlimmes passieren. Ich fragte: »Wer hat angerufen?« Und der Wirt erzählte, dass es der alte Lektor war und er gesagt hätte: »Er sei nur der Übermittler und meinte es gut.«

In dem Moment wollte ich ihm das glauben, aber später machte er weitere Äußerungen, die mich daran zweifeln ließen.

Die Drohung hatte mich getroffen, aber als Frank dann auch noch sagte:»Dann kannst du auch nicht mehr zu uns, ich hab kleine Kinder«, brach ich zusammen. Denn das bedeutete, ich konnte auch nicht mehr zu meinen Eltern. Ich schluchzte und zitterte. Selbst als wir das Haus meiner Eltern wieder betraten, hatte ich mich nicht beruhigt. Ich setzte mich neben meinen Vater, der gerade seinen Mittagsschlaf hielt, und rüttelte ihn wach. Ich sagte:»Papa, ich muss fort. Die drohen uns, ich kann net mal zu euch.« Die Tränen liefen die Wangen hinunter und mein Vater nahm mein Gesicht in seine Hand und sagte sanft:»Mei Mädla.« Das hatte er nicht mehr zu mir gesagt, seitdem ich ein kleines Mädchen war. Es tröstete mich. Kurz danach verabschiedete ich mich von den Kindern, von Katrin und von meiner Mutter. Als ich mich noch einmal umdrehte, bevor ich zu Frank ins Auto stieg, sah ich, dass meine Mutter schluchzte und am ganzen Körper zitterte. Diesen Anblick werde ich nie vergessen.

In der Pension packte ich meine Koffer. Ich hatte zwischendurch mit meiner Freundin Silvia aus Neuendettelsau gesprochen, bei ihr konnte ich erst einmal unterkommen. In der Nacht konnte ich keinen Schlaf finden. Ich weinte ununterbrochen und fragte mich, was gerade passierte. Mir war das unbegreiflich. Ich musste mein Elternhaus verlassen, um mich und meine Familie nicht in Gefahr zu bringen, obwohl ich doch mit meiner Anzeige nur Kinder hatte schützen wollen. Was konnte daran falsch sein? In den nächsten Tagen zog ich mich zurück und lehnte alle Interviewwünsche der Journalisten, die immer wieder nachfragten, ab. Dann hatte ich an einem Nachmittag eine Nachricht auf meiner Mailbox. Ich hörte sie ab, ein Mal, zwei Mal. Dann rief ich meine Freundin und bat sie, sich das anzuhören. Ich konnte einfach nicht glauben, was ich da hörte. Ein Reporter entschuldigte sich zunächst, dass er mich stören würde. Er wisse, dass ich keine Interviews mehr geben wollte, aber es hätte sich etwas ereignet, wozu er gerne eine Stellungnahme von mir hätte. Er erzählte Folgendes: »Ich war gestern Abend in Ihrem Dorf in der Kirche beim Friedensgottesdienst. Als ich die Kirche verließ, kam die Frau Pfarrer auf mich zu und sagte: ›Jetzt haben wir die Amerikanerin endlich aus dem Dorf gejagt.‹« Es war unglaublich, hieß das, dass die Pfarrerin zu denen gehörte, die mir drohen wollten? Sie hatte »wir« gesagt, »wir haben die Amerikanerin« aus dem Dorf gejagt. Der Journalist wollte wissen, ob es wahr war, dass ich aus dem Dorf fliehen musste. Ich war so wütend, dass ich ihn anrief und ihm die Geschichte erzählte. Ich sagte ihm, dass es wahr sei, dass ich fliehen musste, sagte ihm auch warum und wie es dazu kam. Überall sollte man erfahren, was in Eschenau gerade passierte.

Am nächsten Tag stand in der *Mainpost* und im *Haßfurter Tagblatt* jeweils ein Bericht. Die anderen Medien folgten und verbreiteten die Nachricht, dass ich das Dorf verlassen musste, wie ein Lauffeuer. Mir tat das gut, mich zu wehren, und so ließ die Anspannung der letzten Tage ein wenig nach.

Es waren nun nur noch wenige Tage bis zu meinem Rückflug. Zwei Tage vorher holten mich meine Eltern aus Neuendettelsau ab. Sie wollten die restliche Zeit mit mir verbringen und sich nicht von anderen vorschreiben lassen, wo wir uns sehen durften. Gemeinsam mit Freunden feierten wir dann am letzten Abend meinen Abschied. Wir versuchten uns gegenseitig Mut zuzusprechen. Aber wie es weitergehen sollte, wussten wir alle nicht. Kurz bevor ich dann ins Flugzeug stieg, riefen mich noch einmal verschiedene Journalisten an. Es ging ihnen nicht darum, mir weitere Fragen zu stellen. Sie wollten mich darüber informieren, dass Bernd, der mittlerweile in Untersuchungshaft saß, ein Teilgeständnis abgelegt hatte.

Auf dem Rückflug dachte ich, dass sich jetzt vielleicht alles beruhigen würde. Denn nun müssten doch auch diejenigen, die bisher die Tatsachen leugneten, sehen, dass sie im Unrecht waren. Doch die Nachrichten von zu Hause wurden nicht besser. Die Kinder meiner Schwester wurden von den Nachbarskindern gemieden und der Rest der Familie musste sich immer wieder von einigen Dorfbewohnern anhören, dass ich doch hätte schweigen sollen. Meiner Mutter wurden die Reifen kaputt gemacht. Der Mechaniker, zu dem sie das Auto brachten, sagte, es hätten senkrecht Nägel darin gesessen. Das könnte nicht zufällig passiert sein. Nach diesem Vorfall kontrollierten alle erst ihr Auto, bevor sie losfuhren. Und kurz darauf fand auch mein Schwager Frank einen Nagel, der seitlich in seinem Reifen steckte.

Meine Schwester bekam solche Angst um ihre Kinder, dass sie sich entschloss, in die Stadt zu ziehen. Ihr ältester Sohn würde bald in die Schule kommen, und sie wollte auf keinen Fall, das er dort ausgegrenzt würde. Das Haus in Eschenau, das sie in den letzten 14 Jahren zusammen mit meinen Eltern, mit viel Geld und Arbeit hergerichtet hatten, würden sie aufgeben müssen. Für sie zerbrach der Traum, mit mehreren Generationen unter einem Dach zu wohnen und in einer schönen Umgebung alt zu werden.

Als ich das erfuhr, brach für mich wieder eine Welt zusammen. In diesem Haus hatte ich mich immer wohlgefühlt und auch ich hatte meinen Eltern geholfen, als sie es bauten. Nun wurde die Drohung meiner Peiniger wahr, dass meine Familie mit Schimpf und Schande aus dem Dorf getrieben wurde. Nach all den Jahren wurde mir bewusst, dass die Drohung tatsächlich immer ernst gemeint gewesen war und jetzt Realität wurde. Ich fühlte mich schuldig. Hätte ich doch lieber meinen Mund halten sollen? Als ich meiner Schwester von den Schuldgefühlen erzählte, sagte sie, ich brauche mir darüber keine Gedanken zu machen. Ich sei nicht schuld an dem Hass, der ihnen entgegengebracht wurde. Sie sei froh darüber, dass sie jetzt wisse, was für Menschen ihre Nachbarn seien.

Sie hat recht damit. Auch wenn wir alle immer noch unter den Folgen leiden, dass ich mein Schweigen über die Verbrechen der beiden Männer in Eschenau gebrochen habe, es wird in Zukunft andere Kinder davor schützen, missbraucht zu werden. Sie werden nicht wie ich und die vielen anderen Opfer ein Leben lang unter dem, was ihnen angetan wurde, leiden müssen.

Das sah das Gericht im Oktober 2007 genauso, nachdem der Prozess gegen Bernd G. abgeschlossen war. Der Richter verurteilte ihn zu viereinhalb Jahren Gefängnis aufgrund der glaubwürdigen Aussagen der Opfer, zu denen auch ich gehörte. Mir fiel es nicht schwer, ihm gegenüberzutreten. Ich wollte ihn auf der Anklagebank sehen und ihm in die Augen schauen, wenn ich erzählte, was er mir angetan hatte. Aber leider waren die Stühle so gestellt, dass ich mit dem Rücken zu ihm saß. Als ich den Zeugenstand verließ, sah ich ihn an, um ihm zu zeigen, dass ich nach 46 Jahren keine Angst mehr vor ihm hatte und er nicht mehr über mein Leben bestimmen konnte.

Für mich war der Prozess ein Abschluss. Ich hatte getan, was ich konnte, um den Missbräuchen in Eschenau ein Ende zu setzen.

Teil II

Susanne Will

Einleitung

Am Rand des Steigerwaldes liegt das Dorf Eschenau. Die Idylle scheint perfekt: alte Bauernhöfe, prachtvolle Gärten, ein Bach, der ruhig durch das Dorf fließt und in dem Gänse baden. 192 Menschen leben in der Gemeinde nahe Haßfurt; viele arbeiten hier noch in der Landwirtschaft, einige machen mit Ferienwohnungen für Touristen ein kleines Geschäft, andere pendeln zur Arbeit in die Städte Haßfurt, Schweinfurt oder Erlangen. Der Höhepunkt im Gemeindeleben, das vom Gartenbauverein, der Feuerwehr und der evangelischen Kirche bestimmt wird, ist das jährliche Dorffest, dessen Erlös der Gemeinde zukommt. Ein beschauliches Leben, ein ruhiges Leben. Im Frühjahr 2006 erhält die scheinbare Idylle einen ersten Riss. Sofie Holst (48) zeigt bei der Haßfurter Polizeiinspektion einen honorigen Dorfbewohner an. Willi Webert (53), der größte Landwirt im Ort, Feuerwehr-Vizechef und Schöffe am Gericht, soll sie vergewaltigt haben. Sofie war damals 14 Jahre alt. Der Fall wird an die Bamberger Staatsanwaltschaft weitergeleitet und dort eingestellt, weil die Straftat verjährt ist. Das ist die Ouvertüre für ein bislang in der deutschen Kriminalhistorie beispielloses Drama von Dürrenmatt'schem Ausmaß, das bald das ganze Dorf spaltet: in Täter und Opfer, in Ahnungslose, Mitwisser, Schweiger, in Mutige und Feiglinge.

Seit 25 Jahren lebt Heidi Marks in den USA, im März 2007 kehrt sie mit ihrem Mann in ihre alte Heimat Eschenau zurück. Während ihres Besuches kommen dunkle Geheimnisse ans Tageslicht, die seither das Leben mehrerer Frauen und Kinder sowie ihrer Familien drastisch verändert haben. Im Dorf hört Heidi Marks die Geschichte von Sofie Holst und gesteht, als Kind auch ein Opfer von Willi Webert gewesen zu sein. Doch er ist nicht der Einzige, der sich damals an ihr vergangen hat. Um weiteren möglichen Opfern ein ähnliches Schicksal zu ersparen, legt Heidi Marks ihr Geheimnis offen: Sie zeigt bei der Polizei an, von Bernd G. und Willi Webert über Jahre missbraucht und vergewaltigt worden zu sein. Sie befürchtet: Der heute 60-jährige Bernd G. hat nicht aufgehört, sich an Mädchen zu vergehen. Die Polizei ermittelt, es melden sich innerhalb der nächsten Tage insgesamt acht weitere Betroffene. Sie alle sagen aus, in den vergangenen Jahrzehnten Sexualopfer geworden zu sein. Im späteren Prozess im Oktober 2007 findet Heidi Marks' Befürchtung eine juristische Bewertung: Bernd G. wurde wegen vier Sexualdelikten zu einer viereinhalbjährigen Freiheitsstrafe verurteilt. 1961, gab Heidi Marks im Prozess an, verging er sich zum ersten Mal an ihr, der letzte gerichtsrelevante Fall stammt aus dem Jahr 2005 – das damalige Opfer war elf Jahre alt. Willi Webert, von dem Heidi Marks und Sofie Holst behaupten, er habe sie vergewaltigt, wird sich keinem Gericht mehr stellen können. Er erhängte sich, kurz nachdem die Schweinfurter Kriminalpolizei mit den Ermittlungen begann. In seinem Abschiedsbrief stritt er alle Vorwürfe ab.

In Eschenau, so sagen die Opfer jetzt, wurden über 46 Jahre lang immer wieder Frauen und Mädchen sexuell missbraucht, ohne dass die Täter Konsequenzen spüren mussten, weil man bislang »so was« im Dorf intern klärte. Für sie begann mit den Ermittlungen und dem Selbstmord Willi Weberts ein beispielloser Spießrutenlauf. Sie wurden bedroht, diffamiert und öffentlich verhöhnt. Der »Fall Eschenau« wurde in Deutschland zum Synonym für Wegsehen, für Schweigen, für Selbstgerechtigkeit. Durch das Gerichtsurteil wurde kein Schlussstrich unter das Leid der Mädchen und Frauen gezogen, das Urteil vertiefte den Graben im Ort, der Eschenau in Täter und Opfer und ihre jeweiligen Unterstützer aufteilt.

Heidi Marks erzählt in diesem Buch ihre Geschichte, ihr Schicksal. Doch dass »Eschenau« weit mehr ist als ein Dorf, in dem es Missbräuche gibt, wie schätzungsweise 300 000 jährlich in Deutschland, zeigen die Reportagen über die Schicksale der anderen Opfer und die Hintergrundberichte über das Verhalten der Eschenauer und der Kirche sowie Stimmen zum Geschehen von anderen Interviewpartnern wie Psychologen, Juristen, Opferschutzverbänden, aber auch der Ex-Ehefrau von Bernd G. Diese Hintergründe zeigen auf, dass das fränkische Dorf nur beispielhaft für Dramen steht, die sich andernorts genauso zutragen könnten – oder längst zutragen.

1

»Ich glaube doch meiner Tochter!«

Als die Eltern Adam* und Elsa Siebert* noch nicht wussten, in welcher Hölle ihre Tochter groß geworden ist, dachten sie, ihre Kinder würden in einer heilen Welt aufwachsen. Der Naturpark Steigerwald zeigte sich ihnen von seiner schönsten Seite: schmale Straßen, auf denen die Autofahrer nur den wuchtigen Mähdreschern Platz machen müssen, endlose Sonnenblumenfelder und Weiden, auf denen Pferde und Ziegen grasen. Oberhalb des Dorfes liegt die Kapelle mit dem Zwiebelturm, die jeder der 192 Eschenauer vom Tal aus sehen kann. Im Dorf selbst stehen viele alte verwunschene Höfe, die durch enge und verwinkelte Gassen verbunden sind. Die Inschriften der Häuser deuten auf die jahrhundertealten Wurzeln des Dorfes hin, die Panoramafenster in den ehemaligen Stallungen zeigen die Moderne, die mit den Jungen eingezogen ist. Im Obst- und Gartenbauverein scheinen alle Mitglieder zu sein: kein Hinterhof ohne Stockrosen in allen Rottönen, kein Pflaster ohne Farbtupfer, kein Garten ohne Schafgarbe, Borretsch, bunte Bohnen, meterhohe Klematis, Johanniskraut, Echinacea und wuchernden Wein. Tagsüber sind nur die Alten, die Mütter und die ganz Kleinen auf den wenigen Straßen. Gottesfurcht schreiben die Alten noch groß – die Jungen müssen ihre Schwerpunkte auf die Arbeit legen und pendeln nach Haßfurt oder Schweinfurt.

1967 haben Adam und Elsa Siebert hier ein Haus gebaut. Ihre Gründe, nach Eschenau zu ziehen, waren pragmatisch: Elsas Schwestern wohnen in Eschenau. Es ging ihnen in erster Linie um den Familienanschluss und nicht um die Idylle. Ein sicheres, schönes Leben wollten sie ihrer Tochter Heidi bieten. Bärbel und Katrin wurden hier geboren. Sie hatten den Steigerwald vor der Haustür und Eschenau im Rücken. Jetzt aber sitzt ihnen das Dorf im Nacken. Elsa und Adam bleiben vorerst noch in Eschenau, wollen aber auch bald ausziehen. Tochter Katrin, in deren Haus die Eltern leben, ist bereits mit ihrem Mann und den Kindern Jonathan* und Johannes* weg. Katrin Becker sagt:»Hier kann ich nicht mehr leben. Meine Kinder sollen sicher aufwachsen.«

Dass »seine Heidi« hier die Hölle erlebte und er ihr nicht helfen konnte, belastet Adam Siebert.»Ich muss zu streng gewesen sein«, sagt er und ihm schießen gleich die Tränen in die Augen.»Daran muss es gelegen haben – sonst hätte sie sich mir doch anvertraut.« Dass die Drohungen des Täters wie: »Wenn du den Mund aufmachst, schicken deine Eltern dich weg und behalten nur deine neugeborene Schwester«, das kleine Mädchen zum Schweigen brachten, ist Adam Siebert keine Hilfe. Versagt habe in erster Linie er, damit quält er sich.

Den Eltern war bewusst, dass Heidi litt. Doch was es war, das wussten sie nicht. Warum die Heidi bestimmte Ecken im Dorf mied, warum sie mit dem Nachbarn nicht spielen wollte, oft ins Nachbardorf fuhr, warum sie so bettelte, Eschenau endlich verlassen und auf die Hauswirtschaftsschule in Neuendettelsau gehen zu dürfen. Oder warum die Heidi damals auf einmal verschwunden war. Oder warum die Heidi nichts kennt außer Arbeit, Arbeit, Arbeit. In einem Telefonat zwischen Amerika und dem Steigerwald platzte es einmal aus Heidi Marks heraus.»Ich bin so allein«, sagte sie damals ihrer Mutter und weinte. Für Elsa Siebert gab es kein Zögern. Sie packte ihre Koffer, regelte alles für den Flug über den großen Teich und blieb schließlich ein Vierteljahr in Oregon bei ihrer Ältesten.»Und dann hat sie es mir gesagt«, erinnert sich die 73-Jährige. Nicht alles, »ich weiß nicht alles – und ich will es vielleicht auch nicht wissen. Ich weiß nicht, wie ich damit umgehen soll. Als Mutter will ich mir das nicht antun«, sie wischt sich über die Augen. Über eine Anzeige haben Mutter und Tochter nicht geredet, »der Gedanke kam uns gar nicht«.

153

Auch Elsa Siebert schwieg, als sie wieder nach Deutschland zurückkam, und hatte doch endlich den Schlüssel zu Heidis merkwürdigem Verhalten gefunden, das sie als junge Mutter von damals zwei Kindern nicht einordnen konnte: Heidi war vier Jahre alt, als Bärbel auf die Welt kam. »Sie hat sich verändert, die Heidi, mit der Geburt. Sie wurde so ruhig, ich musste aufpassen, dass sie dem Kind nichts tut – aber ich dachte, das sei Eifersucht.« Jetzt weiß sie durch die Aussagen ihrer Tochter, dass Bernd G. sie jahrelang missbraucht hatte, seit sie vier Jahre alt war, dass er ihr gedroht hat: »Wenn du was sagst, dann schicken dich deine Eltern weg. Sie haben ja schon ein neues Mädchen.« Oder: »Wenn du was sagst, kommen deine Eltern ins Gefängnis.« Jetzt weiß sie, warum sich Heidi tagelang verkroch und sich auf ihrem Stühlchen hin und her wog. Es war kein Trotz, es war keine Eifersucht, das Kind hatte einen massiven Schock. Dass die Gefängnisdrohung noch Jahrzehnte später wirkt, treibt auch der so beherrschten Mutter die Tränen in die Augen. Dass sie die Heidi noch zum Bernd geschickt hat, dass er auf sie aufpassen sollte – wenn Elsa Siebert heute davon redet, schlägt sie sich die Hand an die Stirn. »Ich habe doch nichts gewusst.« Außerdem waren die Eltern des Verurteilten doch sehr nett. »Seine Mutter war eine gute Frau. Ich bin mir sicher, die hat nichts gewusst«, sagt Elsa Siebert.

Ob gut oder schlecht, das bemisst sich auf dem Land auch an der Bereitschaft, Fremde aufzunehmen. Adam Siebert stammt aus dem mittelfränkischen Zirndorf bei Fürth, Elsa aus dem Nachbarort. Adam Siebert erzählt: »Meine Eltern sind früh gestorben. Die Mutter, als ich aus dem Krieg kam, den Vater habe ich nie kennengelernt.« Schreiner lernte er nach Kriegsende, »du bist ja damals einfach weggeholt worden, da hat ja keiner gefragt.« Zur Flak kam er nach Salzburg, nach dem Krieg sollte wieder alles in geregelten Bahnen verlaufen, auch in persönlicher Hinsicht: »Dann ist die Zeit zum Heiraten gekommen.« Anfang der 50er-Jahre lernte er Elsa

154

kennen. Auch sie wuchs ohne Eltern auf. Romantische Begebenheiten fehlen in ihren Erzählungen:»Es war vernunftmäßig: Wir hatten denselben Heimweg.«Und so funkte es irgendwann, als Adam Elsa, das Mädchen aus dem Milchgeschäft, nach Hause begleitete. Elsa Siebert muss lachen:»Schon ein Jahr lang hat er bei uns Milch und Käse eingekauft. Und erst an meinem letzten Tag im Milchgeschäft haben wir uns zum ersten Mal gesehen.«Ihr Mann fügt hinzu:»Sie hat gesagt, dass sie alleine ist und dass sie keinen hat. Also sind wir gemeinsam gegangen.«Diese einfache Rechnung ging auf: Die beiden feierten 2007 ihren 53. Hochzeitstag. Die gemeinsame Zukunft brauchte ein größeres Heim, als Heidi 1957 auf die Welt kam. Zwei Jahre später wurde Eschenau ihr Zuhause. Die Tage waren geprägt von Arbeit, die Wochenenden durch Aktivitäten in der Kirche und in verschiedenen Vereinen. Die Nachbarin G., die Mutter des Verurteilten, zeigte als Erste im Dorf Wärme und Großherzigkeit:»Meine Frau war kränklich«, so beschreibt Adam Siebert ein Nervenleiden, das ihren Arm quälte,»und wir waren fremd. Sie hat uns immer geholfen.«Und deshalb glauben die Sieberts fest daran, dass diese Frau nicht bemerkt hat, dass ihr Sohn mit 14 Jahren ein Kind sexuell quälte.»Sie hat es nicht gewusst – wie ich nichts gewusst habe«, da ist sich Heidi Marks' Mutter sicher.

Wer in der Gemeinschaft Eschenau lebt, der gibt die Hilfe zurück. Im Nachbarort Westheim, der fast in Sichtweite liegt, leitete Adam Siebert jahrzehntelang das Kinderturnen. Den Handlauf für den Weg zur Kirche hat er gefertigt. Und das alte Schulhaus neben der Kirche hat er überwiegend allein ehrenamtlich renoviert. Von»einem vollen Jahr, jede freie Minute Arbeit«spricht der ehemalige Schreiner. Die Ehefrau erinnert sich anders an die Zeit, in der für ihren Mann die Gemeindearbeit so wichtig war:»Das waren insgesamt vier Jahre.« Auch dass die beiden sonntags das Kirchenblättchen austrugen, war eine Selbstverständlichkeit. Jetzt kommt das Sonntagsblatt mit der Post, Siebert trägt es nicht mehr aus. Von zwei Höfen wurde er gejagt, er, der Vater der »Lügnerin«. Das will er sich nicht bieten lassen. Außerdem ist er tief enttäuscht, weil er meint, die Kirche habe seine Tochter im Stich gelassen und sie nicht unterstützt, als alles rauskam. Viel erzählt der bescheidene Mann nicht über sich. Er verschweigt, dass er der letzte Bürgermeister von Eschenau gewesen ist, dass er die Eingemeindung zu Knetzgau begleitet hat. Dass er die Paare im Ort standesamtlich getraut hat. Dass er viele Jahre Zweiter Kommandant der Feuerwehr gewesen ist und lange in der Kirchengemeinde aktiv war. Dass er die Rumänien-Hilfe ins Leben gerufen und den Bau des Leichenhauses verantwortet hat. Noch dazu hat er den Kauf des neuen Feuerwehrautos vorangetrieben und in fast jedem Hof als Schreiner gearbeitet. »Noch heuer im Frühjahr habe ich die alte Feuerwehrspritze aus dem 19. Jahrhundert wieder flottgemacht, die alten Speichenräder und Holzaufbauten waren einfach morsch. Und vier Wochen später ist es dann passiert mit der Heidi«, sagt er. So viel Engagement, und es »war alles umsonst«. Wohlgefühlt haben sich die Sieberts bis dahin in Eschenau. An Geburtstagen saß man mit Nachbarn und Verwandten zusammen. Gegenüber wohnt ein Neffe von Frau Siebert. Der ist wiederum ein Cousin von Willi Webert. Und die Frau des Nachbarn ist die Schwägerin von Willi Webert. Alle im Dorf waren eng miteinander verwoben und die Sieberts gehörten dazu. Willi Webert hat sich am 17. Mai 2007, an Christi Himmelfahrt, in der Scheune seiner Tante im benachbarten Westheim erhängt. Der Mann, der von Heidi Marks beschuldigt wird, sie im Alter von zehn Jahren vergewaltigt zu haben. Der Mann, dem Sofie Holst vorwirft, sie kurz nach ihrer Konfirmationsfeier in den Waschraum des Gemeindehauses gezerrt, sie an die Wand gedroschen und auch vergewaltigt zu haben. Der Mann, von dem die Sieberts jetzt sagen, »er ist ein Feigling«, weil er sich durch den Freitod den Ermittlungen entzogen hat. Die Grenzen haben die Sieberts und ihre

Nachbarn jetzt ganz klar abgesteckt: Adam Siebert wurde bei seinem letzten Besuch von seinem Neffen vom Hof gejagt. »Meine eigene Verwandtschaft«, der 79-Jährige winkt resigniert ab. Wohl auch deshalb spricht man bei Sieberts nur noch drinnen über das Thema. »Hier hat der Wind Ohren«, sagen sie. »Solange wir noch Auto fahren können, bleiben wir hier in Eschenau.« Das Auto bringt sie weg von dort. In den dramatischen Tagen nach dem Prozess aber sind sich die drei Töchter sicher, dass die Eltern nicht mehr bleiben können. Sie würden, sagten die Kinder, schon mal eine neue Bleibe suchen.

Dabei strahlt der Garten hinter dem Haus Geborgenheit aus: Eingerahmt von Holunder und Haselnuss lädt eine Bank auf der weiten Rasenfläche zum Ruhen ein. Die vom Opa mit seinem Schwiegersohn gebaute Kletterburg wird nach dem Sommer nur noch an ausgewählten Besuchswochenenden von den Kindern eingenommen, dann, wenn Katrin und ihr Mann Frank mit ihrer Familie nach dem Rechten sehen. Von hier aus ruht der Blick über Felder auf einem sanften Hügel, gerade groß genug, um Sicherheit auszustrahlen, weit genug entfernt, um nicht zu beengen.

Katrins Wegzug forderten die Eltern: »Ihr könnt hier nicht mehr bleiben«, sagten sie. Adam und Elsa Siebert aber wollten zunächst bleiben. Auch wenn sie ihr Auto in die Werkstatt bringen mussten, weil zwei Nägel in den Hinterreifen steckten – hochkant, unmöglich ein Unfall. »Das war ein Lausbubenstreich«, Adam Siebert war nicht weiter beunruhigt. Er wollte bleiben, auch wenn er sich von den Friedensgebeten, die die Pfarrerin Elfi Trautvetter-Ferg seit dem Tod von Willi Webert sonntags abhalten ließ, ausgeschlossen fühlte. Mit diesen Gebeten, die sich allgemein an christliche Grundwerte richteten und sich nicht konkret auf die Missbrauchsfälle bezogen, sollte die Situation im Dorf entschärft werden. Die Sieberts wollten auch deshalb bleiben, weil die Bundestagsvizepräsidentin Susanne Kastner sie zu mehreren dieser Gottesdienste begleitet hatte. »Ich wollte«, sagte die SPD-Politikerin damals in einem Zeitungs-Interview, »dass die Opfer mehr in den Blickpunkt gerückt werden.« »Das war ganz stark von Frau Kastner«, dankt Adam Siebert. »Damit«, glaubt er, »haben wir denen den Wind aus den Segeln genommen.« Denen, das sind die, die ihre Tochter und die anderen Opfer Lügnerinnen nennen oder der Meinung sind, nach so langer Zeit hätte es die Anzeigen einfach nicht gebraucht. Die, die glauben, wenn man 30 Jahre lang »mit so was« leben konnte, dann kann man es die nächsten 30 Jahre auch noch. Und auch die, die glauben, man lässt sich vergewaltigen. Oder, dass es so schlimm ja auch nicht ist. Und die, die vor allem meinen, man hätte es anders regeln können. So, wie man es jahrzehntelang hielt: Wenn über »die Sache« überhaupt geredet wird, dann macht man das intern. Das geht nur die betreffenden Familien etwas an, und die machen das untereinander aus.

Jetzt aber stehen sich die Familien gegenüber: die der Opfer, die des Täters und die des Mannes, der sich umgebracht hat. Den Zeilen in seinem Abschiedsbrief, in dem er die Taten abstritt, schenken die Sieberts keinen Glauben. »Die Familien und ihre Helfershelfer werden mit ihren Anschuldigungen und Lügen nicht aufhören. Und ich werde nicht büßen für Dinge, die ich nicht getan habe«, hatte er kurz vor seinem Tod geschrieben. »Ich glaube der Heidi«, sagt ihr Vater fest. Und auch deshalb hat er dem Vater von Willi Webert entgegengeschleudert, dass er es damals hätte verhindern können. »Ich glaube doch meiner Tochter! Da unten in der Kurve, da hat er sie reingezogen. Und der Vater vom Willi, der hat was rascheln hören. Und er ist hingegangen, hat seinen Buben gesehen! Der war damals doch noch so jung! Wenn er ihn gepackt und ihm den Hintern ausgehauen hätte, was hätte da alles verhindert werden können!« Das schrie er dem alten Nachbarn entgegen. »Der hat nur immer gesagt ›Alles Quatsch‹! Und dann ist er davongerannt.«

Die Offenbarung ihrer Tochter im März war »ein großer Schock«. Dass sie so lange geschwiegen hat, bedrückt die Eltern. Die Gründe, warum sie nichts sagte, machen sie wütend und hilflos zugleich. »Ich mache mir solche Vorwürfe«, sagt Adam Siebert. »Aber ich tröste mich, dass es andere Eltern bei ihren Kindern auch nicht gesehen haben. Es ist ja immer wieder passiert.« Seine Frau meint: »Und das wusste die Heidi ja auch nicht. Sie hat ja immer gedacht, sie sei die Einzige gewesen.«

Aufgerüttelt durch die Zeitungsartikel und Fernsehberichte lud die Opferschutzorganisation Weißer Ring zu einem Themenabend »Sexuelle Gewalt und Umgang mit den Folgen« ein. Es kamen rund 120 Zuhörer. Darunter auch Adam Siebert. Diese Ungeheuerlichkeit, die sie höchstens aus der Zeitung kannten, betraf jetzt ihr Kind. Die Nachricht brach im März schonungslos über sie herein; seit diesem Zeitpunkt ist für sie nichts mehr, wie es war. Bei der Veranstaltung war endlich jemand, der ihnen den Wahnsinn erklären konnte, dem sie jetzt ausgesetzt waren. Ein Spezialist, der über Verhaltensmuster von Tätern und Verdrängungs- oder Verarbeitungsstrategien von Opfern sprach. Es klingt nach Erleichterung, wenn die Sieberts jetzt sagen: »Mit ihrem Schweigen hat die Heidi ganz klassisch reagiert.«

Sie telefonieren jetzt oft mit ihrer Tochter in Amerika. Sie sprechen ihr Mut zu und bestärken sie, nicht aufzugeben. Ihr Vater sagt: »Ich habe so tolle Kinder – alle drei.«

2

»Die Menschen schauen weg – dabei ist es vor ihren Augen geschehen.«

Vor allem für Heidi Marks' jüngere Schwester Katrin hat sich das Leben in Eschenau seit Bekanntwerden der Missbrauchsfälle grundlegend verändert. Mit ihrem Mann Frank und ihren Söhnen Jonathan und Johannes zog sie im Sommer weg. Die Familie war im Ort einem regelrechten Mobbing ausgesetzt – sie alle wurden in Sippenhaft genommen.

Frank Becker ist harte Arbeit und Herausforderungen gewohnt. Als ältestes von sechs Kindern hatte er zusammen mit seinen Geschwistern schon den Bauernhof bestellt, als die Eltern sich nach Jahren voller Arbeit drei Tage Urlaub gönnten. Frank war damals zwölf Jahre alt. Im Beruf hat er viele Hürden genommen, jetzt verdient er seinen Lebensunterhalt als Wirtschaftsingenieur.

Sein Leben und das seiner Frau war bislang geprägt durch die Kinder, den Umbau des Hauses der Schwiegereltern zum gemeinsamen Generationenhaus und sein Engagement für die Gemeinde. Er war Ortssprecher in Eschenau, im benachbarten Oberschwappach und Westheim spielt er seit über 30 Jahren das erste Tenorhorn und im Party-Raum seines Hauses wurden viele Feste mit Nachbarn und Freunden gefeiert. Wenn die Kirwa-Bäume an seinem Haus aufgestellt wurden, gab er immer eine zünftige Brotzeit und ausreichend Bier für die Burschen aus. Es war das Leben, das er leben wollte.

Im Sommer 2007 packte er die Koffer, verstaute das, was als Einrichtung bis zur Rente in Eschenau bleiben sollte, in Kisten, organisierte den Umzug. »Ich fühle mich ausgegrenzt. Und die Menschen schweigen, sie schauen weg, sie wollen von nichts gewusst haben – und dabei ist es vor ihren Augen geschehen.« Der Ingenieur sagt: »Das ist eigentlich die größte Kränkung.« Und diese Kränkung war mit ein Grund, dass sein Leben, das seiner Frau Katrin und der beiden Kinder Jonathan und Johannes nun auf den Kopf gestellt wird.

Die Missbrauchsvorfälle teilen seine Zeit nun auf in ein Vorher und ein Nachher. Vorher, das hieß ein Generationenhaus in Eschenau, unter einem Dach mit den Eltern seiner Frau. Doch für Katrin, die Schwester von Heidi Marks, und ihn ist hier kein Leben mehr möglich. »Wir konnten das unseren Kindern nicht mehr zumuten. Wir zogen weg.« Den Graben, den die Missbrauchsfälle in ihr Leben geschlagen haben, versucht das Paar langsam wieder zu schließen. Sie haben nicht weit entfernt eine vorläufige Bleibe gefunden, hier muss Jonathan im Herbst eingeschult werden. »Was dann kommt, ist noch offen. Aber Jonathan muss zumindest noch vor dem Schulbeginn umziehen, damit er nicht aus einer Schule herausgerissen wird«, so Katrin Becker im Sommer 2007. Die 38-Jährige hat ein klassisches Gesicht mit klaren Zügen. Auffallend ist ihr prüfender Blick, und auch wenn man die zierliche Frau vorher noch nie gesehen hat, gewinnt man den Eindruck, sie habe erst vor kurzem an Gewicht verloren.

»Es war am 25. März, als meine Schwester Heidi sich mir anvertraute.« Seit ein paar Wochen war die Amerikanerin wieder in Eschenau, und Katrin erinnert sich an merkwürdige Szenen, die sie nicht recht einordnen konnte. »Drei Tage vorher beobachtete sie Kunigunde G., die Frau des Täters, die mit einem kleinen Kind an der Hand an unserem Haus vorbeispazierte.« Eine harmlose Szene, für jeden im Dorf normal, bis auf die Opfer. Für die, die nicht hinsehen und hinhören wollten, für die verdiente Kunigunde G. mit der Beaufsichtigung von Kindern Geld zum Lebensunterhalt. Für die, die davon ausgingen, dass ihr Mann Bernd kleine Kinder missbraucht, für die war es ein offener Affront. Für Heidi Marks war der Anblick ein Schock: Dem Mann, der sie im Alter von vier Jahren missbraucht hatte, wurden die Kinder quasi ins Haus geliefert? Und das noch vier Jahrzehnte später?»Sie ist total ausgeflippt«, erinnert sich die damals ahnungslose Schwester,»ich dachte, sie spinnt.« Dass das nicht so ist, erfuhr sie wenige Tage später.»Heidi ist fast zusammengebrochen, als sie mir sagte, was in ihrer Kindheit passiert ist.« Trotz der schlechten Nachrichten, trotz des Schocks reagierte Katrin Becker mit Fassung.»Ich glaubte ihr sofort – und das wunderte die Heidi. Sie dachte ja immer, ihr werde keiner glauben, gegen diese ach so unbescholtenen Menschen habe sie keine Chance, wenn sie die Wahrheit sagen würde.« Doch für Katrin Becker war es, als ob sie das letzte Puzzlestück zu einem Bild gefunden hätte.»Denn sofort leuchtete mir so vieles ein, sofort ergab so vieles einen Sinn.« Sie wusste von den Depressionen ihrer Schwester, litt mit ihr von Kontinent zu Kontinent, beschäftigte sich mit dem Krankheitsbild Depression,»ich konnte das nicht alles auf ihre grenzenlose Arbeitswut schieben«. Workaholic, das Wort fällt immer wieder:»Die Heidi kannte nur Arbeit, Arbeit, Arbeit. Einmal hat sie sich drei Tage Italien gegönnt, aber zur Ruhe ist sie nie gekommen.« Das Geständnis befreite sie.»Die Heidi war wie ausgewechselt: Ich hatte sie noch nie so gelöst gesehen.«

Einige Details der Verbrechen haben gereicht, um die schrecklichen Bilder nicht mehr aus dem Kopf zu bekommen; noch mehr wollte die zwölf Jahre jüngere Katrin nicht wissen. »Ich hätte das nicht ertragen«, sagt sie. Die Vorstellung, jetzt Kinderfotos von Heidi anzuschauen und zu wissen, was die Kleine schon damals mit sich herumschleppen musste – unmöglich. Zu jeder Ecke, zu jeder Hecke im Dorf eine furchtbare Geschichte zu wissen – undenkbar, danach Platz für irgendetwas anderes im Kopf zu haben.

Für die Pädagogin und ihren Mann war nach dem ersten Schock sofort klar, dass die große Schwester alle Unterstützung erhält. Frank Becker sagt:»Heidi offenbarte mir die schrecklichsten und brutalsten Details dieser perversen und menschenverachtenden Taten und fragte mich, ob sie die Täter anzeigen könne. Ich sagte, du kannst nicht nur, du musst!

Denn die Taten waren ja von ungeheurer, kaum vorstellbarer Dimension.« Ob sich die Beckers damals der Tragweite dieser Entscheidung bewusst waren? Ob sie ahnen konnten, dass sie nun auch keine Ruhe mehr finden würden? Ihr beschauliches Leben in Eschenau endete damit. Und dabei hatte es so verheißungsvoll im Dorf begonnen, dass die Familie hier ein Leben lang bleiben wollte. Frank Becker hatte nach seinem Studium in der Stadt gewohnt und gearbeitet, wo auch seine Frau Fachlehramt studierte. Doch da waren die Schwiegereltern in Eschenau, Elsa und Adam Siebert, sie lebten im großen Haus oben am Berg. Sie alleine zu lassen, kam für das junge Paar nicht in Frage. »So entstand die Idee vom Drei-Generationen-Haus«, sagt Frank Becker. Die Pendelei nahm er auf sich, seit Jahren arbeitete er in jeder freien Minute am Haus. Kurz nach fünf Uhr aufstehen, dann über eine Stunde zur Arbeit fahren, wieder zurück nach Hause, umziehen und ab auf das Gerüst. »Wir dachten, jetzt seien wir aus dem Gröbsten raus und könnten endlich wieder leben«, er seufzt resigniert.

Nicht nur, dass er Haus und Hof umbaute, dass er sämtliche Verpflichtungen aufnahm, so dass die Schwiegereltern völlig entlastet wurden, Becker machte sich auch in der Gemeinde stark. Fünf Jahre vertrat er Eschenau als Ortssprecher im politischen Gemeinderat der Großgemeinde Knetzgau. Die vergangene Periode setzte er aus familiären Gründen aus, aber zur nächsten Wahl wollte er wieder kandidieren. Als Schwiegersohn trat er in die Fußstapfen des ehemaligen Bürgermeisters Adam Siebert, der jedem vorgemacht hatte, was Engagement für die Gemeinschaft bedeutete. »Damals hatte ich Zugang zu jedem Problemchen in der Gemeinde, versuchte, es zu lösen – und jetzt stehen wir selbst vor einem Scherbenhaufen.«

Seit sieben Jahren ist Frank Becker Erster Vorsitzender der Freiwilligen Feuerwehr Eschenau. Er ist nicht nur Repräsentant, sondern er löscht auch aktiv mit. Zu seinem Stellvertreter Willi Webert hatte er bis dato ein ausgezeichnetes

Verhältnis, auf den Mann konnte er sich immer verlassen. Dass ausgerechnet er es war, der Sofie Holst und seine Schwägerin Heidi laut ihrer Aussage brutal vergewaltigt hat, das geht ihm nicht in den Kopf. »Ich habe gut mit ihm zusammengearbeitet, ich habe ihn gebraucht und er war immer da«, erinnert Becker sich. Und völlig rätselhaft ist für ihn dessen Suizid: »Warum wählt er denn für sich die Todesstrafe, wenn er doch nach eigenem Bekunden unschuldig ist? Er hatte doch als Schöffe Einblicke in die Vorgänge von Gerichtsfällen – er war doch in all seinem Handeln stets souverän und überlegen. Warum hat er sich als Unschuldiger nicht gewehrt, die nötigen finanziellen Mittel dazu hätte er auch gehabt.«

Katrin Becker macht sich auch darüber Gedanken. »Er war ein intelligenter Mann, ich habe mich immer gern mit ihm unterhalten«, sagt sie. Mit der Umstellung seines großen Bauernhofes auf Bio-Produktion hatten sie auch immer ein Thema. Für ihren Ehemann klärte sich mit dem Geständnis der Schwägerin einiges: »Jetzt wusste ich, warum Hartmut Müller*«, der Ortssprecher und Bruder von Sofie Holst, »seit einigen Monaten so schlecht beieinander war. Und natürlich Georg, ihr Ehemann – die litten alle.« Die beiden Männer wussten seit der Anzeige von Sofie Holst von dem düsteren Dorfgeheimnis.

Für Frank Becker war klar, dass mit den Vorwürfen nichts mehr so weitergehen konnte wie bisher. Sich mit diesen Leuten beim nahenden Dorffest an einen Tisch zu setzen, war für ihn und seine Familie unmöglich. Vier Vereine gibt es in Eschenau: die Feuerwehr, den Obst- und Gartenbauverein, den Schnupferklub und die Dorfjugend. Die Köpfe der Vereine und der Kirchenvorstand trafen sich jedes Jahr vor dem Dorffest. Wichtiges musste besprochen werden: Es ging um den Bierpreis, um die Verwendung des Erlöses, wer die Musik auf dem Fest spielen sollte oder wie viele Kilogramm Zwiebeln für den ›Plootz‹ nötig waren.

Federführend war Kunigunde G., die sich seit Jahren mit Eifer um die Organisation des Festes kümmerte. Als Becker die Einladung zur Sitzung erhielt, wusste er bereits, dass deren Ehemann verdächtigt wird, mehrere Mädchen sexuell missbraucht zu haben. Er wusste von seiner Schwägerin, dass auch sie sein Opfer geworden war. Auch die Vorwürfe, Willi Webert habe Mädchen vergewaltigt, waren bekannt, denn die Frauen hatten die Männer bereits angezeigt. Frank Becker beriet sich mit Hartmut Müller, dem Bruder von Sofie Holst, und deren Mann Georg und sie waren sich einig: »Es war unmöglich. Wir fühlten uns nicht in der Lage, das Fest zu veranstalten.«

Die drei setzten ein Schreiben auf, das Georg Holst in der Sitzung verlas. Dass es Fälle von sexuellem Missbrauch in der Gemeinde gäbe; dass sie sich nicht in der Lage sähen zu feiern, solange die Staatsanwaltschaft ermitteln würde. Auch Kunigunde G. hörte zu. Sie stand auf. Man könne ja nur ihren Mann meinen, ging sie in die Offensive. Es war das erste Mal, dass öffentlich über den Missbrauch gesprochen wurde. Sie wüsste von einem Fall aus dem Jahr 1978 – Renate Rosenbaum –, aber seitdem sei nichts mehr passiert. »Dass sie sich so geoutet hat, obwohl wir keinen Namen nannten, das hat uns sehr überrascht«, erinnert sich Frank Becker.

Nach einer Viertelstunde war die Sitzung beendet, die Menschen schlichen betroffen nach Hause. Doch in vielen Haushalten ärgerte man sich mehr darüber, dass das Fest ausfallen sollte, als über das eigentliche Problem und das Befinden der Missbrauchsopfer. Die Fassade sollte erhalten bleiben, egal, wie es dahinter aussah.

Die Menschen, die den Missbrauch öffentlich machten, wurden plötzlich wie Täter behandelt, während die Männer, denen der Missbrauch von Kindern vorgeworfen wird, jahrzehntelang unbehelligt in der Gemeinde leben konnten. Doch nicht nur die Opfer wurden bewusst gemieden und bedroht, sondern mit ihnen ihre ganzen Familien.

Der Beginn des Spießrutenlaufens war unangenehm und erschreckend, aber noch nicht beängstigend. Noch bestand

Hoffnung, dass sich der Groll der Nachbarn gegen die »Nestbeschmutzer« wieder legte. Frank Becker schildert die Situation so: »Mit unseren Kindern spielt keiner mehr. Wir hatten heimlichen Besuch vom Nachbarskind. Das sagte, seine Mama dürfe nicht wissen, dass es hier ist – komme es raus, bekäme das Kind eine Woche Hausarrest.« Sippenhaft also selbst für den Sohn. Wie soll der Kleine eine Zukunft im Dorf haben, wenn schon in der Kindheit Gräben zwischen Spielkameraden gezogen werden? Wie soll ein Kind in einer solchen zweigeteilten Gemeinschaft groß werden? Ein Miteinander für die Zukunft schien hier nicht mehr möglich.

Frank Becker versuchte mit den Nachbarn zu reden, und seine Frau erklärt: »Wir hatten immer ein gutes Verhältnis. Jetzt allerdings heißt es, man hätte nach 30 Jahren weiterhin den Mund halten sollen. Auch wenn ich argumentierte, dass durch das Offenlegen der Missbrauchsfälle doch andere Kinder geschützt würden, biss ich auf Granit. Ich hätte doch zwei Jungs, wurde mir gesagt, denen passiere doch nichts.« Katrin Becker und ihr Mann waren sprachlos. Zum offenen Eklat kam es wenig später. Frank Becker kam abends nach einer 60 Kilometer langen Fußwallfahrt müde nach Hause. Er bat in der Wallfahrtskirche um Kraft für die kommende Zeit. Zuhause traf er auf seine Nachbarn von gegenüber, die mit der Familie des toten Willi Webert und auch mit den Beckers verwandt sind. Für sie sind die Beckers, die Holsts und alle anderen Lügner, Nestbeschmutzer, Rufmörder. Das Gespräch endet in einer Schreierei. Katrin Becker erzählt: »Ich stand am Dachfenster und habe gezittert wie Espenlaub.« Sie rief die Polizei, drängte auf psychologische Hilfe für die Nachbarn. Doch die Beamten hatten nur für andere Notfälle Spezialisten parat.

Der Nachbar züchtet Ziegen und Hasen, Jonathan und Johannes Becker gingen fast jeden Tag auf den Hof und streichelten die Tiere. Das ist jetzt vorbei, die ganze Familie Becker hat Hofverbot. Dann kam den Beckers zu Ohren, dass der Nachbarsjunge in der Wirtschaft des Nachbarortes gedroht haben soll:»Die gehören alle aufgeschlitzt.«Die Drohung hätte man noch als dummes Gerede abtun können, aber seit die Beckers täglich auf eine gehisste schwarze Flagge im Hof gegenüber schauen mussten und die Autoreifen perforiert waren, fühlten sie sich unsicher.

Noch viele Monate gingen die Beschuldigungen des Nachbarn weiter, bis sich Frank Becker zu einem für ihn schweren Schritt entschloss:»Ich habe ihn angezeigt, damit er die Drohungen und Sätze wie ›Ihr seid schuld, ihr Rufmörder‹ etc. endlich unterlässt.« Anders habe er sich nicht mehr zu helfen gewusst.

Katrin Becker ist wie ihr Mann durch das Mobbing psychisch angeschlagen.»Ich hole mir professionelle Hilfe. Ich will nicht, dass sich in mir etwas festsetzt und vielleicht in zehn Jahren wieder hochkommt«, sagt sie. Neben den Sitzungen beim Psychologen holt sie sich Rat bei Seelsorgern der katholischen Kirche. Zur evangelischen Pfarrerin hat von den Opfern in Eschenau keiner mehr Vertrauen. Immer wieder ist zu hören, dass auch sie sich dafür ausgesprochen haben soll, derart alte Geschichten ruhen zu lassen.»Ich hatte den Eindruck, dass sie es unter den Tisch kehren wollte«, sagt Katrin Becker. Sie ging zum Dekan und versuchte es sogar beim Bischof, aber»es war keiner zuständig«.

Auch ihr Mann nimmt psychologische Hilfe in Anspruch. »Unser Leben ist völlig ausgehebelt.« Ihm und seiner Frau werden die gleichen, dringenden Ratschläge erteilt: Entscheidet euch schnell und zieht weg.»Leicht gesagt, wenn man so tief verwurzelt ist im Dorf.« Er war lange am Zweifeln und folgte schließlich dem wiederholten, eindringlichen Rat des Pastoralreferenten, einer Psychologin und des Diakons: »Frank, das dauert Jahre, wenn nicht Generationen, bis hier wieder Ruhe einkehrt.«»Das war eine so massive und harte Einschätzung der Situation, so eindringlich, dass meine Hoffnung auf Ruhe zerstört war«, sagt Frank Becker. Und als die Ratgeber auch noch anführten, dass eine Dauerfehde die Kinder kaputt und seine Frau auf lange Sicht krank machen werde, fiel die Entscheidung zum Auszug.

Bei der Wohnungssuche hatten sie schnell Erfolg. Zwar ist das neue Haus um zwei Drittel kleiner, aber hier kann die Familie wieder in Ruhe leben. Doch die Bitterkeit bleibt:»Das hier war unser Zuhause. Dass wir weg müssen, ist ein tief sitzender Schock.«»My home is my castle«, pflegte Frank Becker immer zu sagen. Das Haus, sein Lebenstraum, versuchte er im Herbst 2007 zu verkaufen.»Aber glauben Sie ernsthaft, dass irgendwer noch ein Haus in Eschenau kaufen will?«, fragt er.

Doch sie hoffen darauf, ihr Leben wenigstens durch den Umzug wieder ins Lot zu bringen. Im neuen Wohnort wollen sie wieder Fuß fassen, und zwar ohne den Makel, aus Eschenau zu kommen. Deshalb bat die Familie auch, ihren Namen zu ändern.»Ich möchte endlich wieder erhobenen Hauptes über die Straße gehen können«, erklärt Frank Becker und fügt hinzu:»Unsere Nerven liegen blank, wir sind völlig unausgeglichen. Das bekommen natürlich auch die Kinder zu spüren. Es fühlt sich an wie ein Orkan, so blitzartig. Das Schlimme ist, dass der von Menschenhand ausgelöst wurde, dass das Menschen sind, die sich gegenseitig so etwas antun. Noch schlimmer ist allerdings, dass so viele gar nichts sagen, das ist die größte Kränkung.« Dass die Menschen durch ihr Schweigen die Beschuldigten unterstützen und dass er diesen Menschen mit seinen Ehrenämtern, wie auch schon sein Schwiegervater, immer hatte helfen wollen.

»Wer schweigt, stimmt zu«, zitiert er eine Eschenauer Wahrheit. Aber was nützt die, wenn keiner sie beachtet? Doch Frank Becker gibt nicht auf:»Man muss den Menschen bewusst machen, dass Wegschauen nichts bringt. Nur deshalb konnten zwei Männer über Jahrzehnte hinweg Mädchen missbrauchen.«

3

»Ich wollte doch unberührt in die Ehe gehen.«

Eines der Mädchen von damals hat 2006 Willi Webert angezeigt. Sofie Holst ist heute eine erwachsene Frau, sie wohnt
noch immer in Eschenau. Ihr Haus liegt am Ortseingang.
Davor steht ein Haselnussbaum. Diesem Baum hat die Kräu-
terfachfrau Hildegard von Bingen besondere Kräfte zuge-
schrieben: Schützend soll er wirken, Böses abhalten. Sofie
Holst weiß das, und vielleicht steht er nicht zufällig vor ihrem
Haus. Die 48-Jährige ist informiert über Mystik und Heil-
kunde, der Baum macht den Blick auf das Dorf fast unmöglich
und umgekehrt verhindert er die Blicke der Eschenauer. Im
Haus ist es gemütlich, viele kleine Kostbarkeiten sowie Kunst-
gegenstände und Kräutergläser füllen die Regale an der Wand.
Nüchtern ist das Gegenteil von dem, wie die Frau mit den langen, blond-grauen Haaren ihre Umgebung gestaltet hat. Viel
Holz, viel Dekoration, viel Licht machen das Stockwerk aus,
das sie sich im alten Haus in Eschenau mit ihrem Mann Georg
ausgebaut hat. Das Haus liegt direkt am Hang, umgeben von
einer steilen Wiese, auf der Blumen blühen und ein Gänserich
zu Hause ist.

Mittlerweile kann die Frau über das sprechen, was seit
1973 ihr Leben bestimmt hat. Sie ist innerlich noch immer aufgewühlt, doch sie kann anders damit umgehen, seit sie 2006
als Erste den Verbrechen im Ort ein Aktenzeichen gegeben hat.
Sie zeigte bei der Haßfurter Polizeiinspektion an, von Willi
Webert vergewaltigt worden zu sein. Ihr Fall gilt als verjährt,
und deshalb meinen viele Dorfbewohner, sie hätte auch
genauso gut weiter schweigen und mit der Vergewaltigung
leben können. »Die Vergewaltigung hat mich körperlich krank
gemacht. Ich habe die ganzen Aggressionen nach innen gerich-

tet«, sagt Sofie Holst. Es gehörte zu ihrer Gesundung, den Weg zur Kripo zu gehen, endlich Handelnde und nicht nur Misshandelte zu sein.

Sexueller Missbrauch macht krank, das bestätigen auch Experten. Sie nennen es posttraumatische Belastungsstörungen, und knapp 50 Prozent aller Vergewaltigungsopfer leiden darunter, so die Opferschutz-Organisation »Wildwasser«. Der Missbrauch führt zu Depressionen, die in Schuldgefühlen, einem zerstörten Selbstwertgefühl, dem Gefühl ständiger Isolation und vollkommener Hilf- und Machtlosigkeit begründet liegen. Laut »Wildwasser« zeigen Studien bei depressiv erkrankten Frauen, dass mindestens ein Drittel bis über die Hälfe von ihnen in der Kindheit missbraucht worden sind. Doch die Folgen betreffen nicht nur die Psyche, sondern auch den Körper, der sich ein Ventil im Ausbruch zahlreicher Krankheiten sucht.

Laut einer Studie von Judith Herman von 1989 waren 75 Prozent der von der Borderline-Krankheit befallenen Frauen Opfer sexuellen Missbrauchs geworden. Borderliner – Grenzgänger – fügen sich selbst Schmerzen zu, Betroffene berichten, dass ihre Angst- und Panikzustände erst dann ein Ventil finden, wenn sie sich beispielsweise selbst ins Fleisch schneiden. Erst dann, so erzählen diese Frauen, spürten sie sich selbst. Vor allem missbrauchte Mädchen sehen ihren Körper als Feind an, versuchen, ihn zu zerstören, da er für sie der Anlass des ganzen Schreckens ist.

Nicht zu vernachlässigen ist auch die Zahl der Frauen, die in Abhängigkeiten, beispielsweise Alkoholismus oder anderen Drogenmissbrauch, geraten. Wieder andere entwickeln Psychosen. »Wildwasser« geht davon aus, dass die Wahrscheinlichkeit, eine behandlungsbedürftige Psychose zu entwickeln, bei Menschen nach schwerem sexuellem Missbrauch 48-mal höher ist.

Wenn Sofie Holst über die Vergewaltigung 1973 spricht, so tut sie es mit klaren, durchdachten Worten. Wie groß die

Mühe ist, darüber zu sprechen, werden wohl nur ihre engsten Freunde oder ihr Ehemann Georg erfahren. »Ich war 14, es war nach der Feier der evangelischen Landjugend«, beginnt sie zu erzählen. Endlich war sie konfirmiert worden, denn das christliche Ereignis galt als Eintritt ins Erwachsenenalter – und somit wuchsen auch die Freiheiten der Jugendlichen im Ort. »Ab der Konfirmation durfte man abends weg«, erinnert sie sich. Sie weiß noch genau, was sie an jenem Tag trug: Einen neuen Falten-Minirock, so, wie ihn alle jungen Mädchen Anfang der 70er trugen. »Dazu ein einfaches T-Shirt. Hochgeschlossen.« Sie war damals das erste Mal verliebt, er hieß Hans.

Alle waren sie da im Gemeindehaus, ihre ältere Schwester, ihre Freunde und auch Willi Webert. Er gehörte zu den Großen, er war fünf Jahre älter als sie, und als das Essen vorbei war, verabschiedete sich der Jugendleiter und übertrug den Älteren die Verantwortung für den Abend.

Das war der Startschuss, die Nacht feuchtfröhlich zu beginnen. »Ich sollte ›eingeweiht‹ werden, der Willi gab mir Cola mit Schuss zu trinken«, sagt Sofie Holst. Ungewohnt war der Alkohol für das Mädchen: »Mir wurde übel, ich musste raus.« Ihre Schwester begleitete sie ein Stück. Es gab keine moderne Toilettenanlage, in die sich Sofie damals flüchten konnte, sie steuerte in Richtung Waschküche. »Und dann merkte ich: Mich verfolgt jemand«, sagt sie. Der Gedanke war da und auch schon die Hände, die sie in die Waschküche drückten und gegen die Wand stießen. Sie konnte mit ihren Händen gerade noch die Wucht des Aufpralls ein wenig abmildern, als sie erkannte, dass das der Willi war. Sie wusste, was nun passieren sollte. »Was willst du denn, ich steh doch auf den Hans!«, bettelte sie, da knallte er sie wieder an die Wand. Diesmal schlug sie mit dem Kopf auf. Ihre letzte Erinnerung vor einer kurzen Ohnmacht ist, dass er ihr den Schlüpfer auszog. »Zu mir gekommen bin ich, als er in mich eindrang«, erzählt Sofie weiter.

Noch heute schmerzt ihr der Kopf, wenn sie davon erzählt, sagt sie. »Psychosomatisch«, sie lächelt, und das sieht fast wie eine Entschuldigung aus. »Es war so schmerzhaft«, Sofie kämpfte, so gut sie konnte. »Ich versuchte, unter ihm durchzutauchen«, doch gegen den großen Bauernsohn hatte sie keine Chance. Schreien ging nicht – er hielt ihr den Mund zu. Als die Qual endlich ein Ende hatte, habe er ihr die Sätze mit auf den Weg gegeben, die sie jahrelang davon abhielten, darüber zu sprechen: »Wenn du was sagst, sorge ich dafür, dass ihr aus dem Dorf vertrieben werdet. Ihr seid keine Bauern, ihr kommt nicht von hier.«

Ihr seid keine Bauern, ihr kommt nicht von hier – ein Makel, der wohl über Generationen in einem Dorf wie Eschenau an den Zugezogenen haftet. Vor allem, wenn man wie Sofies Mutter als Alleinerziehende mit sieben Kindern dort Fuß zu fassen versucht. »Die Mama hatte es doch schon so schwer, hier einen Fuß auf den Boden zu bekommen. Anfangs hat man uns sogar die Fensterscheiben eingeworfen«, sagt Sofie Holst. Sie schwieg aus Angst, dass ihre Familie vertrieben werden würde. Doch erst musste die 14-Jährige diese Nacht überstehen. »Meine Schwester brachte mich nach Hause, gesagt habe ich ihr nichts, sie merkte nichts oder schob meinen Zustand auf etwas anderes«, vielleicht die Übelkeit durch den ungewohnten Alkoholkonsum. Zu Hause angekommen, legte sich Sofie ins Bett.

Am nächsten Morgen erwachte sie mit einem zerschundenen Körper. »Mir tat alles weh«, erinnert sie sich, und da war dieser unangenehme, unbekannte Geruch: Blut, Sperma, Erbrochenes, sie hatte sich in der Nacht auf den Teppich vor ihrem Bett übergeben. Damit die Mutter nichts merkte, versteckte sie den Läufer. Sofie Holst war verzweifelt: »Ich war sehr christlich, ich wollte doch unberührt in die Ehe gehen – ich fühlte mich so schmutzig.«

Es gab Momente, in denen Sofie redete – und es gab Menschen, die hörten, was passiert ist, und die nicht handelten.

»Meinen ersten Freund hatte ich mit 15. Der reagierte überhaupt nicht auf das, was ich ihm da sagte«, auch deshalb hatte diese Liebe keine Chance. Auch der zweite Freund zeigte keine Reaktion. Er überredete sie sogar dazu, mit Willi und anderen Freunden ins Kino zu fahren. »Schon die Fahrt mit dem im Auto war die Hölle«, aber Sofie ließ sich nichts anmerken. Willi Webert war ganz gelassen, wusste er doch, dass er sein Opfer genügend eingeschüchtert hatte und Sofie nichts sagen würde: »Wieder zu Hause in Eschenau waren die anderen gerade aus dem Auto gestiegen, als er plötzlich Gas gab, mit mir aus dem Dorf fuhr – und er hat's wieder probiert.« Dieses Mal habe sie ihm gedroht, sagt Sofie Holst. Sie würde zur Polizei gehen, sollte er sie noch einmal anfassen.

Es wirkte – zumindest halbwegs. »Nachts lauerte er mir überall auf. Wenn ich mit dem Rad von einer Freundin kam, sprang er aus dem Dunkel und fasste mir in den Lenker.« Auf die körperliche Anstrengung, den Lenker fest zu umklammern oder sich wie damals im Waschraum von der Wand abzustützen, darauf führt die 48-Jährige ihre Fibromyalgie zurück, die sie seither quält. Manchmal tut ihr einfach alles weh. Sie hat sich mit ganzheitlicher Gesundung auseinandergesetzt, seit bei ihr gutartige Tumore festgestellt wurden. »Die Krankheiten machen einen Sinn, wenn man meine Geschichte hört und wenn man daran glaubt, dass sich der Körper Krankheiten sucht, um Schlimmes zu verarbeiten.«

Ihren Mann Georg lernte sie mit 17 Jahren kennen. Es war eher ein Zufall als beabsichtigt. »Ich hatte mich regelrecht verkrochen, ich ging nicht mehr weg«, beschreibt Sofie Holst die Situation. Ihre Mutter arrangierte bereits Treffen und Abendvergnügen für sie, »ich habe aber gelebt wie ein Hausmütterchen«. Überall lauerte Gefahr, sicher fühlte sie sich nur bei ihrer Freundin im nahen Uchenhofen.

Und auch als sie ihrem späteren Mann Vertrauen schenkte, ihm von der Vergewaltigung erzählte, reagierte er wie die anderen Freunde zuvor: nämlich gar nicht. »Geglaubt hat er mir natürlich. Aber es war niemand da, der Konsequenzen forderte.« Sie allein hätte diese nicht fordern können, noch immer wirkte die Drohung, aus dem Dorf vertrieben zu werden.»So habe ich es ruhen lassen.«

Die Ruhe hielt lange. Auch als ihre Schwester, so sagt Sofie Holst, als Kind Opfer des Sexualtäters Bernd G. wurde. Es war 1975, als ihre Schwester Sandra mit der Mutter, einigen Freunden und Bernd G. im Wald spazieren ging. Er fing die damals Zehnjährige ab, erzählt Sofie Holst, zog sie ins Gebüsch, während die anderen ahnungslos vorangingen. Das Mädchen rannte kurze Zeit später schreiend zur Mutter, erzählte aber erst wenige Tage später, was passiert war. Damals habe Bernd G. Sandra als Exhibitionist geschockt, erinnert sich die 48-Jährige.

Wäre das die Chance gewesen, weitere Übergriffe zu verhindern? Vielleicht. Doch man ging anders mit der Sache um. Der Mutter wurde der Schwarze Peter zugeschoben, sie hätte Bernd G. die Meinung sagen sollen – man hätte damals auf den Anstand gehofft. Doch es passierte nichts.»Insgesamt sind in unserer Familie sieben Frauen von sexuellen Übergriffen betroffen.« Sieben Frauen. Eine Familie. Ein Schweigen. Das wurde erst 1980 gebrochen.

Sofie Holst ist die Patentante ihrer Nichte Renate Rosenbaum. Sie gehört zu den Frauen, deren Fall im Oktober 2007 vor dem Bamberger Gericht verhandelt wurde. Renate Rosenbaum war erst sieben Jahre alt, als es nach dem Kindergartenfest 1978 geschah: Renate sollte nach Hause gefahren werden. Die Familie G. hatte den gleichen Weg. Am Steuer saß Familienvater Bernd G., der zum Kartenspielen in die Wirtschaft wollte, die Renates Familie gehört. Sofie Holst sagt:»Aber er hat sie nicht aus dem Auto gelassen, ist mit ihr in den Wald gefahren und hat sich an ihr vergangen.«»Wenn du was sagst, tue ich deinen Eltern und deinem Bruder etwas an«, drohte ihr Bernd G., und die Angst um ihre Eltern ließ auch Renate zwei Jahre lang schweigen. Dann platzte es aus ihr heraus und sie vertraute sich ihrem eineinhalb Jahre älteren Bruder an. Er ging zu den Eltern und erzählte ihnen alles. Als der Familienrat dann tagte und Renates Vater weinte, wusste immer noch niemand, dass Sofie genau mitfühlen konnte, wie es ihrem Patenkind ging. Sie hatte all das selbst schon mal erleben müssen. Sie sprachen darüber, ob sie Anzeige erstatten sollten und welche rechtlichen Konsequenzen es gab. Doch Sofies Mutter versuchte, den Schein zu wahren. »Sie hatte Mitleid mit Bernd G.s Frau Kunigunde. Die hätte doch auch drei Kinder«, erinnert sich Sofie Holst an die Worte ihrer Mutter. Da platzte ihr der Kragen. »Du setzt dich nicht für uns ein«, warf sie ihrer Mutter vor. Und dann erzählte auch Sofie von ihrer Vergewaltigung durch Willi Webert. Die Familie schwieg zunächst betroffen. Doch es war alles wie immer: »Wieder reagierte in meinem Fall niemand«, sagt sie, und in dem Moment habe sie erkannt, dass »Reden wohl keinen Wert hat«.

Ihr Schwager wollte die Anzeige, Sofies Mutter Verschonung wegen Mitleids. Es blieb bei einem Gespräch zwischen den Familien und man vertraute auf Kunigunde G.s Beteuerungen, sich darum zu kümmern, dass »nichts mehr passiere«. Geglaubt hat Sofie Holst das nie. »Als Kunigunde G. als Tagesmutter anfing, fiel ich aus allen Wolken. Ich habe sie zur Rede gestellt, das könne sie doch nicht machen.« Doch Kunigunde G. beteuerte, dass den Kindern nichts passieren würde. Ihr Mann sei doch schließlich bei der Arbeit, so erinnert sich Sofie Holst an die Worte von Kunigunde G.

Sofie Holst ist mit ihrem Wissen nicht zur Polizei gegangen. Sie glaubte, »das ginge nicht so einfach«, das Recht zur Anzeige hätten nur die Eltern. Sie zog sich zurück, hat seitdem mit kaum jemandem aus dem Dorf etwas zu tun. Sie beschäftigt sich viel mit sich selbst: »Seit der Vergewaltigung bin ich dauerkrank«, sagt sie. Das Praktikum in der Großküche konnte sie während ihrer Ausbildung zur Hauswirtschaftslehrerin nicht machen. Schmerzen quälten sie jahrelang, sie hat eine Odyssee von Arztbesuchen hinter sich. Sie begann sich mit Psychologie auseinanderzusetzen, suchte sich einen Therapeuten. Zu dem geht sie jetzt seit einigen Jahren. Zu ihrem Gesundungsprozess gehörte es 2006, dass sie zur Polizei ging. Dass sie endlich das zur Anzeige brachte, was ihr Leben so verändert hat. Seitdem geht es ihr besser. »Statt zehn Medikamenten brauche ich jetzt nur noch eines«, sagt Sofie, und auch das Asthmaspray kann sie weglassen. »Ich kriege hier wieder Luft.« Aber einen Platz in der Gemeinschaft des Dorfes will sie nicht wiederbekommen: »Ich habe mich da völlig ausgeklinkt.«

Mit ihrem Mann hat sie viele Kämpfe ausgefochten. Zwar hatte der ihr immer geglaubt, doch die Folgen der Vergewaltigung verkannte er. »Es war mir tatsächlich lange nicht bewusst, dass Sexualstraftaten so verheerende Auswirkungen haben können. Dass Opfer ihr Leben lang unter der Todesangst, der Scham, der Drohung leiden«, erzählt Georg Holst. Die Ehe litt darunter. »Wir hatten zwei Möglichkeiten: Wir scheitern, oder wir stehen es gemeinsam durch.« Georg Holst informierte sich und las Fachliteratur, um das Leben und die Reaktionen seiner Frau besser zu verstehen.

Vorher hatte er unbedarft Großbauer Webert angeheuert, mit dessen Spezialmäher das Gras hinterm Haus zu kürzen. »Ich bin stocksauer geworden«, erinnert sich Sofie Holst, »diesen Menschen will ich nicht auf meinem Grundstück haben.« Diese Gedankenlosigkeit seitens ihres Mannes führte fast zur Scheidung. »Aber mein Mann hat auch einen langen Prozess hinter sich. Jetzt versteht er, wie schlimm so etwas ist«, sagt sie heute.

Als Georg Holst neben Frank Becker und Hartmut Müller auf der Versammlung zur Planung des Dorffestes 2007 aufstand und die Forderung verlas, das Fest wegen »sexueller Übergriffe auf Frauen und Mädchen« ausfallen zu lassen, da muss sie so etwas wie Erleichterung gefühlt haben. Ein Stück öffentliche Reputation, ein Stück Vertrauen, dass ihr Mann nicht nur erkannt hatte, dass eine Vergewaltigung ein Leben zerstört, sondern dass er auch öffentlich für sie und die anderen Opfer eintrat.

Viele im Ort wollen noch immer nicht wahrhaben, dass es überhaupt Opfer gibt. »Die wollen alle nichts sehen. Anfangs dachte ich, die stehen unter Schock, als sich immer mehr Opfer aus der Deckung gewagt haben«, sagt Sofie Holst. Sie selbst dachte, dass sie mit dem andauernden Schweigen leben könnte. »Aber nicht damit, dass das Desinteresse in Hass und Ungerechtigkeiten umschlägt. Dass meine Mutter jetzt dumm angesprochen wird. Dass unser Haus bespuckt wird. Das ist unfassbar.«

Sofie Holst wird weiter in Eschenau wohnen bleiben. Es macht sie ein Stück zufrieden, dass ihre Tochter und deren Freundinnen stolz auf sie sind. »Ich wohne hier, in meinem Haus fühle ich mich sicher«, sagt Sofie Holst mit fester Stimme. Sie weiß, dass sie das Richtige getan hat.

4

»Das haben zwei Frauen angezettelt, der Rest steht eisern zusammen.«

Als eine Strafe für alle empfanden es viele in Eschenau, dass nach dem Bekanntwerden der Vorwürfe das Dorffest abgesagt wurde. Seit 20 Jahren wird es gefeiert – immer am letzten Samstag im Juni. Den bierseligen Tag und die heitere Gemeinschaft wollten sich nur wenige entgehen lassen. Empathie zeigte kaum jemand. Wenn die Frauen schon 30 Jahre geschwiegen hätten, dann könne es doch nicht so schlimm gewesen sein, dass man diesen Abend nicht auch noch zusammen verbringen könne. Das war der Tenor, der völliges Unverständnis bei den Angehörigen und Freunden der Opfer auslöste. »In Eschenau gibt es niemanden mehr, der neutral ist«, sagt Marion Schmitt[*] aus Eschenau, »hier gibt es kein Zwischendrin.« Auch nicht für sie: »Seit ich öffentlich gesagt habe, dass das mit den Frauen nicht in Ordnung war, haben wir kaum noch Kontakt zu unseren Nachbarn.« Und wenn sie auf der Straße einem Angehörigen der Beschuldigten begegne, so sei das mehr als unangenehm. »Die erschrecken richtig. Obwohl ich denen doch gar nichts getan habe«, sagt sie. Es sind Kommentare wie »Hättest du dich in dem Alter vergewaltigen lassen?« oder die lakonische Feststellung einer älteren Frau: »Meine Tochter hat auch schon mal an seinem Ding lecken müssen – und?«, die Marion Schmitts Solidarität mit den Opfern noch mehr stärkt.

Kurz nach Bekanntwerden der Vorwürfe fielen Fernsehteams in das Dorf ein. Es gab keinen auf der Straße, der nicht angehalten wurde und zu den Vorwürfen Stellung beziehen sollte. Anfangs schwiegen die wenigsten, der Tod des Großbauern entsetzte alle: »Eines weiß ich, der Tote hat sich nichts vorzuwerfen. 90 Prozent von uns glauben, dass da nichts gewesen ist!«, behauptet ein Mann in die Kamera. »Das haben zwei Frauen angezettelt, der Rest steht eisern zusammen«, das sagte Horst H. nach dem Todestag in die Mikrofone der Fernsehteams. Horst H. hat eine unglückliche und schwierige Rolle. Er ist Lektor in der evangelischen Kirche und darf dort als Laienprediger zur Gemeinde sprechen. Er kennt seine Eschenauer, er ist ein geselliger Mensch. Horst H. leitet außerdem seit Jahren den Posaunenchor, ist Mitglied im Eschenauer Schnupferclub und im Vorstand des Obst- und Gartenbauvereins sowie bei der Freiwilligen Feuerwehr. »Als das über uns hereinbrach, ging unser Ortssprecher in Urlaub«, so war er derjenige, der in Deutschlands Wohnzimmer via TV versendet wurde – mit all seiner ersten Wut, seiner ersten Überraschung, in seinem ersten Schock und Unverständnis. Horst H. erklärt: »Die Einzige, die uns half, war die Kirche. Der Bürgermeister, der hat sich hier ja auch nicht blicken lassen – also habe ich den Mund aufgemacht.« Die Eschenauer ließen ihn gerne reden, solange er sprach, konnten sie schweigen oder mussten zumindest nur zustimmend nicken. Bald war er der Einzige, der öffentlich noch etwas sagte. Die Situation war unangenehm für ihn, denn jedes Wort von ihm wurde auf die Goldwaage gelegt – von Opfern, Beschuldigten und Freunden oder Verwandten der jeweiligen Seite.

Für Horst H. war die Frage nach Tätern und Opfern zu dem Zeitpunkt noch lange nicht geklärt: »Wer ist denn hier Täter, wer ist denn hier Opfer? Ist nicht auch die Witwe ein Opfer? Was ist mit der Frau des Festgenommenen? Die muss jetzt schauen, wie sie ihr Leben meistert! Von welchen Opfern sprechen wir eigentlich? Von den alten oder von den neuen?«, fragte er in die Fernsehkameras. Er sprach für viele im Ort, als er sagte, es würden »nur alte Geschichten wieder aufgewärmt, die erst bewiesen werden müssten«, denn bisher gäbe es »nur angebliche Opfer«.

Doch spätestens seit der Sitzung vor dem Dorffest weiß Horst H., dass zumindest eine Anklage gegen seinen Nachbarn Bernd G. den Tatsachen entspricht. Er war dabei, als dessen

Ehefrau die Vorwürfe im Fall eines Mädchen zugab. Das hat Horst H. damals »umgehauen«. »Wenn ich das vorher gewusst hätte, ich wäre Amok gelaufen. Ich habe ja selbst eine Tochter.« Eine seiner ersten Reaktionen nach dieser Dorfsitzung war der Gang zu seiner Tochter. Er musste wissen, ob auch sie zu Bernd G.s Opfern zählte. Sie ist keines gewesen. Dass die Opfer von damals erst nach 30 Jahren zur Polizei gegangen sind, »das kapiert niemand von uns«, sagt Horst H. Je länger er sich mit den Missbrauchsfällen beschäftigte, desto mehr verstand er, dass eine Vergewaltigung »wohl das Erniedrigendste« ist, was einer Frau passieren könne. Dass das bestraft werden müsse, das habe er nie in Frage gestellt. Es ist die lange Zeit zwischen Tat und Anzeige, die ihm nicht einleuchtet. Er hat sich beim »Weißen Ring« erkundigt, wie sich Sexualopfer in einem solchen Fall verhalten, und dennoch versteht er es nicht: »Die Opfer hatten doch jahrelang noch gesellschaftlich mit den Tätern zu tun. Und der Mann, der sich das Leben genommen hat, war nie ein Raufbold, hat nur Spezi getrunken, selten einmal einen Schoppen Wein. Ich kann mir das beim besten Willen nicht vorstellen, dass er getan haben sollte, was man ihm vorwirft.«

H. sieht das Ansehen des Dorfes in Gefahr. »Ich wehre mich dagegen, dass man Eschenau und uns Eschenauer Männer als potentielle Gewalttäter verdammen will. Ich wehre mich dagegen, dass unser Dorf plötzlich als schmutzig dasteht, dass die ganze Dorfgemeinschaft am Pranger steht. Das haben nicht alle gewusst – nein! Einzelne schon.« So war es auch für ihn unverständlich, dass das Dorffest sofort nach Bekanntgabe der Vorwürfe abgesagt wurde. »Für mich war das ein abgekartetes Spiel, um uns Eschenauer, und zwar alle, an den Missbrauchspranger zu stellen. Mit dem Eschenauer Dorffest haben wir uns immer alle so positiv präsentiert und haben alle zusammengehalten. Wir haben immer um die tausend Tagesgäste, die Einnahmen kommen Eschenau zugute. Letztes Jahr haben wir Zelte gekauft, die kann sich jeder kostenlos ausleihen für seine

Privatfeiern. Oder wir finanzierten einen komplett neuen Dorf-
brunnen oder zahlten davon die Arbeiten am Friedhof oder richteten eine Profi-Küche im Pfarrhaus für Privatfeiern ein.«
Außenstehenden fällt es schwer, zu verstehen, wie es möglich war, dass 46 Jahre lang Mädchen missbraucht wurden,
ohne dass die Beschuldigten Konsequenzen zu fürchten hatten.
Weil niemand öffentlich darüber redete. Weil niemand zur
Polizei ging. Weil niemand sich in Sachen einmischte, die im
Verantwortungsbereich einer Familie lagen. Experten wie Dr.
Jürgen Müller-Hohagen beurteilen dieses Verhalten als fast
klassisch für Missbrauchsfälle. Müller-Hohagen ist Diplom-
Psychologe, Psychotherapeut und leitet die Evangelische Erzie-
hungs- und Familienberatungsstelle München Nord. Der
61-Jährige lebt seit 1982 in Dachau. Wie ein Ort stigmatisiert
wird, erlebte er dort. Wer ›Dachau‹ hört, denkt an Konzentra-
tionslager. Jetzt fürchten viele Eschenauer, dass jeder, der
›Eschenau‹ hört, an sexuellen Missbrauch denkt. Müller-
Hohagen hat sich mit den Auswirkungen der Nazizeit auf die
Nachkommen der Täter auseinandergesetzt und sagt:»Die
meisten Menschen von heute stammen von ehemaligen Volks-
genossen ab und stehen in konkreten familiären Zusammen-
hängen von Täterschaft, Tatbeteiligung, Wegschauen und
Schuld.« Wegschauen und Schuld, Müller-Hohagens Analyse
kann natürlich nicht direkt auf Eschenau übertragen werden,
aber es sei die Frage erlaubt, wer wegschaut in Eschenau und
wer sich damit schuldig macht. Wie kann es sein, dass diese
Missbrauchsfälle vielleicht tatsächlich nicht gesehen wurden?
Welche psychologischen Handlungsmuster stecken möglicherweise dahinter? Müller-Hohagen kennt Eschenau und die Hintergründe der Ereignisse aus Zeitungsberichten. Er erklärt:
»Es beginnt beim Bild der Familie. Sie wird vom Staat geför-
dert, von der Gesellschaft verzärtelt und von der Kirche gehei-
ligt – einer Familie aus Vater, Mutter, Kind haftet ein fast
reines Image an. Die Familie selbst ist ein abgeschlossener
Bereich. Im Dorf ist dieses Bild einer klassischen Familien-

struktur noch stimmig, wohingegen in Städten viele Patchworkfamilien und Alleinerziehende leben.« In den klassischen Familienverband mischt man sich in der Regel nicht ein. Müller-Hohagen erklärt das anhand eines Beispiels: »Angenommen, eine Erzieherin in einer Kindertagesstätte gibt einem Kind einen Klaps auf den Po – den Aufschrei der Mütter und Väter kann ich jetzt beinahe schon hören. Rutscht jedoch dem Vater beim eigenen Kind die Hand aus, wird es vielleicht massiv durch die Mutter verprügelt, so werden Sie sehr schwer jemanden finden, der sich kritisch gegenüber dem Vater oder der Mutter äußert.« Die Verhältnismäßigkeit der Kritik versagt dann oft.

Auch in Eschenau hat es Mitwisser gegeben und wohl viele, die eine Ahnung hatten, die Gerüchte aufschnappten, die den einen oder anderen Hinweis hätten ernst nehmen müssen. Es ist 46 Jahre lang nichts geschehen. Selbst eine Opferfamilie versuchte, die Übergriffe intern zu klären. Die Scham, dass der eigenen Tochter so etwas »Schmutziges« passiert ist, kommt hier noch dazu. Oft ist die Angst vor dem vermeintlichen Makel größer als die Sorge um das Kind. Eine staatliche Stelle wurde nie eingeschaltet. Selbst als es Hinweise gab, dass der Missbrauch fortgesetzt wurde, handelte niemand – kein früheres Opfer, kein Nachbar, kein Mitwisser. Die Hinweise dringen nicht aus dem Dorf hinaus. So erfuhr beispielsweise Heidi Marks erst ein Jahr später, dass Sofie Holst Anzeige erstattet hatte. Vielleicht hätte sie, wenn sie gewusst hätte, dass sie nicht das einzige Opfer ist, früher entschieden, auch zur Polizei zu gehen. Müller-Hohagen weiß aus seiner Erfahrung, dass es dennoch oft Außenstehende sind, die als Erste handeln und mit einer Anzeige dem sexuellen Missbrauch ein Ende setzen. »Aber erst, wenn sie den Handlungsbedarf auch wirklich sehen. Das dauert sehr lange, denn selbst wenn man von Vorfällen gehört hat, so vertraut der Außenstehende doch darauf, dass das dann auch wieder vorbeigeht. Viele glauben, kein Recht zu haben, zu wissen, was in Familien vorgeht«, sagt er. Ist es Feigheit? Müller-Hohagen überlegt lange und antwortet dann: »Feigheit wäre eine Anklage, aber es erfordert natürlich Mut, den sexuellen Missbrauch eines Kindes anzuzeigen, und dieses Erkennen ist schon ein großer Schritt. Bis dahin müssen wir uns fragen: Warum sehen wir es nicht schon viel früher?« Dafür gibt es viele Gründe, meint er. Die Menschen schauten nicht hin, weil sie »mit ihrem Leben genug zu tun« hätten und weil sie befürchten, dass, wenn sie etwas sehen, dies gleich Ärger bedeutet. Also sehen sie lieber weg. Hinzu kommt, dass viele Täter angesehene Leute sind. Titel schützen vor Verdacht – ein Doktor, Ingenieur, Bürgermeister, Schöffe, Feuerwehrkommandant, der macht doch so etwas nicht. »Die durch ihre Arbeit oder Titel positiv besetzten Persönlichkeiten werden nicht in Frage gestellt«, sagt Müller-Hohagen, »die Angst vor Autoritäten ist größer, als man denkt.« Und sei es vor dem mächtigsten Bauern im Ort, auf dessen Mähdrescher man angewiesen ist. »Es ist verblüffend«, erklärt der Psychologe, »wie wenige Menschen es gibt, die sich allein vor ihrem Chef trauen zu sagen: bis hierhin und nicht weiter.« Über die Gründe dieses ängstlichen Verhaltens kann Müller-Hohagen nur spekulieren: »Allein die deutsche Geschichte ist schon sehr autoritätsfixiert – vielleicht ist es auch nur einfaches Rudelverhalten.«

Er wird bei der Begründung des Schweigens aber auch konkret: Ein schwerwiegender Grund, warum lange geschwiegen wird, ist die Gruppendynamik. Jeder Mensch ist eingebunden in eine soziale Gruppe: den Freundeskreis, die Kollegen, die Familie, die Dorfgemeinschaft. »Die Angst, da rauszufallen, ist immens groß«, weiß Müller-Hohagen, »das ist im Dorf noch schlimmer als in der Großstadt.« Im Dorf ist der Mikrokosmos sehr eng. Man wird hier viel mehr gesehen, man hat ein Ansehen, das es zu verteidigen gibt, eine Stellung innerhalb der Gemeinschaft, die man nicht verlieren möchte, und »wer da rausfällt, den trifft es ganz besonders hart«.

Nicht zu vergessen ist die Prüderie – das Tabuthema Sexualität. »Die Rolle der Kirche mit all ihrer Doppelbödigkeit und ihrer starken Kontrolle – im Dorf potenziert sich das noch«, sagt Müller-Hohagen. Außerdem ist zu bedenken, dass sich die Situation für Zugezogene noch verschärft. Selbst wenn die Eltern von Kindesbeinen an im Dorf wohnen, gehören sie wohl erst dazu, wenn sie in x-ter Generation die Felder bestellt haben. »Das spüren deren Kinder bereits – sie sind die Kinder der ›Neuen‹, und das macht es für sie besonders schwer.« So konnten die Drohungen des Täters tief wurzeln: Wenn du nicht schweigst, wenn du nicht tust, was ich dir sage, wenn du nicht stillhältst – dann sorge ich dafür, dass deine Eltern vertrieben werden. Müller-Hohagens Resümee ist: »Und was tun Kinder nicht alles, um zu einer Gruppe dazuzugehören.« Sie lassen sich manchmal schlagen, erpressen, foltern oder missbrauchen, Hauptsache, sie gehören dazu und fallen nicht aus dem sozialen Gefüge.

In Eschenau gab es aber auch Mütter und Ehefrauen, die vom sexuellen Missbrauch wussten. Warum versuchten sie nicht, ihre Kinder oder die der anderen Eltern zu schützen? Warum haben sie geschwiegen, sie waren doch für die Kinder die wichtigsten Personen in ihrer kleinen Welt und für ihren Schutz zuständig? Müller-Hohagen weiß, dass viele Mütter in ihrer Kindheit oder Jugend selbst Opfer von Missbrauch geworden sind: »Wer vergewaltigt wurde und früher schon nicht ›Nein‹ sagen konnte, der kann es jetzt auch nicht.« In seiner langen Tätigkeit als Psychotherapeut hat er immer wieder erlebt, dass sich Frauen explizit einen männlichen Therapeuten suchten. »Diese Frauen haben Probleme damit, sich einer weiblichen Fachkraft anzuvertrauen – denn in ihrer Jugend haben sie keinen Schutz von der Mutter erfahren, sind vielleicht sogar noch von ihr als Lügnerin hingestellt worden.«

Das Schweigen der Mütter ist für viele seiner Patientinnen oft das noch größere Problem gewesen als der eigentliche Missbrauch. Denn, so Müller-Hohagen, »wo eigentlich Schutz sein müsste, ist keiner – diese Verletzung geht durch und durch, sie ist unbegreifbar und durchdringt alles«. Damit ist er wieder beim Familienbild: »Das Kind ist hilflos – außer der Mutter und dem Vater gelangt niemand von außen so tief in die Familie, dass ihm geholfen werden könnte.« Später dann, in der Schule, haben sich die Grenzen aufgelöst, hier sind es oft vertrauenswürdige Pädagogen, denen gegenüber sich die Kinder öffnen.

Wenn die Vorwürfe auf dem Tisch sind, steht die familiäre Welt kopf und meistens auch das Umfeld – wie in Eschenau. Dass dann Opfer zu Tätern gemacht werden, ist bilderbuchmäßig für den Experten: »Es ist ganz selten der Fall, dass jemand sagt: Jawohl, ich bin Täter – der Täter stellt sich sehr oft als Opfer dar. Ein Opfer der Umstände beispielsweise. Oder: Das Kind hat mich verführt, hat das mit Absicht gemacht.«

Wie recht Müller-Hohagen damit hat, bewahrheitete sich spätestens im Gerichtsprozess: Bernd G. sprach davon, dass das Kind Heidi ihn »rumgekriegt« hätte. Nicht nur dem Täter fehlt das nötige Einfühlungsvermögen, die Empathie geht auch vielen Außenstehenden verloren. »Es wird nicht nachgefühlt, welche Qual die vergangenen Jahrzehnte für diese Frauen gewesen sein müssen.« Wer jetzt behauptet, es könne ja nicht so schlimm gewesen sein, wenn die Frauen so lange geschwiegen hätten, dem entgegnet Müller-Hohagen: »Das Gegenteil ist der Fall. Gerade bei massiven sexuellen Übergriffen können die Opfer nicht reden.« Und dass die Opfer die Täter kannten, mache es noch schlimmer: »Wäre der Täter beispielsweise ein Fremder, ein Unbekannter, der auf dem Spielplatz gelauert hätte, kann der Missbrauch mit Hilfe von Fachleuten relativ folgenlos bleiben – solange die Kinder Schutz bei ihren Eltern finden. Furchtbar wird es, wenn dieser Schutz nicht da ist. Wenn man sich öffnet, wenn man darüber spricht und nichts passiert.« Wie im Fall von Sofie Holst, auf deren Hinweise jahrelang niemand adäquat reagierte. »So etwas hat tiefgehende Folgen«, sagt Müller-Hohagen, und dass die Tat erst dann angezeigt wird, wenn sie bereits als verjährt gilt, »ist ein Indiz für die Heftigkeit«.

5

»Der sollt' man doch gleich eine auf die Gosch'n hauen.«

Für Heidi Marks blieb der Mann, der ihr Leben so einschneidend veränderte, immer ein Schatten. Er war »der Mann, der mich mitnahm«, das Phantom, das sich auch in ihrer Erinnerung nie so recht zu einem schlüssigen Bild zusammensetzen ließ. Besuchte sie Eschenau, ging sie ihm aus dem Weg. Trotzdem blieb er der Mann, der immer Macht über sie hatte. Im Sommer 2007 kehrten sich die Verhältnisse um. Aus dem Opfer Heidi Marks wurde die selbstbewusste Zeugin, für andere Opfer wurde sie zur privaten Heldin, denn erst ihr Mut zur Aussage ermöglichte es den anderen, auch endlich über das zu sprechen, was ihnen angetan wurde.

Für Heidi Marks war es das erste Mal seit Jahrzehnten, dass sie Bernd G. im Prozess wiedersah. Es war ihr dringlichster Wunsch, »ihm einmal in die Augen zu sehen. Deutlich zu machen, dass er jetzt keine Macht mehr über mich hat«. Die Prozessbeobachter, die schon in den frühen Morgenstunden vor dem Bamberger Oberlandesgericht auf die Ausgabe der Platzkarten warteten, hatten unterschiedlichste Gründe für ihr Interesse am Prozess: Aus Eschenau hatte sich ein Kleinbus schon in der Dunkelheit in Bewegung gesetzt, ungefähr ein Drittel der Zuhörer kam aus dem unterfränkischen Dorf. Auch Horst H. war unter ihnen. Er stellte selbst auf den Gerichtsfluren noch klar, wen er unterstützt: »Natürlich halte ich zum Täter«, sagte er in die Kamera von Sat1, »er soll bestraft, aber nicht gerichtet werden.« Horst H. hatte mittlerweile mehr als 80 Zeitungsberichte über den »Fall Eschenau« aus regionalen und überregionalen Medien gesammelt. »Es scheint, als ob ein ganzes Dorf auf der Anklagebank sitzt«, sagte er. Die meisten anderen hielten sich mit Äußerungen zurück.

Die Situation auf dem Flur glich der in einem Kriminalprozess, in dem Schwerverbrecher angeklagt sind: Polizisten kontrollierten Jacken und Taschen, ein Metalldetektor wie auf Flughäfen sollte verborgene Waffen entdecken, bis auf die Schuhe wurden die Besucher durchsucht. Die Stimmung war gedrückt. Die Angehörigen der Opfer bildeten Grüppchen, die Gesichter waren bleich und angespannt. Wer von diesen Familien nicht von den Kamerateams und den zahllosen Pressefotografen auf dem Gang abgelichtet werden wollte, hielt sich etwas vor das Gesicht. Familienmitglieder und Freunde des Täters standen auf der anderen Seite. Auch sie bleich und angespannt. Kunigunde G. fehlte. Sie sagte später in einem Interview mit dem *Haßfurter Tagblatt*: »Ich habe nicht gewusst, ob ich das durchstehe, aber ich habe in Erwägung gezogen, unter Ausschluss der Öffentlichkeit auszusagen.« Die Justiz hätte ihr dann aber zu verstehen gegeben, dass ihre Anwesenheit nicht notwendig sei. »Vielleicht hätte ich doch besser aussagen sollen«, sinnierte sie.

Auch Werner Schneider, der Bürgermeister von Knetzgau und somit auch politischer Vertreter der Eschenauer, war gekommen. Er wusste, dass jetzt Neutralität von ihm verlangt wurde. Es war eine schwierige Situation für Schneider, er wurde oft angesprochen. Partei ergreifen wollte er nicht, so flüchtete er sich in oberflächliche Kommentare: »Lieber ein schlechtes Wirtshaus als ein gutes Gericht«, zitierte Horst H. lachend später das, was der Bürgermeister in einer Verhandlungspause gesagt haben soll. Derweil drängten sich Fotoreporter an einem Fenster eng zusammen. Vom ersten Stock aus erhofften sie sich das beste, in jedem Fall das erste und vielleicht auch das einzig mögliche Foto von dem Mann, der bald unten im Hof aus einem Polizeibus steigen und die gefesselten Hände schützend vor sein Gesicht halten würde. Obwohl so viel bereits über Eschenau geschrieben wurde, blieb er bis zum

Prozesstag ein Phantom. Es gab bis dahin kein Foto von ihm und kaum Aussagen über ihn. Wenn, dann beschränkten sie sich auf seine Unauffälligkeit: Er sei einer, den man leicht übersehen könnte. Auch im Prozess bekam man kein konkretes Bild von Bernd G. Er blieb nicht fassbar, nicht greifbar. Erst als die Kameraleute und Fotografen den Gerichtssaal verlassen hatten, wurde er hereingeführt. Der Mann, der zu Beginn der Ermittlungen im Mai versucht hatte, sich das Leben zu nehmen, blickte starr zu Boden. Im Saal war es ganz still – kein Husten, kein Tuscheln, kein Stühlerücken –, als der unscheinbare alte Mann mit schütterem Haar und Goldrandbrille in Handschellen an den Platz neben seinem Verteidiger Dr. Jörg Händler geführt wurde. Erst als er mit dem Rücken zum Zuschauerraum saß und ihm die Fesseln abgenommen wurden, hob er seinen Kopf an. Besondere Kennzeichen: keine. Wer als Schaulustiger zum Prozess gekommen war, musste enttäuscht gewesen sein. Das war kein Monster, dort saß ein alter Mann mit grauem Strubbelbart und preiswerter, ordentlicher Kleidung. Ein normaler Typ, ein unaufdringlicher Nachbar.

Auch im Prozess wurde wenig über den Mann bekannt, der von Richter Konrad Dengler befragt wurde. »1947 in Eschenau geboren«, las der Richter aus den Akten vor, »verheiratet …« »Geschieden«, berichtigte Bernd G. Eine Neuigkeit, nicht nur für den Richter. Seine Frau hatte die Scheidung eingereicht, die bereits nach diesen wenigen Monaten rechtskräftig war. Auch das Haus in Eschenau, das seine Eltern einst erbaut hatten, und der Weinberg von 20 Ar, dessen Erträge die Familie zu Wein veredelt verkaufte, gehörte ihm nicht mehr – er hatte beides seiner Frau überschrieben. Horst H., Nachbar der Familie, kommentierte diese Überraschung später, als sei es ein geschickter Schachzug von ihm gewesen: »Eine kleine Überraschung musste ja bleiben!«

Bernd G. musste die Eckdaten seines Lebens erzählen. Dass er in Eschenau aufwuchs, dort auch zur Schule ging und nach acht Klassen – den qualifizierten Hauptschulabschluss gab es damals noch nicht – die Abschlussprüfung für die Handelsschule nicht schaffte. Nach einer Lehre war er als kaufmännischer Angestellter im Großhandel tätig, vor allem im Lager. Abgesehen von der Bundeswehrzeit in Laupheim lebte er immer in Eschenau. Nach der Bundeswehr lernte er 1969 seine Frau kennen, 1970 wurde geheiratet. Auch wenn es vor der Ehe feste Verbindungen zu anderen Mädchen gab, auf Nachfrage des Richters sagte er, den ersten Sex habe er mit seiner Frau gehabt.

Drei Kinder gingen aus der Ehe hervor, drei Söhne. Die Schulden am Haus habe er, der 1900 Euro brutto verdiente, so lange abbezahlt, wie er verheiratet gewesen sei: »Ich habe ein Leben lang für die Familie gelebt und immer etwas angebaut.« Auf die Frage des Richters, wie er sich denn in die Gemeinschaft Eschenau eingefügt habe, antwortete G.: »Seit dem Fall Renate habe ich mich zurückgezogen. Wenn Hilfe nötig war, habe ich immer geholfen, das war kein Thema.«

Seine Hände zitterten ein wenig, er hielt sich an der Anklageschrift fest, die Staatsanwalt Lukas Knorr verlas. Er musste sich wegen der versuchten Vergewaltigung in zwei Fällen und des sexuellen Missbrauchs eines Kindes in zwei Fällen verantworten.

Die Fälle:

Renate Rosenbaum ist zur Zeit des Prozesses 36 Jahre alt. Sie soll er im Sommer 1978 nach einem Kindergartenfest nicht nach Hause, sondern in den Wald gefahren haben. Er sei, so der Staatsanwalt, nach hinten zu der damals Siebenjährigen geklettert, habe sie mit der Drohung, ihren Eltern und ihrem Bruder etwas anzutun, gezwungen, ihre Unterhose auszuziehen. Dann habe er sich selbst entblößt, an ihrem Geschlecht und an seinem Glied manipuliert. Er habe auch versucht einzudringen – Renate habe »erhebliche Schmerzen« erlitten und mit Händen und Füßen versucht, den Mann abzuwehren. Der habe ihr den Mund zugehalten, als sie schrie, und erst von ihr abgelassen, als er ein Auto nahen hörte und befürchten musste, entdeckt zu werden.

Um den Jahreswechsel 1978 zu 1979 versuchte es G. laut Anklage noch einmal. Er habe sie in ein Gartenhäuschen auf seinem Grundstück gezogen, es verriegelt und sich erneut entblößt und ihr die Hose heruntergezogen. Das Kind wehrte sich mit solcher Kraft, dass es flüchten konnte.

Aus dieser Straftat, die G. als »Fall Renate« bezeichnet, resultierte die einzige Konsequenz, die er bis zum Prozess jemals zu spüren bekam: Als Renate Rosenbaums Eltern 1980 vom sexuellen Missbrauch ihrer Tochter nach dem Kindergartenfest erfuhren und Kunigunde G. zur Rede stellten. Der Fall, den die Ehefrau bei der Vorbereitung zum Dorffest 2007 öffentlich zugab.

Zu den Tatvorwürfen wollte sich G. äußern, jedoch nur unter Ausschluss der Öffentlichkeit. »Mein Mandant«, führte sein Pflichtverteidiger an, »glaubt, dass die Prozessberichterstattung bis in die Justizvollzugsanstalt dringen wird – dadurch befürchtet mein Mandant Nachteile.« Damit hat er wohl recht. In deutschen Gefängnissen stehen Sexualverbrecher, insbesondere Männer, die sich an Kindern vergangen haben, in der Hackordnung an unterster Stelle. Der Richter stimmte dem Antrag zu.

Auch Renate Rosenbaum wurde unter Ausschluss der Öffentlichkeit vernommen. Für sie war der Auftritt vor Gericht sicherlich der schwerste Schritt, den sie bis dahin in ihrem Leben gemacht hatte. Ohne Zuschauer im Rücken sagte sie aus. »Es war so furchtbar«, erinnert sie sich später. So schwer sei es gewesen, in direkter Nähe zu diesem Mann zu sitzen, vor dem sie ein Leben lang geflohen war, »das war das Schlimmste«. Und auch das Gefühl zu haben, man müsse sich rechtfertigen. Renate Rosenbaum brach im Zeugenstand zusammen. Gemeinsam mit ihrem Mann, der vom Ausschluss der Öffentlichkeit ausgenommen wurde, schaffte sie es dennoch. Herbert Rosenbaum* erzählt später: »Ich bin nach

vorne, habe mich neben sie gesetzt, habe ihre Hand gehalten.«
Zusammen standen sie die Befragung, in der sich Renate
Rosenbaum an alle Details erinnern musste, durch.

Auch Helmut Will, der Polizeihauptkommissar aus Ebern,
der sich im »Weißen Ring« engagiert, steht an Renate Rosenbaums Seite. Er ist, seitdem sie Anzeige erstattet hat, ihr An-
sprechpartner. Als das Publikum den Saal wieder betreten
durfte, saß eine verweinte Renate Rosenbaum vor dem Richter. Durch das Hereinströmen der Zuschauer und ihr Stühlerücken ging fast unter, dass sich der Täter entschuldigte.
Allerdings erst auf einen deutlichen Anstoß des Richters hin,
ob er sich denn im Laufe der Jahre mal eine Entschuldigung
überlegt hätte. Da erst begriff Bernd G. den Hinweis: »Ich
möchte mich entschuldigen. Es tut mir leid, dass ich ihr so
wehgetan habe. Es war mir nicht klar, was ich ihr angetan
habe.«

Im Laufe des Prozesses wurde deutlich, dass es eine Entschuldigung mit Einschränkungen war, denn Bernd G. gab nur
zu, Renate Rosenbaum als Siebenjährige nach dem Kindergartenfest angefasst zu haben. Den Versuch einer Vergewaltigung
stritt er ab, und der zweite Fall im Gartenhäuschen hätte nicht
so stattgefunden, wie die heute 36-Jährige sich erinnern
würde. Nichts hätte er mit ihr im Sinn gehabt, außerdem hätte
das Gartenhaus gar keine Tür gehabt, die er hätte verschließen
können. Für das Opfer muss es eine Entschuldigung zweiter
Klasse sein. Wie viel Wert hat sie dann noch für Renate Rosenbaum?

Nachdem Renate Rosenbaum ihre Aussage gemacht hatte,
wirkte sie nach außen hin stark genug, um wenige Meter
neben Bernd G. Platz zu nehmen und zuzuhören, wie sich ihre
Mutter Gisela an die Zeit damals erinnerte. »Aber es war für
mich die Hölle«, erinnert sie sich später.

Gisela Dresen, 1952 geboren, ist eine Institution in Eschenau. Sie führt mit ihrem Ehemann die einzige Gastwirtschaft.
1980 hat sie von Renate erfahren, was passiert ist, aber »Ein-

zelheiten kenne ich nicht«, sagt sie. So wusste sie von der Fahrt in den Wald, dass er ihr im Auto den Schlüpfer heruntergezogen und ihr gedroht hat. Und dass ihre Tochter noch 1980 von den schrecklichen Unterleibsschmerzen erzählte, die sie damals verspürt hatte. »Wir sind dann zuerst zum Hausarzt und dann zum Frauenarzt.« Für Renate muss der Arztbesuch ein ähnlich schockierendes Erlebnis wie die Sexualtat selbst gewesen sein, denn dieser Frauenarzt traumatisierte das Opfer zusätzlich. Er soll gefragt haben, ob dem Mädchen nicht doch gefallen habe, was ihr angetan worden sei. Zeugen dafür hat Renate nicht, die Mutter wurde von der Untersuchung ausgeschlossen, sie musste draußen warten. »Heute«, sagte die Mutter aus, »würde ich mir das nicht mehr gefallen lassen. Das war so schrecklich für sie, sie war so alleine.«

Wie sich denn die Tochter seit der Tat verändert hätte, fragte Richter Dengler sie dann. Renate Rosenbaum, eine bildhübsche, kräftige junge Frau mit feinem Gesicht und dunklen, langen Locken, saß nur wenige Meter von ihrer Mutter entfernt. Immer wieder zupfte sie ihre Jacke und das T-Shirt zurecht. Sie war nervös. Würde nun doch alles öffentlich ausgebreitet werden? »Dick ist sie geworden. Die Renate hat sich völlig verändert, hat sich verschlossen. Sie hat ins Bett gemacht, sie ist in der Schule schlecht geworden. Ich bin nicht mehr mit ihr klargekommen«, erklärte Gisela Dresen. Ihre Tochter hörte zu und weinte.

Als Renate ihrer Mutter von dem Missbrauch erzählte, traf diese sich mit Bernd G.s Ehefrau. »Wir haben besprochen, was vorgefallen ist. Sie sagte, sie legt's in unsere Hände.« Und sie hätte weiter gesagt, dass mit einer Anzeige gegen ihren Mann auch ihre Familie »kaputt« sei. »Wir haben uns geeinigt«, sagte Renates Mutter vor Gericht. »Er versprach, er geht zum Psychiater und es gibt keine Anzeige.« Der Richter hakte noch mal nach: »Dachten Sie, es sei für alle das Beste?« Gisela Dresens Antwort war: »Wir hatten auch Angst, ob unser Kind das durchsteht.«

Tatsächlich besuchte Bernd G. eine Therapie. Den Beleg dazu gibt es heute noch, seine Ehefrau hat ihn fast 30 Jahre lang aufbewahrt. Die Therapeutin bescheinigte laut G.s Rechtsanwalt Dr. Jörg Händler, dass er nach zweimaligem Besuch nicht mehr kommen müsste.

Ihrer Tochter half das nichts, »sie war nicht mehr die kleine Renate, sie war ständig auf der Flucht, die Angst vor ihm blieb, bis heute«. Sie als Mutter sei »hysterisch« geworden, sagte sie aus, »wenn ich mit meinen Enkelkindern an seinem Haus vorbeigefahren bin, habe ich immer gesagt: Hier wohnt der böse Mann, geht nicht in die Straße. Ich erzählte es auch den Müttern, die kleine Kinder hatten.«

Renates Vater Anton Dresen*, 1942 geboren, erinnerte sich vor Gericht, wie Frau Kunigunde G. zu ihm sagte, es würde nicht mehr vorkommen. Ob er denn nicht mal von Mann zu Mann mit dem Angeklagten gesprochen hätte, wollte der Richter wissen. Nein, ein solches Gespräch hätte nicht stattgefunden. Weitere Konsequenzen, außer einem Kneipenverbot, hätte es nicht gegeben. Doch lange hielt das Verbot nicht, erinnert sich Renate Rosenbaum in einem späteren Gespräch, er saß relativ schnell wieder in der Kneipe. »Mein Bruder hätte ihn gerne rausgeworfen«, sagt sie. Doch ihre Mutter wollte das nicht vor all den anderen Eschenauern tun. So war Renate Rosenbaum immer wieder der Nähe des Mannes ausgesetzt, der sie missbraucht hatte.

Später beobachtete eine Journalistin der Nürnberger Nachrichten, wie sich in einer Prozesspause Vater und Tochter in den Armen lagen. »Ein Moment der Zweisamkeit mitten im Gewusel von Journalisten, Juristen und Zuhörern. Das Gesicht des Vaters ist vom Weinen gezeichnet. Es ist, als würde der Eschenauer Dorfwirt erst jetzt durch diesen Prozess verstehen, wie sehr seine Tochter all die Jahre leiden musste.«

Noch im Gerichtssaal wurde deutlich, dass die verhandelten vier Fälle nicht die einzigen gewesen sein müssen, für die Bernd G. zur Rechenschaft gezogen werden könnte. Die Kripobeamtin, die den Fall bearbeitete, sprach von »acht Personen«, die sich im Laufe der Ermittlungen an sie gewendet hätten. Außerdem wurde noch im Prozess ein weiterer, möglicher Missbrauchsfall angedeutet. Renate Rosenbaums Tante Ingrid, die im Zeugenstand etwas über das veränderte Verhalten von Renate berichten sollte, bekannte, dass sie sich erst im Zuge der Ermittlungen wieder an den Vorfall erinnern könnte, von dem ihre Schwester Sofie Holst bereits berichtet hatte: »Ich war zehn oder elf, es kommt jetzt erst hoch. Wir waren Pilze suchen. Ich weiß, dass ich irgendwie gebückt war – ich sah Schuhe vor mir.« Als sie hochschaute, »stand er vor mir und hat sich befriedigt. Es kommt erst stückweise hoch. Ich sehe nur, dass er vor mir steht mit entblößtem Glied.«

Zur Anklage kam auch der Fall Andrea Z. Die heute 20-Jährige war etwa sieben Jahre alt, als sie sich bei einem Grillfest zu Hause, zu dem auch das Ehepaar G. eingeladen war, auf den Schoß des Angeklagten setzte. Unter einer Decke habe er dann ihre Genitalien angefasst. Das Kind sei derart überrascht gewesen, dass es diese Handlungen minutenlang über sich ergehen ließ.

Wie unterschiedlich Opfer sexuellen Missbrauch verarbeiten können, demonstrierte der Auftritt dieser Zeugin. Andrea Z. vermittelte im Gericht den Eindruck einer selbstbewussten jungen Frau. »Damals hat mich das sehr belastet, in den Jahren danach habe ich es verdrängt. Erst jetzt, im Laufe der Ermittlungen, wurde mir klar, dass das ja auch mich betrifft.« Anhand ihres Falles wurde deutlich, wie schwierig die Ermittlungen der Polizei waren und weiterhin sind, denn die Zeitangaben der Opfer waren teils sehr ungenau. Andrea Z. glaubte, dass sie zwischen sieben und zehn Jahre alt war, als ihre Eltern das Ehepaar zu einem Grillfest in den heimischen Garten eingeladen hatten. Die G.s kannte das Kind Andrea schon ewig. »Ich war oft dort spielen, es war eine Vertrautheit da. Es war dunkel, es wurde kalt, ich saß auf seinem Schoß. Seine Frau saß neben uns, meine Eltern uns gegenüber«, beschrieb sie die

Situation. Bernd G. hatte keine Angst vor Entdeckung: »Wir hatten eine Decke über den Beinen liegen, er fing an, mich zu streicheln – über der Bekleidung, unter der Decke«, flüssig, ohne zu stocken, erzählte sie von dem Abend. Es dauerte ein paar Minuten, sagte sie, »ich konnte mich nicht dazu durchringen, aufzustehen, dazu hatte ich erst später den Mut. Ich war perplex und wusste nicht, wie ich mich verhalten soll. Als Kind rechnet man mit so etwas nicht, das war ein innerlicher Schock, der mich dazu brachte, nichts zu tun.«

Bernd G. hingegen bestritt diese Aussage, da sei nichts mehr gewesen als ein Warmrubbeln, und zwar am Oberkörper. Wenn da eine derartige Berührung gewesen sein sollte, dann könnte die nur zufällig passiert sein. Andrea Z. entgegnete dem Angeklagten: »Ich verstehe nicht, wie er das so sehen kann.« Auch dieses Kind fand damals nicht den Mut, den Eltern davon zu berichten, es vertraute sich nur seiner besten Freundin an. Die Mutter erfuhr erst im Mai 2007 davon, als die Vorwürfe bereits im Dorf erzählt wurden. »Da«, erinnerte sich die Mutter, »hat sie es mir erzählt.«

Auch Charlotte*, 13 Jahre, hat lange geschwiegen. Sie ist die Tochter eines Akademikerpaares, das vor zehn Jahren nach Eschenau zog. Ihre Eltern fallen ein wenig aus dem dörflichen Gefüge. Es scheint, dass sie durch den Titel des Vaters und den Beruf der Mutter eine Sonderstellung haben. Für viele mag es wie eine Auszeichnung sein, diese Fremden als Freunde zu haben. Sie waren Neulinge, mit denen man sich schmückt. Die Familie wurde integriert im Gegensatz zu den zugezogenen Eltern der anderen Opfer, die immer mit dem Makel leben mussten, keine Bauern zu sein und deshalb auch nicht dazuzugehören. Auch den G.s, da war sich Andreas Schramek, Rechtsanwalt von Charlotte, in seinem Plädoyer sicher, schmeichelte die Bekanntschaft. Kunigunde G. betreute Charlotte als Tagesmutter. Die Eltern, die beruflich sehr eingespannt waren, waren glücklich, eine Frau im Dorf zu haben, »der wir rückhaltlos vertrauten«, so sagten sie im Prozess aus.

195

Die Mutter erklärte weiter:»Kunigunde G. war eine der Ersten im Dorf, die Kontakt zu uns aufgenommen hatten.«Das empfand sie als»rührend, unsere Kinder – ein Junge und ein Mädchen – sollten zu ihr runterkommen. Wir wurden offen und freundlich aufgenommen, so, wie man sich das wünscht, wenn man irgendwo neu ist.«Die Entscheidung, aufs Land zu ziehen, war eine bewusste Entscheidung des Ehepaares. Umso glücklicher waren sie, dass sie so gut aufgenommen wurden.

Zum Jahreswechsel 2006/2007 war die Familie aufgrund der Berufstätigkeit des Vaters im Ausland.»Als wir zurückkamen«, erinnerte sich der heute 50-Jährige,»haben wir von den schrecklichen Gerüchten gehört.«»Nicht im Traum« hätten sie daran gedacht, dass auch ihre Charlotte Opfer gewesen sein könnte. Doch die nicht verstummenden Vorwürfe nahm das Paar so ernst, dass es sich mit seinen Kindern zusammensetzte und sie direkt nach entsprechenden Erfahrungen befragte.»Unser Junge stand gleich auf, tat das Ganze mit einer Handbewegung ab, da sei nichts gewesen. Charlotte aber saß wie versteinert da.« Dann sprach das Mädchen. Es sei im Herbst 2005 geschehen, wie so oft sei sie bei den G.s gewesen. Sie habe mit dem Bernd im Wohnzimmer auf der Couch gesessen und sich mit ihm zusammen den neuen»Harry Potter« auf DVD angeschaut. Dabei habe er ihr mit der Hand in die Hose gefasst. Er habe sich nur kurz stören lassen, als plötzlich andere Kinder ins Wohnzimmer liefen. Nicht einmal die Anwesenheit seiner Frau, die sich im Nebenzimmer befand, habe ihn davon abgehalten, als sie wieder alleine im Wohnzimmer waren, ihr die Hose mit den Worten»Ja, die Hosen sind zu eng« zu öffnen und weiterzumachen. Zehn Minuten, sagte das Kind, hätte es gedauert.

Obwohl Bernd G. diesen Fall zugab, dauerte es, bis er auch die Dimension gestand. Bei den ersten Vernehmungen sagte er noch, es habe höchstens eine Minute gedauert. Rechtsanwalt Schramek ging in seinem Plädoyer darauf ein:»Wenigstens sagt er heute, er wisse es nicht mehr. Mag er sich vielleicht vorstellen, was solche zehn Minuten im Leben eines Mädchens bedeuten? ›Zugunsten für den Angeklagten‹ – Herr G., diesen Satz bringe ich bei Ihnen nicht über die Lippen. Was strafmildernd wirkt, ist Ihr Geständnis und dass Sie bisher nicht vorbestraft sind. Aber die Straftaten ziehen sich durch Ihr ganzes Leben. Sie sagen heute, Sie hätten auf einem Pulverfass gesessen in der Angst, entdeckt zu werden – und dann besitzen Sie die Schamlosigkeit, dem Kind in den Schritt zu fassen. Sie genossen das blinde Vertrauen der Eltern – und handelten frech und skrupellos.« Durch das Plädoyer von Charlottes Rechtsanwalt Schramek erhielten die Zuschauer einen kleinen Einblick ins Selbstverständnis des Angeklagten. Aus der Haft schrieb er noch im Juli 2007 einen Brief an seine Ehefrau, in dem es hieß: »Sag nicht, ich bin selber schuld, dazu gehören immer zwei.«

Den wahren Hintergrund, warum Charlotte plötzlich nicht mehr zu Kunigunde G. gehen wollte, erfuhren die Eltern also erst in ihrem Gespräch mit den Kindern. »Vorher«, so erinnerte sich die Mutter, habe sie nur gesagt, sie möchte nicht mehr dorthin. »Da seien nur Jungs und das sei ›blöd‹«, hätte sie gesagt. Selbst, als Kunigunde G. Charlotte mit den von ihr so geliebten Nussecken lockte, blieb sie im Auto sitzen, wenn ihr Bruder abgeholt wurde. Schlimm für die Eltern war, dass Charlotte geschwiegen hat und sich ihnen nicht anvertraute. »Sie glaubte, uns nicht begreifbar machen zu können, warum sie auf dem Sofa sitzen blieb, warum sie nicht einfach ging«, sagte die Mutter. Eine Vernehmung vor Gericht wurde dem Mädchen erspart, es genügte eine Video-Vernehmung.

Im Nachhinein, so sagten die Eltern später, waren ihnen bestimmte Verhaltensauffälligkeiten ihrer Tochter plötzlich klar. »Ich mache mir Vorwürfe, dass ich die Zeichen nicht gedeutet habe«, meinte die Mutter. Jedoch bemerkten die Eltern auch, wie geschickt Kinder agieren, wenn sie etwas aus welchen Gründen auch immer verheimlichen wollen. Neben dem Umstand, dass Charlotte dachte, nicht erklären zu können, warum sie auf der Couch sitzen blieb, offenbarte das Mädchen auch einen weiteren Grund für das Schweigen: »Sie wusste ja, dass wir zum Ehepaar G. ein gutes Verhältnis pflegten. Das wollte sie nicht zerstören.« Dass das Kind so versuchte, die Eltern zu schützen, also die Umkehr der Verhältnisse, wird das Paar noch lange beschäftigen. »Wenn ich mich jetzt an Situationen erinnere, in denen Herr G. bei uns zu Hause war und wir ihn fröhlich und völlig ahnungslos bewirteten, und nachdem ich jetzt weiß, was das für Signale für meine Tochter gewesen sein müssen …«, Charlottes Vater macht eine wegwerfende Handbewegung. Eschenau war für die Familie bis dahin eine »heile Welt«, um die Kinder naturnah und ab vom Großstadtstress groß werden zu lassen. »Aber die ist eben doch eine Illusion«, sagte er. Kurzzeitig hätten sie überlegt, Eschenau zu verlassen. Beiden sei es aber auch wichtig, klarzustellen: »Die Menschen in Eschenau sind weder schlechter noch besser als anderswo – wir bleiben.«

Es ist Charlottes Fall, der für Staatsanwalt Lukas Knorr all diejenigen Lügen straft, die immer noch davon ausgehen, in Eschenau würden einige Frauen eine Hetz- und Lügenkampagne gegen integre Dorfbewohner führen. »Ich habe mich im Laufe des Verfahrens oft gefragt, warum das öffentliche Interesse an diesem Verfahren so groß ist. Liegt es an der besonderen Verabscheuungswürdigkeit der Taten? Das Gericht weiß, es gab schon deutlich schwerwiegendere Taten. Liegt es daran, dass das soziale Netz des kleinen Ortes, dort, wo die Welt heil sein sollte, so versagt hat? Denn wenn man einzelnen Zeugen glaubt, hat es eine nicht unbedeutende Anzahl an Einwohnern gegeben, die von der Gefährlichkeit des Angeklagten gewusst haben. Oder ist es die Spaltung des Ortes? Die, die zum Täter stehen, oder die, die durch Vorwürfe das Ansehen der Opfer in den Schmutz ziehen? Sollte das der Grund sein, so kann man das nicht nachvollziehen. Der Angeklagte hat erhebliche moralische und ethische Schuld auf sich geladen. Die Motive der Zeugen liegen fern davon, Eschenau

in den Schmutz zu ziehen oder dem Angeklagten etwas anzu-
hängen.«

Diese Motive hatte auch Charlotte als Zeugin nicht. Der
Staatsanwalt zollte ihr in seinem Plädoyer Respekt und Charlottes Vater sagte:»Charlotte ist jetzt 13 Jahre alt und sie hat
auf die Fragen nichts als die Wahrheit gesagt. Wir haben nach
reiflicher Überlegung Anzeige erstattet und dabei in Kauf
genommen, dass die an unserer Tochter begangenen Taten
Gesprächsstoff bei Freunden und in der Schule sein werden.
Obwohl Charlotte nichts weniger wünschte. Für Charlotte
war das ein ganz großer Schritt.«

Das machte auch der Staatsanwalt nochmals deutlich:»Am
Ende der Videovernehmung sagt sie, dass sie deshalb ausgesagt
hat, weil sie begriffen hat und Angst hat, dass es anderen
Kindern genauso geht wie ihr. Sie hat sich ihrer Verantwortung
genauso gestellt wie Heidi Marks, Andrea Z. und Renate
Rosenbaum. Sie stellen sich hin und berichten von diesen
Taten, was nicht leicht ist. Das verdient unser aller Anerkennung. Wer darauf abzielt, die Zeuginnen in Misskredit zu bringen, verdient Kritik.«

Dass es die noch immer gibt, zeigte das Verhalten einiger,
bevor Heidi Marks als Zeugin vor Gericht erschien. Aber die
50-Jährige bewies Nervenstärke. Auf den Auftritt der »Kron-
zeugin« warteten Journalisten aus dem ganzen Bundesgebiet,
Heidi Marks wusste das. Sie wusste aber auch, dass viele
Eschenauer im Gerichtssaal sein würden, die noch immer
behaupteten, sie würde lügen.

Für 14 Uhr war ihre Befragung angesetzt, um 13.45 Uhr
erschien sie vor dem Gericht. Ihre Schwester war an ihrer
Seite, als sie die letzten Schritte durch das Blitzlichtgewitter
machte und ein Justizbeamter ihr den Weg durch die Journalisten und Kameras ins Zeugenzimmer bahnte. Dort sollte sie
sich sammeln können – weg vom Presserummel – und sich auf
die Vernehmung konzentrieren. Um 13.55 Uhr betrat ein
Gerichtsvollzieher den Raum. Er überreichte ihr ein Schrift-

stück, mit dem man fünf Minuten vor ihrer Aussage noch versuchte, sie einzuschüchtern. Ein Anwalt, eingeschaltet von der Witwe des Mannes, der sich im Zuge der Ermittlungen erhängt hatte, forderte von ihr die Unterschrift für eine Unterlassungserklärung. Die Unterlassungserklärung, die der Rechtsanwalt Manfred Falk* verfasst hatte, listete Details aus der Polizeiakte auf, die sich gegen den Verstorbenen richteten. Heidi Marks sollte diese Erklärung unterschreiben und damit zugeben, dass sie gegenüber der Polizei gelogen hätte. Außerdem sollte sie sich mit einer Unterschrift verpflichten, diese Äußerungen nie wieder zu wiederholen. Im Verstoßfall drohte der Anwalt im Auftrag seiner Mandantin mit einer Strafe von 50 000 Euro.

Heidi Marks unterschrieb nicht und betrat äußerlich unbeeindruckt den Gerichtssaal. Ihr früherer Wunsch, Bernd G. in die Augen zu sehen, erfüllte sich nicht. Doch später sagte sie, es sei nicht mehr wichtig gewesen. Als sie dem Gericht von den ersten Übergriffen erzählte, wie Bernd G. sie mit vier Jahren vom Erdbeerfeld holte und oral missbrauchte, hörte Helmut Will, der Mitarbeiter des »Weißen Ringes«, einen jungen Mann hinter sich sagen: »Der sollt' man doch gleich eine auf die Gosch'n hauen.«

Den Mund ließ sich Heidi Marks nicht verbieten. Zu lange schon hatte sie mit der Angst vor möglichen Konsequenzen, mit dem Druck des Schweigens, gelebt. Immer beherrschte sie das Denken, dass sie ein Reden über die Taten ihren Eltern nicht zumuten konnte. Doch die Familie gab ihr Kraft. Im Zuschauerraum saßen sie alle, ihre Schwestern, ihr Schwager Frank, ihr Vater. Es war Heidi Marks' Schwester, die in einer Prozesspause in eine Kamera sagte, sie hätten jetzt so viel nachzuholen mit Heidi. Erst durch die Offenlegung des Missbrauchs seien ihr einige Verhaltenszüge der Schwester erklärbar geworden.

Heidi Marks wollte mit dem Prozess einen Schlusspunkt setzen. Als Zeugin war sie nicht unmittelbar Gegenstand des aktuellen Verfahrens, denn ihr Fall war verjährt. Doch das Gericht wollte sich einen Überblick über das Umfeld verschaffen. So erzählte Heidi Marks vom Erdbeerfeld, dass sie vier Jahre alt war, dass sie wusste, dass sie »befingert wurde, egal, ob jemand dabei war oder nicht«. »Ja, auch Geschlechtsverkehr«, bekannte sie auf die Frage des Richters. Auch ihr wurde wieder die Frage gestellt, warum sie sich niemandem anvertraut hätte. Wieder kam die gleiche Antwort, die so viele Opfer gegeben haben: Weil sie eingeschüchtert wurde. »Deine Eltern haben schon ein neues Mädchen, sie wollen dich nicht mehr, du bist schlimm, du bist böse. Wir wären keine Bauern, würden vertrieben werden, ich würde Schande über meine Familie bringen – die Angst war immer eine andere. Es ging, bis ich 15 Jahre alt war.«

In den Nachfragen des Richters wurden Details aus der nicht öffentlichen Vernehmung von Bernd G. bekannt. So musste es für Heidi Marks eine große Erleichterung sein, vom Richter zu hören, dass er »sexuelle Kontakte mit Ihnen einräumt«. Dem *Haßfurter Tagblatt* sagte seine Ex-Frau Kunigunde G. später, sie glaube grundsätzlich den Aussagen der Opfer. Es erschüttere sie tief, dass ihr Ex-Mann im Gericht den wiederholten Missbrauch von Heidi Marks eingeräumt hätte, während er ihr gegenüber diese Taten zuvor bestritten hatte.

Weitere Hintergrundinformationen des Richters machten deutlich, wie verschoben das Täter-Opfer-Bild des Angeklagten weiterhin war. So habe G. gesagt, das letzte Mal, als »die Heidi mich rumgekriegt hat, habe ich meinen Führerschein gemacht«. Heidi Marks prompte Antwort war: »Da war ich acht«, so rückte sie schnell die Verhältnisse wieder gerade.

Als sie älter wurde, erzählte sie, sei auch der Mann, der sich das Leben genommen hatte, über sie hergefallen. »Ich wusste schon gar nicht mehr, wie man sich wehrt. Für mich kam nur noch etwas dazu, was meinen Alltag zusätzlich schwerer machte.« Eindringlich berichtete sie, wie der sexuelle Missbrauch sie um ihre Jugend gebracht hat, wie sie mit 18 Jahren einen Selbstmordversuch unternahm und später in die USA flüchtete. Sie vertraute sich niemandem an:»Ich habe gedacht, die jagen meine Familie davon.« Auch erzählte sie, dass sie nie wusste, wie man mit Männern umgehen sollte, dass die furchtbaren Erlebnisse auch nach Jahren noch hochkamen, sobald sie in einer emotionalen Ausnahmesituation war, und dass sie noch heute mit Depressionen zu kämpfen hat.

Im Gerichtssaal widerfuhr Heidi Marks aber auch jene Situation, die viele Opfer noch immer davon abhält, Sexualstraftaten anzuzeigen. Verteidiger Händler versuchte, ihr Ansehen in Verruf zu bringen. Wann sie denn die ersten »normalen« sexuellen Kontakte gehabt hätte? Nach 1974, antwortete die heute 50-Jährige.»So ganz unbefleckt sei Frau Marks nicht gewesen, sie hätte es wild getrieben, erzählt man sich im Dorf«, provozierte sie der Rechtsanwalt. Da drehte sich Heidi Marks um und schaute den Rechtsanwalt an:»Mit vier?« Und:»Wer sagt das?«, wollte sie wissen.»Die Fragen«, maßregelte der Jurist sie gleich,»stelle ich.« Doch an diesem Punkt schaltete sich der Staatsanwalt ein und wies den Rechtsanwalt darauf hin, er solle Fragen, die das »Ansehen der Zeugin begrenzen, unterlassen«.

Viele hatten sich durch das psychologisch-medizinische Gutachten über Bernd G. Aufklärung und Informationen erhofft. Aufgrund der Aussagen des Würzburger Experten Dr. Dr. Wolfgang Göbel musste entschieden werden: Kommt eine Sicherungsverwahrung in Frage? Ist er für seine Taten verantwortlich oder liegt eine Schuldunfähigkeit vor? Das Ergebnis, zu dem der Experte kam, ließ nicht nur die juristischen Laien im Zuschauerraum, sondern auch das Gericht, die Staatsanwaltschaft und die Nebenklage ratlos zurück. Denn Göbel kam zu dem Schluss, dass Bernd G. keine Normabweichungen zeigen würde. Barbara Rost-Haigis, die Renate Rosenbaum in der Nebenklage vertrat, kommentierte das in ihrem Plädoyer: »Wir sehen also in den Abgrund der Normalität.« Keiner wüsste demnach eine Antwort auf die Frage, warum der Täter seit Jahren Kinder schände. Das sei unbefriedigend,»weil auch wir Juristen uns danach sehnen zu verstehen«, so Anwältin Rost-Haigis. Ihr Kollege Rechtsanwalt Schramek fügte fast zynisch hinzu:»Es war eben der ganz normale Wahnsinn.« Während der Sitzungen hätte, so der Gutachter, sein Patient angegeben,»bestimmte Dinge« hätte es gegeben. Weiterhin habe Göbel festgestellt, dass eine»Kern-Pädophilie« bei ihm nicht feststellbar sei. Das Absprechen dieser Störung der sexuellen Präferenz kommentierte später Richter Dengler folgendermaßen:»Wir können das nicht nachvollziehen.« Doch Göbel blieb bei seinem Urteil, er habe keine»Normabweichungen« feststellen können. Bernd G. habe mit einem Intelligenzquotienten von 100 einen allgemeinen Durchschnittswert erreicht, Aggressivität habe er bei ihm nicht feststellen können, eher sogar eine Aggressionshemmung. Ansonsten habe er sich kooperativ gezeigt. Bis auf einen bestimmten Sexualtest. Mit den Worten»ich bin kein Sexmonster« verweigerte er sich diesem Test. Insgesamt lägen die meisten Ergebnisse in der Norm, es gäbe keine Persönlichkeitsstörung, keine verminderte Schuldfähigkeit.

Zeitlebens hätte er seine Sexualität adäquat mit seiner Frau ausgelebt, so Göbel weiter. An diesem Punkt unterbrach ihn der Richter, G. hätte aber doch eingeräumt, Heidi Marks in ihrer Jugend sexuell missbraucht zu haben. Nicht selten, sagte der Gutachter, würden Neigungen parallel ausgelebt. Was Göbel an Auffälligkeit finden konnte, war eine Fixierung auf die weiblichen Genitalien, die für G. eine Art»Faszinosum« darstellten.»Die will er anfassen, berühren, da hinkommen.« G. selbst habe dafür keine Erklärung. Fakt sei nur, wenn dieser Drang komme, müsse er das in dem Moment tun – egal, ob sogar die Ehefrau in diesen Momenten dazukommen könnte. Aber dieser Drang, so Göbel, sei nicht»im Sinne von krank« zu werten.

Auch der Staatsanwalt hatte Fragen: Wie sich Bernd G. nach einer Gefängnisstrafe in Freiheit verhalten würde –

»Muss ich mit weiteren Taten rechnen?« Göbel stellte ein »sehr geringes Rückfallrisiko« fest, weil G. aus seinem Milieu genommen werden würde. Für Göbel seien die Taten mit der speziellen Konstellation in Eschenau verbunden. Göbel erklärte:.»Er suchte keine Kinder, sie waren einfach da. Er fuhr nicht herum – für ihn hat sich das einfach zugetragen.« Später im Prozess wurde aber deutlich, dass G. nach einer verbüßten Gefängnisstrafe wieder nach Eschenau zurückkehren würde – eben in sein gewohntes Milieu. Seine geschiedene Frau, der er das Haus überschrieben hat, hat ihm das Wohnrecht für eine Zweizimmerwohnung im Dachgeschoss eingeräumt. Gutachter Wolfgang Göbel sagte nach dieser Information:»Der Angeklagte führte zeitlebens ein sexuell adäquates und gesetzeskonformes Leben mit seiner Ehefrau.« Das verleitete die Nebenklagevertreterin Rost-Haigis zu der Frage:»Durch die Scheidung fehlt aber seine ›legale‹ Befriedigung, die Frau ist für ihn weg. Ist dann die Gefahr nicht größer?« Göbels Antwort war:»Das ist hypothetisch. Das kann ich nicht sagen.«

In seinem Plädoyer sah der Staatsanwalt die durch die Vielzahl der verjährten Taten »nicht leichte Aufgabe« der Strafzumessung:»Vor allem für Heidi Marks muss das schwer zu akzeptieren sein.« Den Fall Renate Rosenbaum bewertete er »zweifellos als den massiven Versuch des Geschlechtsverkehrs, der mit erheblichen Schmerzen für das Opfer verbunden war«. Auch sei er nur deshalb vom Versuch zurückgetreten, weil er fürchten musste, durch den Fahrer eines herannahenden Autos entdeckt zu werden. Der Staatsanwalt hatte auch keine Zweifel an Renate Rosenbaums Darstellung des zweiten Versuchs. »Das war keine Fantasie eines Kindes, sondern ein tatsächliches Erlebnis.« Er habe den Geschlechtsverkehr auch in diesem zweiten Fall nur deshalb nicht vollendet, »weil seine Frau vorbeikam«. Seine Forderung lautete: im ersten Fall drei Jahre, sechs Monate, im zweiten Fall zwei Jahre, neun Monate.

Durch die glaubhafte Aussage von Andrea Z. sah der Staatsanwalt auch die Vorfälle beim Grillfest als gegeben an und bezweifelte die Aussagen des Angeklagten, dass es, wenn überhaupt, nur zufällige Berührungen gewesen seien. »Sie hat es als eindeutige Grenzverletzung und massiven Einbruch empfunden.« Seine Forderung war neun Monate. Auch im Fall Charlotte gab es für ihn keine Zweifel an der Zeugin. Er forderte dafür ein Jahr und sechs Monate. Wegen zweifacher versuchter Vergewaltigung und zweifachen sexuellen Missbrauchs von Kindern beantragt der Staatsanwalt eine Gesamtfreiheitsstrafe von fünf Jahren. Dieser Forderung schlossen sich die Nebenkläger an.

Wäre es nach dem Verteidiger gegangen, wäre der 60-Jährige mit einer Strafe von einem Jahr und sechs Monaten davongekommen – ausgesetzt zur Bewährung. Denn er sah den ersten Fall Renate Rosenbaum von 1978 als verjährt an und den zweiten als nicht nachgewiesen. Im Fall Andrea Z. »glaube ich Herrn G. – in dubio pro reo« und »die Aussagen meines Mandanten sind ebenso glaubhaft wie die der Zeugen«.

Im Fall Charlotte führte Anwalt Händler auf, dass es »vorher keine Straffälligkeit« gegeben hätte, die alten Fälle seien nicht publik gemacht worden. Vielleicht, räumte Händler ein, hätte der rechtzeitig angezeigte Fall 1978 »möglicherweise einiges verhindert«. Seinem Mandanten müsse man zugute halten, dass er im Fall Charlotte ein Geständnis abgelegt hätte, und er gäbe ansonsten zu bedenken, dass »mein Mandant alles verloren hat«. Außerdem sei er aufgrund seines Alters »haftempfindlich«. Daneben hätte sein Mandant eine gute Sozialprognose: »Bei Entlassung hat er bereits wieder eine Arbeit«, außerdem könne er im Haus der Ex-Frau in Eschenau einziehen. Der Verteidiger war davon überzeugt, dass sich sein Mandant »dem Druck des Dorfes nicht entziehen kann, er muss befürchten, wie andere Opfer aus dem Ort gejagt zu werden«.

Das letzte Wort hatte der Angeklagte: »Die ganzen Taten tun mir wirklich leid. Ich kann es noch nicht fassen, was alles passiert ist. Ich fühle mich so schuldig. Und so beschuldigt, weil ich nicht alles gemacht habe. Was ich getan habe, dazu stehe ich – es klingt vielleicht hart, dass ich das jetzt so abtue.« Mit diesem Satz beendete der Richter die Erklärung des Angeklagten und zog sich zur Urteilsfindung zurück.

Das Urteil wurde noch am gleichen Tag verkündet: Bernd G. erhielt eine Strafe von vier Jahren und sechs Monaten. In seiner Urteilsbegründung wies Konrad Dengler nochmals darauf hin: »Es gibt fast nichts Schlimmeres als den sexuellen Missbrauch von Kindern.« Bernd G.s Anwalt kündigte an, in Revision gehen zu wollen.

Heidi Marks verließ erleichtert den Gerichtssaal. Es ging ihr auch jetzt nicht um Sühne, um Buße, um Strafe. Auf die Frage eines Reporters, ob sie zufrieden sei, antwortete sie verwundert: »Zufrieden? Ich habe so lange mit dieser Sache gekämpft. Man muss die Strafe relativ sehen. In den USA hätte er mindestens 25 Jahre bekommen.« Doch das war für sie nebensächlich: »Ich habe meinen Teil getan, ich wollte, dass nicht noch mehr Kinder seine Opfer werden. Wie es jetzt in Eschenau weitergeht, ist eine andere Sache.« In Eschenau wurde das Urteil mit gemischten Gefühlen aufgenommen. Die Familien der Opfer schwanken zwischen Furcht und Erleichterung. Sie waren einerseits erleichtert über die juristische Beurteilung des Falles und hatten andererseits Furcht davor, dass sich die Gräben darum nicht schließen würden.

6

»Die hatten ein Verhältnis miteinander, das war nie und nimmer eine Vergewaltigung.«

Die Furcht der Opfer war berechtigt, das zeigte sich eine Woche später. Zwar war im Fall Bernd G. nun ein Urteil gesprochen worden, doch noch immer gärten die Vorwürfe, auch Willi Webert sei ein Sexualtäter. Das Problem ist bis heute, dass zum einen die Vorwürfe, die Heidi Marks und Sofie Holst erhoben haben, verjährt sind und zum anderen die Staatsanwaltschaft die Akten dazu geschlossen hat – gegen einen Toten kann man nicht ermitteln. Trotzdem stehen die Vorwürfe, die die Familie des Großbauern als falsch ansieht, weiterhin im Raum und finden durch die Medien Verbreitung.

Ein Umstand, mit dem sich die Familie des Mannes nicht abfinden wollte. Auch ihr Leben wurde durch die Vorkommnisse in Eschenau auf den Kopf gestellt. Die Vorwürfe, der Ehemann und Vater habe Mädchen vergewaltigt, waren schon schlimm, aber sein Freitod hat die Familie völlig aus der Bahn geworfen. Die Zeit zu trauern hatten sie nicht, denn ständig sah sich die Familie Anfeindungen ausgesetzt. Der Rechtfertigungsdruck machte es noch schwerer. Hinzu kam phasenweise ein »Katastrophentourismus« zum Grab des Familienvaters, die Witwe wurde während ihrer Trauerbesuche einige Male von Reportern empfangen. Belastend für die Familie ist aber vor allem die ungeklärte Frage von Schuld und Unschuld. Ein juristisches Urteil wird es nie geben. Sollten die Vorwürfe stimmen, wie würde man damit umgehen? Und was, wenn an ihnen nichts dran war? Wer sollte dann das Ansehen der Familie wieder herstellen? Die Tochter des Bauern wurde in der ZDF-Sendung »Mona Lisa« mit den Worten zitiert: »Wir haben keine Handhabe, da die Polizei sagt, die Akte ist geschlossen, und die Justiz sagt, es ist verjährt.« Vermutlich schaltete die Witwe des Verstorbenen einen Anwalt ein, weil ihre Familie davon überzeugt war, dass die Frauen die Unwahrheit sagen. Manfred Falk sollte das Ansehen ihres verstorbenen Mannes wieder herstellen. Sechs Tage nach dem Prozess, in dessen Verlauf Heidi Marks die Unterlassungserklärung von Manfred Falk zugestellt wurde, riefen die Familienmitglieder des verstorbenen Großbauern die Eschenauer im Pfarrsaal zusammen. Die Einladungen zu der anberaumten Sitzung wirkten provisorisch, als wären sie in großer Eile gemacht worden. Auch ein Reporterteam des Bayerischen Rundfunks, das für die Sendung »Quer« unterwegs war, wurde auf der Straße informiert und zur Versammlung eingeladen. Die sollte am Abend im Pfarrsaal abgehalten werden. Die evangelische Kirche spielte nach Ansicht vieler Eschenauer, vor allem gegenüber den Opfern, keine rühmliche Rolle. So erzählte Sofie Holst, dass sie mit der Bitte um seelsorgerischen Beistand an die Eschenauer Pfarrerin Elfi Trautvetter-Ferg herangetreten sei und die sie abgewiesen habe. Die Pfarrerin sagte ihr, es wäre besser, wenn sie sich an einen anderen Seelsorger wenden würde. Elfi Trautvetter-Ferg wurde vorgeworfen, sich auf die Seite der Täter zu stellen. Die *Passauer Neue Presse* zitierte sie mit den Worten: »Im Nachbardorf ist das Gleiche passiert, und da hat kein Hahn danach gekräht.« »Dies habe ich so nicht gesagt«, erklärte die Pfarrerin bald darauf in der *Main Post*. Doch der Autor der *Passauer Neuen Presse* bleibt dabei: Er bestätigte laut *Main Post* den Inhalt des Zitats. Die Pfarrerin sagte der *Main Post* weiter: »Ich habe nur gehört, dass da mal etwas gewesen sein soll. Aber nicht jeder Missbrauch wird nach 40 Jahren so hochgepuscht wie in Eschenau, dass sich dafür jemand umbringt.«

Dass die Offenbarungen der Opfer und die Ermittlungen der Staatsanwaltschaft nichts mit »hochpuschen« zu tun haben, bestätigte der darauffolgende Schritt der Ermittlungsbehörden: Die Pfarrerin wurde wegen ihrer Andeutung, im Nachbarort habe sich Ähnliches zugetragen, als Zeugin vernommen. Doch Elfi Trautvetter-Ferg berief sich als Seelsorgerin auf ihr Zeugnisverweigerungsrecht. Auch mit diesem Argument blieben alle von Reportern gestellten Fragen an die Kirche bis zur Versammlung am 16. Oktober 2007 unbeantwortet.

BR-Reporter Ulrich Hagmann erinnerte sich an die Stimmung im Pfarrsaal:»Es war gespenstisch. Die Veranstaltung begann mit einer Schweigeminute für den Verstorbenen.« Vor einem Altar mit dem gekreuzigten Jesus an der Wand brachte sich Rechtsanwalt Manfred Falk in Stellung. Es kam zum Eklat. Über eine Stunde lang diffamierte der Anwalt die Opfer, verhöhnte vor allem Heidi Marks in aller Öffentlichkeit. Hagmann berichtete:»Es war widerlich. So etwas habe ich noch nicht erlebt.«

Den Mann der Witwe erklärte Falk für unschuldig. Wenn er die Taten überhaupt begangen hätte, dann als er selbst noch ein Kind gewesen sei, und damit wäre er nicht schuldfähig gewesen.»Ich zähle Frau Marks und Frau Holst nicht zu Opfern, weil ich denke, dass die Tat nicht passiert ist.« Doch brachte er keine Fakten an, die die Unschuld des Mannes beweisen könnten. Auf die Nachfrage, weshalb er den Aussagen der Frauen misstrauen würde, während die Bamberger Staatsanwaltschaft die Opfer für absolut glaubwürdig hielt, reagierte der Anwalt später telefonisch:»Um die Gefühle der Justizkollegen schere ich mich nicht.«

Falk hatte sich die Vernehmungsprotokolle der Hauptzeugin Marks besorgt und zitierte auf der Versammlung daraus. Falk machte ihre Aussagen lächerlich, in welchen sie berichtete, wie sie bis zum Alter von 15 Jahren von Bernd G. missbraucht wurde. Er las beispielsweise vor, wie Heidi Marks der Polizei schilderte, dass Bernd G. nach jahrelangem Missbrauch und Drohungen nur noch mit dem Kopf habe zucken müssen, »und«, damit wendete er sich an die Zuhörer, »hören Sie gut

zu dahinten, jetzt kommt's: Ich bin ihm heimlich hinterherge-
schlichen«, zitierte er. So etwas hätte er noch nie erlebt, dass
ein Opfer sich heimlich zu seinem vermeintlichen Täter hin-
schleiche. »Da muss einem doch aufgehen, dass so was nicht
richtig sein kann«, so sprach er über Heidi Marks und wiegelte
die Versammlungsteilnehmer auf. Zur *ddp* sagte Falk später:
»Die hatten ein Verhältnis miteinander, das war nie und nimmer eine Vergewaltigung.«

Der Verstorbene sei Opfer eines Komplotts geworden, die
Urheberinnen standen für Falk fest: Marks und Holst, die sich
nur als »Opfer verkaufen – die kriegen ja Geld dafür«,
behauptete er in der Versammlung. Seine Vermutung, die beiden Frauen hätten sich alles ausgedacht, führte Falk wieder
auf das Vernehmungsprotokoll zurück, in dem Heidi Marks
vom »reichen Bauern« gesprochen hätte und davon, dass das
»Dorf das Maul gehalten« hätte. Als »Versagerin«, so Falk,
sei Marks in die USA »abgewandert«, womöglich hätten die
Mädchen damals »am Lagerfeuer« eine Strategie entwickelt
und sich den Bauern als Täter ausgesucht. Der Grund für die
Verschwörung sei, dass die beiden Frauen im Dorf nicht die
Anerkennung gefunden und nicht den Erfolg gehabt hätten,
den sie sich wünschten, so fasste am Tag später der Redakteur
des *Haßfurter Tagblatts*, der der Veranstaltung beiwohnte, die
Aussagen des Anwalts zusammen. Daher sei nach vielen Jahren und Jahrzehnten der Wunsch in den beiden Frauen gereift,
sich am Dorf zu rächen. »Wie aber bestraft man ein ganzes
Dorf? Man nimmt sich genau denjenigen heraus, mit dem
man die größte Wirkung erzielen kann«, sagte Falk, und das
sei eben der wohlhabende Bauer gewesen.

Dass die Staatsanwaltschaft aufgrund des Freitods des
Bauern die Ermittlungen eingestellt hatte, nutzte der Anwalt
in seiner Rede aus. Falk negierte nicht nur die Fakten des Prozesses, er stellte sich über die Justiz: In Wirklichkeit habe der
Staatsanwalt kein einziges Beweismittel gegen den Bauern in
der Hand gehabt, so berichtete der Ohrenzeuge vom *Haßfur-*

ter Tagblatt. Dass die Staatsanwaltschaft zum gleichen Zeitpunkt bereits nach einem möglichen weiteren Täter und möglichen neuen Opfern suchte, kommentierte Falk ebenfalls: »Die Staatsanwaltschaft sollte auch solche Botschaften unterlassen, dass neue Ermittlungen nicht ausgeschlossen sind.« Dann appellierte Falk laut *Haßfurter Tagblatt* an die Anwesenden: »Eschenauer, lasst nicht zu, dass ihr zu Triebtätern gemacht werdet«, und: »Wehren Sie sich gegen das Komplott.«

Immer wieder wurde die Rede vom Applaus der rund hundert Zuhörer unterbrochen, laut Falk sollen ihm einige später mit »Tränen in den Augen« gedankt haben. »Jetzt sind sie freigegeben«, soll eine Äußerung der Zuhörer in Richtung Opfer gewesen sein. Sofie Holst erzählt später: »Man hat uns gedroht, uns Backsteine ins Fenster zu werfen, dass wir nun zum Abschuss freigegeben sind.« Das bestreitet der Anwalt. Niemand habe dazu aufgerufen, die Opfer auszugrenzen oder zu bedrohen. Das hätte er sich auch verbeten, sagte der Jurist der Nachrichtenagentur *dpa.* Doch auch nach der Versammlung rückte Falk nicht von seiner Haltung ab. In einem Interview mit Sat1 wurde er sogar noch deutlicher: Ohne die Aussagen der beiden Frauen würde der Bauer noch leben, »ohne ihr Verhalten wäre dieser Ehemann noch am Leben«, wird Falk von der *ddp* zitiert. Somit wurden die Opfer zu Tätern gemacht.

Unter den Zuhörern während der Versammlung war auch Knetzgaus Bürgermeister Werner Schneider. Schweigend hörte er zu. Er schritt nicht ein. Zuschauer der »Quer«-Sendung, in der zwei Tage später über die Versammlung berichtet wurde, machten im Pfarrsaal unter den Zuhörern einige Kirchenvorstände aus. Heidi Marks' Eltern erkannten den Mann der Pfarrerin. Weder der noch die Kirchenvorstände hatten den Mut, sich gegen die Rede des Anwaltes zu stellen und die Opfer zu schützen. Auch später war kein Kirchenvorstandsmitglied zu einer Stellungnahme bereit. Damit konfrontiert, dass Kirchenvorstände die Rede gehört hätten, ohne einzugreifen, ging die evangelische Kirche in die Offensive. Sie ließ den Pressesprecher der Landeskirche Bayern Johannes Minkus erklären: »Dekan Jürgen Blechschmidt wird an einer Sitzung des Kirchenvorstands in Eschenau teilnehmen und mit den Kirchenvorstehern die Entwicklung der letzten Monate und die Situation am 16. Oktober kritisch reflektieren und darüber sprechen, wie der Kirchenvorstand seine christliche Verantwortung für das Leben der Dorfgemeinschaft und speziell zum Schutz der Opfer wahrnehmen kann.«

Bürgermeister Schneider geriet nach der Versammlung ebenfalls in die Kritik. Er habe zu den Aussagen des Anwalts applaudiert, hieß es. Dagegen wehrte sich der Kommunalpolitiker, der seit 1990 die Gemeinde vertritt, gegenüber der Nachrichtenagentur *dpa* heftig: »Der hat die Opfer hingestellt, als ob sie die Unwahrheit sagen. Das hat mir nicht gepasst.« Er habe lediglich einmal bei einer Frage aus dem Publikum applaudiert, die darauf abzielte, ob es nicht möglich sei, wieder in Frieden miteinander zu leben.

Zu diesem Zeitpunkt wollte der Bürgermeister noch abwarten, bis das Urteil rechtskräftig werde, um dann zu versuchen, mit einem sozialpolitischen Kreis ein Zusammenleben in der Gemeinde wieder möglich zu machen. Für Betroffene wie Heidi Marks' Schwager Frank Becker kommt der Vorschlag zu spät: »Warum sitzt Werner Schneider in dieser Hetzveranstaltung und nimmt seine Verantwortung als Bürgermeister nicht wahr? Er hätte doch zwingend einschreiten müssen. Er hätte doch niemals zulassen dürfen, dass Opfer – und das sind doch die kleinen Mädchen in Eschenau – diffamiert werden! Wie kann er dort eine Aussage stehen lassen, dass Geständnisse auch erzwungen werden können. Werner Schneider hat doch am Prozess teilgenommen. Hatte er wirklich den Eindruck, dass im Gericht erpresst wurde? Ich bleibe bei meiner These: Hätte der Bürgermeister, wie von mir seit dem Selbstmord von Willi Webert immer wieder eingefordert, in Eschenau einen runden Tisch mit psychologischer Unterstützung eingerichtet, hätte dieses aktuelle Desaster verhindert werden können.«

Viele klatschten in der Versammlung und schwiegen zu den Behauptungen, die Falk aufstellte – bis auf einen: Es war Richard Schmitt*, der Ehemann von Marion Schmitt. Das Eschenauer Paar hat sich in seiner Unterstützung der Opfer noch nie einschüchtern lassen. Er ist schon vor Jahren aus der Kirche ausgetreten, seine Frau erst im Zuge der Vorfälle, denn sie war vom Verhalten der Kirche enttäuscht. Es war also der 49 Jahre alte Fabrikarbeiter, der dem Anwalt entgegentrat. »Am liebsten hätte ich ihn ja aufgefordert zu gehen. Aber dadurch, dass das im Pfarrsaal stattfand und ich nicht mehr in der Kirche bin, dachte ich, in dieser Hinsicht hätte ich nichts zu melden.« Schmitt ergriff als Einziger Partei für die Opfer. »Es wissen viele, dass der Bauer kein Engel war«, sagte er sinngemäß. »Da bin ich von dem Anwalt zur Schnecke gemacht worden«, erinnert sich Schmitt. »Erbärmlicher, als Sie sich jetzt aufführen«, sagte Falk in Schmitts Richtung, »können Sie sich nicht aufführen.« Er fügte hinzu, ob Schmitt denn nicht mit dem Gedenken an einen Toten umgehen könnte. »Ich möchte mal wissen, wer auf den Friedhof kommt, wenn Sie dort liegen werden«, sagte der Anwalt abschließend. Die meisten Zuhörer quittierten die Angriffe mit Applaus. Schmitt ließ sich nicht beeindrucken: »Ich bin trotzdem sitzen geblieben und habe weiter zugehört.« Erst später, sagte er, habe man ihm auf die Schulter geklopft und ihm für seinen Mut gedankt. »Ich konnte doch gar nicht anders, ich bin so gottgläubig – das war doch meine Christenpflicht!«

Durch die Versammlung eskalierte die Situation in Eschenau. Die Angriffe des Anwalts zeigten Wirkung. Ein Landwirt schrie ins Mikrofon eines Reporters des Radiosenders »Bayern 3«: »Die Opfer machen uns fertig! So ist es! Die Opfer sind doch die Täter, weil die alles kaputtgemacht haben. Es hat keine Vergewaltigungen gegeben!« Die Polizei nahm die Drohungen, es würden Fensterscheiben eingeworfen werden, ernst und fuhr verstärkt Streife in Eschenau.

Im Laufe des nächsten Tages wurde den Politikern in Haßfurt und Knetzgau klar, dass sie nun endlich Stellung beziehen müssen. Die zuvor übliche Reaktion auf Presseanfragen war, dass diese entweder abgewiegelt oder mit einem »kein Kommentar« zurückgewiesen wurden. Jetzt versammelte man sich zu einer Krisensitzung im Haßfurter Landratsamt. Danach drückte der Bürgermeister Werner Schneider in einem TV-Interview sein Entsetzen darüber aus, dass die Opfer nach der Versammlung in Angst leben müssten.

In einer Pressemitteilung wurde Landrat Rudolf Handwerker deutlich: »Ich bin bestürzt über die Eskalation, die in den letzten Tagen zu beobachten war. Besonders darüber, dass der Versuch unternommen wird, den Eindruck zu erwecken, die Missbrauchsvorwürfe seien haltlos und ein Angriff gegen das Dorf. Nach dem Urteil des Landgerichts Bamberg, dem ja ein Teilgeständnis zugrunde liegt, steht fest, dass es in Eschenau zu Missbrauchsfällen gekommen ist. In einem weiteren Fall, in dem ermittelt wurde, wird es eine Klärung in einem gerichtlichen Verfahren bedauerlicherweise nicht geben können. Augenscheinlich soll dieser Umstand für den Versuch genutzt werden, die Vorwürfe zu entkräften und die Opfer als Täter darzustellen. Nach meinem Kenntnisstand gibt es keine Anhaltspunkte dafür, an der Glaubwürdigkeit der Aussagen der Opfer zu zweifeln. Die Verantwortung für die Taten liegt beim Täter und nicht bei den Opfern. Dass jetzt selbst erwachsene Frauen, die die Kraft zur Aussage gefunden haben, persönlich diskreditiert und bedroht werden, lässt erahnen, unter welchem Geheimhaltungsdruck sie dann als betroffene Kinder gestanden haben.« Nach diesen deutlichen Worten erinnerte Handwerker an das Angebot des Weißen Rings, unter Anleitung eines Mediators Hilfestellung für das Dorf zu geben.

7

»Ich habe mich einfach nicht getraut.«

Bürgermeister Werner Schneider sitzt bequem hinter seinem Schreibtisch. Um ihn herum liegen Stapel an Papieren, Unterlagen und Akten. Auf dem höchsten der Papierberge liegt oben ein Artikel aus der *Süddeutschen Zeitung*. Es ist ein Bericht über Eschenau – wieder einer mehr. Der Stapel wächst jeden Tag. Wenn Werner Schneider etwas von seiner Sekretärin benötigt, dann ruft er gern: »Frau Schnös, könntest du mir bitte …« Mit Formalitäten hält sich Schneider nicht lange auf. Er ist in der CSU, seit 17 Jahren Bürgermeister von Knetzgau, hauptamtlich für 6700 Einwohner in acht Gemeindeteilen zuständig. Auf Eschenau fallen jetzt 188 Bürger. Vor dem Bekanntwerden der Missbrauchsfälle waren es 192. Er hat die Großgemeinde wohl geordnet. »Wir haben glücklicherweise keine Schulden, das liegt vor allem natürlich auch an der günstigen Autobahnanbindung.« Großbetriebe wie Coca Cola siedelten sich nahe der A 70 an, »da kommt Gewerbesteuer rein und Arbeitsplätze, über 500 haben wir hier mehr geschaffen. Die Bürger sind zufrieden, weil wir die Gebühren niedrig halten können. Durch die Großbetriebe können wir den Wasserpreis niedrig halten. 60 Cent für den Kubikmeter Wasser haben wir hier – die Gebührenschraube ist auf dem niedrigsten Level.« Im Gemeinderat sitzen Personen aus den verschiedenen politischen Lagern zusammen: SPDler, CDU/CSUler, FDPler und meist herrscht Einigkeit.

Bevor Eschenau seinen Tagesablauf bestimmte, war sein Alltag »vielfältig«. »Von der Geburt bis zum Tod ist alles inbegriffen. In erster Linie sind die Pflichtaufgaben zu erfüllen, Kindergärten, Schulen, Straßen, Wegebau, Siedlungsgebiet, alles, was Pflicht einer Gemeinde ist.« Dazu komme das kulturelle Programm der Region,»und das ist vielfältig«. Da ist der Kulturverein in Oberschwappach und das dortige Schloss, »das haben wir für zwölf Millionen Mark damals umgebaut«. Der Bürgermeister ist stolz darauf, dass bis zum Frühjahr 2007 in seiner Gemeinde alles gut funktionierte. Die Dorfprobleme, von denen er bis zum Frühjahr 2007 gehört hatte, waren für ihn, wie er selbst sagt, Lappalien. Vielleicht bewertet er sie auch rückblickend als solche, gemessen an dem, was danach noch kam. Seit dem Sommer 2007 ist er mit einer Situation konfrontiert, die bislang alle überforderte. Doch von ihm, dem Bürgermeister, werden Lösungen erwartet. Er weiß das:»Und am besten noch Lösungen, die jedem passen«, da ist er hinter seinem Schreibtisch hilflos, er weiß, dass das nicht machbar ist.

Eschenau, das war bis dahin für ihn der Vorzeigeort.»In Eschenau«, sagt Schneider,»war das schönste Dorffest im ganzen Gemeindebereich«, weil die Eschenauer alle zusammenhielten. Jede Eschenauer Familie war in einer Gruppe engagiert, die Bratwürste wendete, den Kuchen aus dem Ofen holte, die Bierbänke aufstellte oder sich um die Toilettenhäuser kümmerte.»Man hat nie etwas von Disharmonie, nur von Harmonie mitbekommen«, sagt der Bürgermeister, die haben zusammengehalten und der Erlös wurde immer gemeinnützig eingesetzt. »Das war eine Dorfgemeinschaft, die in vorbildlichster Art und Weise funktioniert hat. Und dann kommt auf einmal ein Knall und die Seifenblase platzt. Es kommt etwas auf, was unvorstellbar war. So etwas hätte ich mir nie vorstellen können. Dass man das 30 Jahre unterm Deckmantel halten kann. Warum haben denn die Eltern das nicht angezeigt?«, fragt er sich. Die Antwort kennt er, aber sie befriedigt ihn nicht. Intern hätte man so etwas doch nicht lösen können, meint er.

Für viele Menschen war es ein Schock, von den Missbrauchsfällen zu hören. Bürgermeister Schneider zieht ein Heftchen aus einem seiner hohen Schrankwände.»So redn mir«, der alte Heimatdichter Willi Schwappacher hat darin »Heitere und besinnliche Verse« aufgeschrieben. Schneider und Schwappacher kennen sich seit langem. Schwappacher hat auch über Eschenau geschrieben: »Ich bin a ächter Eschenaar, mei lieaba langa Toog, und dass i nix mehr annerscht war, dös kann i euch scha gsoog. Ich heng so a mein Fald und Wald, der Eschenaarer Sprach, und würd i hundert Jahr nu alt, ich hielt sa a nu haach.« Für seinen Freund, den Schwappacher, sei »eine Welt zusammengebrochen. Der liebte ›sein‹ vorbildliches Eschenau, tadellos, ehrlich, freundlich, hilfsbereit, liebenswürdig, so war sein Dorf.«

Nach Eschenau, das weiß der Bürgermeister, zieht es die meisten Touristen. Renate Rosenbaum führt im Ort mit ihrem Mann, ihrem Bruder und ihren Eltern die Wirtschaft mit Gästezimmern. Während Schneider das erzählt, klingelt sein Telefon. Es ist wieder ein Journalist. An diesem Tag lief in den Redaktionen der Medien in Deutschland die Nachricht ein, dass die Kirchen bald mit der Mediation beginnen wollten. Schneider selbst weiß nicht mehr, wie oft er die folgenden Sätze in den vergangenen Wochen diktiert hat. Geduldig tut er es ein weiteres Mal:

»Es gibt immer noch Leute, die behaupten, dass die Opfer die Unwahrheit sagen. In Eschenau meinen viele: Hätten die Opfer ihr Maul gehalten und es nicht aufgedeckt, wäre der Frieden im Ort noch da. ... Warum das so ist? Weil der eine sich das Leben genommen hat und im Abschiedsbrief geschrieben hat, er sei unschuldig. ... Er war ein honoriger Bürger, ein Schöffe sogar und das ist für viele Eschenauer, vor allem für die alten, nicht nachvollziehbar, dass ausgerechnet der so etwas getan haben soll. ... Die Verurteilung des anderen – er geht zwar in Revision, aber ich gehe davon aus, dass sich nicht mehr viel am Urteil ändert –, die ist akzeptiert, der Mann ist eigentlich jetzt Nebensache. Das tut man so mit einem Achselzucken ab, der ist ja verurteilt. Aber der, der sich das Leben genommen hat, der kann sich ja nicht mehr verteidigen, der wird jetzt zum Märtyrer. ... Jawohl, Märtyrer, das ist er für viele im Ort. Das sieht die Mehrheit der Bevölkerung so. ... Gespräche? Das geht kaum. Die erste Frage ist oft: Bist du für die da? Oder für uns? Es gibt da nur schwarz oder weiß. ... Ich komme da nicht weiter, bis auf ein paar Familien, die ich wieder zusammenbringen konnte. ... Ja, jetzt wird es mit Psychologen und der Mediation versucht. Behutsam. ... Doch es ist schon noch so: Wer sich erlaubt zu vermitteln, bezieht Prügel.«

Werner Schneider legt auf, das war die *Passauer Neue Presse*. Das mit den Prügeln hat Werner Schneider erlebt. Er merkte selbst aus sechs Kilometern Entfernung, wie sich die Schraube der Eskalation in Eschenau immer weiter drehte. Hat er das Gefühl gehabt, hier einschreiten zu müssen?»Selbst ich habe mich mit Psychologen und Experten beraten. Ich war auf der Suche nach einer Antwort, wie ich mich verhalten soll, und alle haben gesagt: Halte dich zurück. So blieb es dabei, dass ich angeboten habe, mit den Menschen in Eschenau Gespräche zu führen. Es kamen auch einige. Die, die es wollten – ich habe mich nicht aufgedrängt. Mit zwei Familien bin ich so weit gekommen, dass die einen sich entschuldigt haben, die anderen haben es angenommen. Diese Menschen konnten sich die Hand wieder reichen. Kleine Schritte also. Und das ist wichtiger für mich, als als großer Zampano aufzutreten und zu behaupten, ich kriege das wieder in den Griff.«

Andere hätten sich vielleicht mehr erwünscht. Zu der Forderung, einen runden Tisch einzurichten, sagt Schneider:»Das hätte ich mir anfangs vorstellen können. Doch das hat so eine Eigendynamik bekommen, dass es nicht möglich war. Ich sah, dass es zu diesem Zeitpunkt keine Versöhnung geben konnte. Ich hätte mehr kaputtgemacht.«

Ob das ein Fehler war, weiß er nicht, er sieht keinen, den er begangen haben könnte. Er erzählt, dass er nachts oft wach lag und sich genau das fragte: Habe ich es richtig gemacht? Was hätte ich besser machen können? Er hat keine Antworten gefunden. Auch auf seine größte Frage nicht. Er glaubt Sofie Holst und Heidi Marks, dass sie vom Bauern vergewaltigt wurden.»Aber die Frage, ob dessen Familie davon etwas wusste, die kann mir keiner beantworten. Es hat doch Ermittlungen gegeben. Hat er die vor der Familie geheim halten können? Hat es die Frau überhaupt mitbekommen, dass er angezeigt wurde? Es war ja verjährt, vielleicht hätte eine aufrichtige Entschuldigung bei den beiden Frauen genügt. Und es hätte vielleicht nicht so ein Drama gegeben.«

Der größte Fehler, der ihm von außen vorgeworfen wird, ist, dass er bei der Versammlung sitzen blieb. Dass er nicht aufstand, den Rechtsanwalt und die anwesenden Eschenauer zurechtwies, dass er nicht die Verhältnisse ordnete. Ganz aufrichtig sagt Werner Schneider mit seiner sonoren, raumfüllenden Stimme dann:»Ich habe mich nicht getraut, das muss ich klipp und klar sagen. Nachdem der eine Bürger – und ich muss jetzt so deutlich werden – von dem Rechtsanwalt so zur Sau gemacht wurde, als er für die Opfer Partei ergriff, bis hin, dass niemand zu seiner Beerdigung geht, und die Leute klatschten Beifall! – Was will man denn da noch sagen? Wenn ich etwas gesagt hätte, hätte der mich genauso rundgemacht. Vielleicht hätte der dann auch gesagt, ich sei schuld am Tod des Bauern. Hätten die Leute dann auch geklatscht? Da stehst du als Bürgermeister da wie ein begossener Pudel.«

Er hatte ein Konzept, er hatte sich Stichpunkte gemacht, er wollte das sagen:»Wenn jemand hier noch betroffen wäre, sei es das Kind oder das Enkelkind, das vergewaltigt wurde – ob er dann auch sagen würde: So schlimm ist das doch nicht! Diese Frage wollte ich stellen.« Schneider schlägt ein Gemeindeblatt auf. Vor kurzem rasten ein Vater und sein Sohn gemeinsam in den Tod. Er blickt auf den Artikel.»Das da, das ist furchtbar. Das denkt sich jeder, der das liest, und vergisst es am nächsten Tag wieder. Aber wer tatsächlich betroffen ist, der vergisst das nie in seinem Leben. Wie die Opfer in Eschenau nie vergessen werden, was ihnen angetan wurde.« Er hat Anrufe von fremden Frauen erhalten, die mit ihm reden wollten:»Das waren auch Frauen, die vor 30 Jahren vergewaltigt wurden und die sich einfach nicht getraut haben, etwas zu sagen. In was für einer Gesellschaft leben wir eigentlich. Jeder vierten Frau in Deutschland passiert so etwas, das ist doch irre.«

Vor diesen Zahlen kapituliert der Bürgermeister und auch davor, dass sich Institutionen wie die Kirche beim Thema Eschenau unsensibel verhalten haben. Er setzt trotzdem auf die Kirche und ihr Mediationsangebot. Auch damit der Familie des Toten geholfen wird. Er sagt: »Die sind keine Täter, sie sind keine Opfer, aber die ganze Familie ist leidtragend. Sie müssen ausbaden, für was sie nichts können.« Das Schönste wäre für ihn, wenn sich die Opfer mit dieser halben Familie aussöhnen könnten. »Ich bin mir sicher, dass das eine Signalwirkung hätte.« Den runden Tisch hat er ad acta gelegt, weil die Fronten noch zu verhärtet sind. Im Dorf seien gerade erst wieder Flugblätter verstreut worden, auf einem war zu lesen: »Glaubt ihr wirklich, dass Fünfjährige vergewaltigt werden wollen?«, und ein anderes wurde von der Gegenseite formuliert. Darauf stand die Forderung, dass Bürger, die bei der Versammlung waren, sich dahingehend äußern sollten, dass der Anwalt keine Hetze gegen die Opfer betrieben hätte. Schneider weiß also gar nicht, wer sich an den runden Tisch setzen würde, und die Polizei wolle er dazu nicht holen müssen.

Für Frank Becker, Heidi Marks' Schwager, käme das Angebot des runden Tisches sowieso zu spät. Er hat Eschenau mit seiner Familie verlassen und will sein Haus verkaufen. Schneider fürchtet nicht, dass ihm viele folgen werden, er sagt: »Eschenau ist wunderschön, ein Naherholungsort. Die Leute werden weiterhin kommen und es werden auch wieder Auswärtige zuziehen – auch in das verlassene Haus. Die Frage ist: Wie lange dauert es, bis es in dem Dorf wieder funktioniert? Das kann man nicht vorhersehen. Ich erinnere mich an eine funktionierende Dorfgemeinschaft, das ist noch gar nicht so lange her. Vielleicht können die Eschenauer auf ihre Vergangenheit aufbauen.«

8

»Erschreckend, was da gelaufen ist.«

Helmut Will, der als Mitarbeiter des Weißen Rings wohl wie kein anderer das Geschehen in Eschenau von Anfang an verfolgt hat, reagierte schockiert auf den Verlauf der Versammlung. »Es ist wahnsinnig erschreckend, was da gelaufen ist.« Völlig unverständlich ist für ihn, dass die Eschenauer Falks Vortrag beklatscht haben. »Ich weiß nicht, ob das aus Verlegenheit, aus Unwissenheit oder Dummheit geschehen ist, aber alle, die geklatscht haben, sollten sich überlegen, ob nicht die Anzeigen der Opfer gegen die Täter und vermeintlichen Täter dazu beitragen, dass ihre Kinder, junge Mädchen und Frauen dadurch vielleicht vor weiteren Übergriffen geschützt werden«, so Will im *Haßfurter Tagblatt*. In einer Presseerklärung machte der Weiße Ring deutlich: »Angriffe durch den Rechtsanwalt gegen die Opfer mit dem Ziel, deren Glaubwürdigkeit in Frage zu stellen, sind aus Sicht des Weißen Rings beschämend und nicht dem Stand eines Rechtsanwaltes würdig. Sein unseliger Auftritt stößt nicht nur beim Weißen Ring auf Abscheu und Ablehnung, sondern auch in der breiten Öffentlichkeit. Bei allem Verständnis für die Betroffenheit der Familien von Tätern oder vermeintlichen Tätern, die auch der Weiße Ring akzeptiert, darf es nicht zu einer Umkehrung unserer Werteordnung kommen.« Durch das Auftreten des Rechtsanwalts und den Beifall von Versammlungsteilnehmern zu seinen »untragbaren Aussagen« sei Eschenau erneut in den Fokus der Öffentlichkeit geraten. »Die Bürgerinnen und Bürger von Eschenau müssen sich daher nicht wundern, wenn das Interesse der Medien weiterhin auf den Ort gerichtet ist, obwohl man der Ortschaft wünschen kann, dass dort wieder Ruhe einkehrt. Dazu hat allerdings diese Veranstaltung nicht beigetragen.« Zur Beruhigung der Situation könnten dem Weißen Ring zufolge die Eschenauer nur dann beitragen, wenn »sie offen Position beziehen, zu den Opfern stehen und nicht, aus welchen Gründen auch immer, ihre Mitbürger und die Öffentlichkeit im Ungewissen lassen, was sie tatsächlich denken und fühlen. Opfer sind vorhanden, Täter und vermeintliche Täter auch. Daran kann man bei objektiver Betrachtungsweise nicht zweifeln.«

Die Eigendynamik, die der »Fall Eschenau« entwickelt hat, rief selbst Reaktionen der bayerischen Staatsregierung hervor. Bayerns Justizministerin Renate Merk schaltete sich sein. Das »Kesseltreiben« gegen Opfer sexueller Gewalt wäre ein schlimmes Signal für alle Frauen, die sexuell missbraucht worden seien, so Merk. »Solche Frauen könnten nun davon abgeschreckt werden, eine berechtigte Anzeige zu erstatten.« Merk macht in einem Interview deutlich: »Es wäre fatal, wenn wir diese Opfer zu Tätern machten.« Die Politikerin Susanne Kastner, die auch schon Heidi Marks' Vater zu den Friedensgebeten begleitete, äußerte sich in ähnlicher Weise. In einem offenen Brief an die Bürger von Eschenau schrieb die Vizepräsidentin des Deutschen Bundestags: »Es ist an der Zeit, dass wir uns alle eingestehen, dass in der Vergangenheit in unserer Mitte schreckliche Dinge geschehen sind«, und richtete einen Appell an die Eschenauer, die Opfer und ihre Familien nicht zu diffamieren und auszugrenzen. Das Gleiche gelte aber auch für die Angehörigen der Beschuldigten.

Auch Hartmut Müller, der Ortssprecher von Eschenau, handelte. Er wurde 2002 in dieses Amt gewählt. Der CSU-Mann repräsentierte bis Oktober 2007 den Ort im Knetzgauer Gemeinderat. Wenige Tage nach der Versammlung im Pfarrsaal legte er das Ehrenamt nieder. »Ich hatte gehofft, dass spätestens mit dem Urteil ein Einsehen kommt. Nicht bei allen, das war mir vorher schon klar, dazu gibt es innerhalb des Dorfes einfach zu gefestigte Strukturen und Verwandtschaftsverhältnisse.« Doch zu sehen, dass viele der Menschen, für die er sich seit 2002 eingesetzt hat, zu den Äußerungen des Anwalts geklatscht haben, ist für ihn untragbar:»Wenn ein Großteil dieser Menschen im Pfarrsaal der Meinung dieses Anwalts war und das beklatscht hat, dann kann ich diese Menschen nicht mehr vertreten.«

Lange Zeit hat sich Müller, so gut es ging, aus den Diskussionen und Ereignissen herausgehalten, denn Sofie Holst ist seine Schwester und er wollte so unparteiisch wie möglich sein. Aber nach der Versammlung sah er sich gezwungen, persönlich Stellung zu beziehen:»Das waren doch alles erwachsene Menschen. Und die haben doch in dieser Versammlung gemerkt, wie hochexplosiv das war. Die können doch nicht einfach klatschen.« Er möchte die Stimmung nicht noch weiter verschärfen, aber»Schweigen geht nicht mehr, nicht handeln auch nicht«, sagt er.

Hartmut Müller hat auch seine Feuerwehruniform abgelegt und ist vom Amt des Zweiten Kommandanten zurückgetreten. Vierzig Jahre hatte er sich in der Feuerwehr engagiert. Er meint:»Ich bin nicht verbittert. Aber der Gedanke kommt mir natürlich schon, dass ich jahrelang für diese Menschen da war – das kommt mir manchmal so vor, als hätte ich die Zeit vergeudet.«

Müller sorgt sich um die Entwicklung in Eschenau, und er fragt sich, wann dort wieder Ruhe einkehren wird. Nach der Versammlung stehen die Chancen dafür erst einmal schlecht. Einen Tag, nachdem er die Ämter abgelegt hatte, entdeckte er morgens auf der Fahrt zur Arbeit, dass einige Teile der Hauptstraße mit weißen Zetteln zugepflastert waren.»Seid ihr wirklich so dumm, dass ihr glaubt, dass Fünfjährige vergewaltigt werden wollen?«, war darauf zu lesen. Es ist nicht das erste Mal, dass sich Unbekannte nun aktiv ins Dorfgeschehen einmischen. Auf etlichen Anrufbeantwortern im Dorf war in diesen Tagen die Stimme einer Frau zu hören. Sie sagte, sie sei aus Schweinfurt und sie wisse nicht, ob sie gerade bei jemandem anrufe, der eher mit der Täterseite oder der Opferseite sympathisiere. Dennoch wolle sie an jeden in Eschenau appellieren: »Überlegen Sie bitte Ihr Vorgehen.«

Hartmut Müller bekam auch eine anonyme Meldung. Einen Tag nach dem Rücktritt bekam er eine SMS. »Hallo Herr Müller, von unbekannt herzlichen Glückwunsch zu diesem Schritt. Es ist für mich und viele andere in diesem Trauerspiel sehr beruhigend, dass es da und dort noch Aufrichtige gibt, wo selbst Kirchen versagt haben.« Auch wenn der Zuspruch anonym war, sagt Müller, gefreut habe es ihn doch. Auch die Justiz reagierte. Bambergs Oberstaatsanwalt Joseph Düsel forderte vom Bayerischen Rundfunk die Einsicht ins Filmmaterial. »Das ist die beste Quelle, die man haben kann«, sagte er. Die Staatsanwaltschaft Bamberg leitete daraufhin ein Ermittlungsverfahren gegen den Anwalt wegen des Verdachts der öffentlichen Aufforderung zu Straftaten gegen Eschenauer Missbrauchsopfer und Beleidigung ein. Düsel prüft auch, ob sich der Anwalt mit der öffentlichen Verlesung von Zeugenaussagen aus den Akten strafbar gemacht hat. Er informierte die zuständigen Institutionen, um berufsrechtliche Schritte gegen den Juristen einzuleiten.

Auch Heidi Marks und Sofie Holst handelten: Sie stellten Strafanzeige gegen den Juristen, der nicht nur versucht hatte, Heidi Marks mit der Unterlassungserklärung einzuschüchtern, sondern sie auch noch auf der Versammlung öffentlich beleidigte. Für Heidi Marks gab es spätestens nach der Versammlung keine Möglichkeit mehr, sich zu Hause in Eschenau von ihren Eltern zu verabschieden. Sie fuhr nicht mehr zurück in den Ort, um ihre Eltern »nicht in Gefahr zu bringen«.

9

»Das ist eines Bischofs nicht würdig.«

Neben dem Dorfbrunnen, dem Wirtshaus und den Vereinen ist vor allem die Kirche besonders wichtig für das Funktionieren der Eschenauer Gemeinde. Sie ist dort noch eine unverrückbare gesellschaftliche und soziale Größe. Die meisten der Einwohner sind evangelischen Glaubens. Elfi Trautvetter-Ferg steht als Gemeindepfarrerin der Kirche vor. Die Kirchenfrau wollte lange Zeit kein Interview geben. Kurz nachdem die ersten Gerüchte über die Missbrauchsfälle in Eschenau aufkamen, war Elfi Trautvetter-Ferg für Journalisten nicht mehr zu sprechen. Auch die Evangelische Landeskirche in Bayern ließ noch in den Tagen nach dem Urteil und der durch die Witwe einberaumten Versammlung ihren Pressesprecher erklären, dass es keine Interviews geben würde. Selbst Lokaljournalisten, die normalerweise der weltlichen und kirchlichen Prominenz in der Region näherstehen als Reporter deutschlandweiter Fernsehsender, sahen sich nicht in der Lage zu klären, welche Perspektiven die Kirche der Dorfgemeinschaft aufzeigen könnte, um mit der Spaltung im Ort umzugehen. Im *Haßfurter Tagblatt* stand Ende Mai 2007 geschrieben, dass Dekan Joachim Morgenroth von der katholischen Kirche darauf hinwies, dass die »Mehrzahl der Eschenauer evangelischen Glaubens ist, darüber hinaus wolle er im Augenblick nichts sagen«. Im gleichen Artikel war über Elfi Trautvetter-Ferg zu lesen, dass die Pfarrerin »meinte, ein Toter im Ort sei genug, sie wolle nicht noch mehr Öl ins Feuer gießen«, und dass sie deshalb ebenfalls keinen Kommentar abgeben würde.

Nicht nur Heidi Marks zeigte sich während der turbulenten Monate in Eschenau enttäuscht vom Agieren der Kirche. »Von ihr kam keine seelsorgerische Hilfe«, sagt sie. Sie, beziehungsweise ihre Familie, habe sich sowohl an den Dekan, den Regionalbischof und auch an den Landesbischof gewandt. Die Antworten per E-Mail seien gewesen, dass der Bischof bereits mit Kirchenvertretern vor Ort im Gespräch sei. Die Familien der Opfer und viele andere Eschenauer fühlten sich im Stich gelassen, aufgrund dessen gab es sogar schon drei Kirchenaustritt.

Die Kirchen – evangelische und katholische – schickten zwar mehrere Seelsorger in die Gemeinde, öffentlich aber reagierten sie nicht. Eines der wenigen Interviews führte Trautvetter-Ferg, die kurz nach Bekanntwerden der Vorfälle »Friedensgottesdienste« einführte, mit dem *Haßberg-Echo*. Auf die Frage, wie sie die derzeitige Situation in Eschenau beschreiben würde, antwortete sie: »Die Leute sind von den Ereignissen der letzten Wochen noch gezeichnet, versuchen nach meinem Eindruck jetzt wieder ein Stück Normalität in ihr Leben einkehren zu lassen. Erste Schritte auf diesem Weg sind zu beobachten. Wo es gewünscht wird, helfen meine Kollegen und ich in Form von Seelsorge und Beratung. Es wird aber noch lange dauern, bis all das, was an Schuld und Verletzung da ist, in der Gemeinde verarbeitet ist.«

Am Sonntag, den 24. Juni 2007, hätte es einen Gottesdienst zum Abschluss des geplanten Dorffestes geben sollen. Stattdessen hielt Oberkirchenrat i. R. Gotthart Preiser die Predigt, die auf die Vorfälle in Eschenau abgestimmt war. Er sagte: »Man muss den Mut haben, sich der Wahrheit zu stellen, und muss doch bescheiden einsehen, dass die Wahrheit von uns immer nur bruchstückhaft erkannt wird. Zur vollen Wahrheit gehören ja nicht nur die so genannten nackten Tatsachen, sondern man müsste auch wissen, was in den Herzen vorgegangen ist. Ein Mensch sieht, was vor Augen ist, der Herr aber sieht das Herz an. Wir sind ja schon überfordert, wenn wir meinen, wir könnten das Verhalten anderer ganz zutreffend beurteilen. Was wissen wir denn zum Beispiel von den Anstrengungen der Opfer, zu vergessen und sich dem aktuellen Leben zuzuwenden? Von ihren tausend Anläufen, sich auszusprechen – und dann hat die

Scham wieder den Hals zugeschnürt. Und wir wissen auch nicht, was in einem, der Böses getan hat, vorgegangen ist. Was wissen wir wirklich von den inneren Qualen eines Schuldigen, wie oft er seine Neigung oder Versuchung vielleicht verflucht hat und versucht hat, ihr zu entkommen? Wie oft er vielleicht gelobt hat: ›nie wieder‹, und dann war es doch wieder so, dass, wie die Bibel sagt, Männer straucheln und Jünglinge fallen. Wir wissen immer zu wenig.« Gegen Ende der Predigt schwang Hoffnung mit: »Das Leben einer Dorfgemeinschaft soll auch nicht einfach abbrechen und in einem Strudel von Verwirrungen und Verirrung, von Anschuldigung und Schuld, von Vermutung und Irrtum untergehen. Man darf wieder loskommen von den schrecklichen Bildern und von den harten, kränkenden Worten und die anderen wieder sehen wie früher als Nachbarn, mit denen man zusammengehört. Ob es bis Weihnachten gelingt? ... Von Gott her ist der Weg frei. Jetzt liegt es noch an uns, ob wir ihn gehen wollen. Amen.«

Einen Schritt auf diesem Weg machten Vertreter beider Konfessionen in einem offenen Brief im September 2007, der an die Eschenauer gerichtet war. Darin heißt es: »Wir erleben die Entwicklung in Eschenau mit, haben teil an den vielfältigen Belastungen und möchten mit Ihnen nach einem Weg aus der Krise suchen. Wir fühlen mit denen, bei denen alte Wunden schmerzlich neu aufgebrochen sind, und genauso mit denen, die durch die Ereignisse der letzten Monate in ihrem Lebenslauf so abrupt durcheinander geworfen wurden, schließlich auch mit denen, die, obwohl persönlich eigentlich nicht betroffen, das Bild ihrer Dorfgemeinschaft in schlimmer Weise beschädigt sehen.« Die Kirchen sähen die »große Zerreißprobe«, vor der die Gemeinschaft stehe. Ansatzweise setzen sich die Kirchen in dem Schreiben auch mit der Unzufriedenheit vieler Eschenauer auseinander: »Trotzdem fühlten sich manche von den Kirchen enttäuscht, weil sie vielleicht auch andere Erwartungen und Interessen mit den Seelsorgegesprächen verbanden. ... Trotzdem mussten wir immer

wieder die Erfahrung machen, dass gut gemeinte Worte und
ehrliche Bemühungen so leicht missverstanden werden können
und dass die ganze Dorfgemeinschaft in den Sog des Misstrau-
ens, der gegenseitigen Anschuldigungen und Anfeindungen
geraten kann.«

Die Kirchen sehen, dass es aus »eigenem Bemühen« in
Eschenau nicht mehr gelingen kann, die Gräben zu überwin-
den. Deshalb soll künftig eine Fachstelle für Mediation die
Eschenauer wieder zueinanderbringen. Diese vermittelnde
Beratung soll im geschützten Rahmen von kleinen und wech-
selnden Gruppen »Menschen ins Gespräch bringen und wieder
neu einen Stil des gegenseitigen Verstehens und des Vertrau-
ens« einüben.

Doch die versprochene Mediation ließ lange auf sich warten. Viele hätten sich ebenso wie von den Kirchen ein klares
Wort der Lokalpolitiker gewünscht. Doch die Furcht vor den
Anfeindungen und offenen Drohungen ließ auch die Politiker
schweigen. Für die Opfer war das besonders schwer zu verstehen. Manche Bürger hätten sich gewünscht, dass die Gemein-
deverwaltung sich mehr für den runden Tisch eingesetzt hätte,
um einen Aussprache- und Versöhnungsprozesses in Gang zu
setzen. Doch das passierte nicht. Besonders für die Opfer von
Anfeindungen im Dorf ist das eine schmerzliche Erfahrung
gewesen. Sie mussten erfahren, dass die Drohungen keine
Konsequenzen hatten und sie von öffentlicher Seite nicht
geschützt wurden. Nur einige versuchten aus der Situation
Kapital zu schlagen. So versuchte die NPD nach dem Prozess
in Eschenau an Boden zu gewinnen. Am Wochenende nach
dem Urteil tauchten erste Flugblätter im Ort auf. Was Heidi
Marks wohl nie gedacht hätte und auf gar keinen Fall wollte,
geschah nun: Sie wurde von der rechtsradikalen Partei zur
Heldin erklärt. »Nur einer Frau ist es zu verdanken«, so die
NPD, dass die Vorfälle ans Licht kamen. Diese Aussage fanden
die Eschenauer auf einem Flyer geschrieben in ihren Briefkäs-
ten – direkt daneben standen die Wahlkampfparolen der NPD.

Erst die Versammlung, dann die NPD im Pfarrsaal und schon stand Eschenau nach kurzer Ruhephase wieder im Fokus der Öffentlichkeit. Die Nachfragen von Journalisten, warum die Kirche den Saal für diese Versammlung vermietet hatte, häuften sich. Die Kirche reagierte mit einem Hintergrundgespräch für Journalisten. Doch die Vorstellung der Kirchenmänner und -frauen, wie das Gespräch verlaufen sollte, deckte sich nicht mit dem Interesse der Journalisten. Regionalbischof Wilfried Beyhl, Dekan Jürgen Blechschmidt, Pfarrerin Elfi Trautvetter-Ferg und Dekan Joachim Morgenroth wollten Stellungnahmen verlesen, im Anschluss daran dürften Fragen gestellt werden. Sie fügten aber gleich hinzu, dass die Antworten weder veröffentlicht noch versendet werden dürften. Ein Wunsch, der mit dem Recht auf Pressefreiheit nicht zu vereinbaren ist. Nachdem sich kein Journalist damit einverstanden erklärte, wich die Kirche doch noch von ihrer Haltung ab und gab erstmals Einblicke in die Schwierigkeiten, die die Kirche im Umgang mit den Vorfällen in Eschenau hat.

An diesem Tag saßen im Podium keine Kirchenleute, die den Problemen der Eschenauer gegenüber arrogant oder desinteressiert eingestellt waren. Diese Menschen versuchten zwischen Beichtgeheimnis und Schweigepflicht ihrer Rolle als Seelsorger gerecht zu werden – auch wenn immer noch viele Eschenauer glauben, dass ihnen das nicht gelungen sei. Sie wandelten ununterbrochen auf einem schmalen Grat. Wenn sie gesehen wurden, wie sie das Haus des Täters betraten, wurden sie von den Opfern und ihren Freunden angegriffen und umgekehrt. Dort saßen Menschen, die zugaben, manches Mal mit der Situation überfordert gewesen zu sein und möglicherweise Fehler gemacht zu haben.

So sagte Oberkirchenrat Beyhl in Bezug auf die Veranstaltung im Pfarrsaal: »Es ist nicht hinzunehmen, dass jetzt die Opfer verhöhnt und Zeugen, die ein Gericht für glaubwürdig erachtet hat, im Nachhinein als unglaubwürdig dargestellt werden. Es ist eine Schande, wenn im Zeichen des Kreuzes

Opfer menschlicher Gewalt verhöhnt werden. Wenn man dies vorher gewusst hätte, wären für diese Veranstaltung keine kirchlichen Räume zur Verfügung gestellt worden.« Er äußerte den Wunsch, »dass mehr mutige Christen« aufgestanden wären, um der Rede des Anwalts Einhalt zu gebieten. Beyhl bedauerte den »Missbrauch des Saales« und erläuterte, dass der Saal, da er von der Dorfgemeinschaft und den Vereinen finanziert würde, allen Eschenauern zur Miete freistehe. »Es ist gang und gäbe, dass man sich den Schlüssel holt.« Von Beginn an habe die Kirche den Menschen im Ort zur Seite gestanden, erklärten die Seelsorger. Äußerungen, dass Gesprächssuchende an andere Seelsorger verwiesen worden seien, könnten nur Missverständnisse gewesen sein, so Beyhl. »Das war eventuell nur ein Hinweis auf das breite Angebot.« Dass dieses Angebot für viele zu spät kam, versteht Beyhl. Dennoch verteidigt er Elfi Trautvetter-Ferg: »Die Pfarrerin konnte die Vielfalt der Bedürfnisse nicht alleine bewältigen.«

Die angesprochene Pfarrerin erklärte in ihrer Stellungnahme: »Als Pfarrerin habe ich mich in der Vergangenheit bemüht und bemühe mich auch weiterhin darum, als Seelsorgerin für alle Menschen in Eschenau da zu sein. Die Entwicklung in unserem Dorf macht mir größte Sorge. Die Verbrechen der Vergangenheit und die während der zurückliegenden Monate teilweise auch über die Medien verbreiteten wechselseitigen Vorwürfe haben im Dorf zu einer Situation geführt, in der die Menschen zunehmend entweder der ›Opfer-‹ oder ›Täter-Partei‹ zugeordnet werden. ... Es ist klar: Sexueller Missbrauch ist ohne Wenn und Aber aufs Schärfste zu verurteilen. Hier handelt es sich um ein kriminelles Delikt, das gründlich aufgeklärt werden muss. Das ist aber nicht Sache der Kirche, sondern von Polizei, Staatsanwaltschaft und Gerichten.«

Für Heidi Marks' Schwester und ihren Schwager kam das seelsorgerische Angebot zu spät. Sie flüchteten aus Eschenau, nachdem sie, wie der Schwager berichtete, sich quer durch die Kirchenhierarchie mit der Bitte um Hilfe gemailt hätten. Mit der Flucht aus Eschenau konfrontiert, reagierte der Kirchenmann resigniert:»Auch wir können nur auf die Menschen einwirken. Sie sind frei in ihren Entscheidungen. Wir sind an Grenzen gekommen, wo wir erkannten, dass wir weniger erreichen konnten, als wir wollten.« Frank Becker ist davon überzeugt, dass er alles versucht hat, um Hilfe von der evangelischen Kirche zu bekommen. Er stellt in der *Süddeutschen Zeitung* resigniert fest:»Wir wurden von der evangelischen Kirche behandelt wie Aussätzige.«

Der Oberkirchenrat Beyhl ging auch auf die Friedensgebete ein. Er bedauerte, dass diese nicht gegriffen hätten,»dass die Eskalation nicht verhindert werden konnte«. Auf die Frage eines Journalisten, ob denn die Kirche noch eine einflussreiche Institution im Umgang mit solchen Problemen sei, sagte Beyhl, das müssten die Opfer entscheiden.

Genau zu diesem Zeitpunkt verschickte die Kirche Einladungen an die Menschen, die sie gerne an einen Tisch bringen wollte. Zu spät?, wurde Beyhl gefragt. Er entgegnete, dass es vorher im Zuge der Ermittlungen gar nicht möglich gewesen sei, Juristen hätten sich gegen den runden Tisch ausgesprochen, damit die Ermittlungen nicht behindert würden. Jetzt wären laut Beyhl die kleinen Schritte erforderlich. Wunder dürfe man nicht erwarten. Es sei schon viel wert, wenn man »sich wieder in die Augen schauen« könne. Beyhl erklärt:»Als Kirche können wir das Angebot einer Mediation machen, aber den Weg der Versöhnung müssen die Bewohner Eschenaus selbst gehen. Sie selbst müssen entscheiden, ob die Verdächtigungen, Unterstellungen, die Gerüchte und gegenseitigen Verletzungen weitergehen sollen, oder ob sie sich entscheiden, jetzt das Gespräch miteinander zu versuchen in einem Raum der Vertraulichkeit.« Er appellierte an die Eschenauer:»Auch wenn Sie das Gefühl haben, dass Ihnen großes Unrecht widerfahren ist, geben Sie dem Weg der Versöhnung eine Chance. In einem Rechtsstaat dürfen wir vertrauen, dass Staatsanwaltschaft und Justiz ihre Arbeit gründlich und gewissenhaft tun.

Aber Rechtsprechung wird noch keine Versöhnung und keine Gemeinschaft bringen.«

Die Diakonin Elisabeth Peterhoff beschrieb, wie die Konfliktbearbeitung aussehen soll: Menschen, die bisher nicht mehr miteinander geredet haben, sollen wieder miteinander reden können. Sie sollen begleitet werden, einen Weg zu finden, wieder gemeinsam im Ort zu leben. Nach ihrer Einschätzung werde das etwa ein halbes Jahr dauern, in dem verschiedene Gesprächsrunden stattfinden sollen. Beyhl machte nochmals klar: Wunder dürfe man nicht erwarten – daran müsse gearbeitet werden. Und er bat sich Stille über diese Mediationsrunden aus. Sie sollten ohne große Öffentlichkeit stattfinden.

Doch er selbst hielt sich nicht daran. Am 31. Oktober 2007 beschäftigte sich die *Süddeutsche Zeitung* zum Beginn der Mediationsgespräche nochmals mit dem Thema Kirche und Eschenau. Die Zeitung wurde an diesem Tag Sprachrohr für alle, die das Auftreten der evangelischen Kirche in Eschenau kritisierten. Heidi Marks' Vater, der selbst jahrelang ehrenamtlich in der Kirche aktiv war, war tief enttäuscht, man habe ihn »einfach im Stich gelassen«. Die Mediationsvorbereitungen beschreibt der zurückgetretene Ortssprecher Hartmut Müller so: »Plötzlich rennen sie hier aufgeregt rum wie im Hühnerhaufen und reden von Versöhnung«, doch in der Zeit, als die Frauen um Hilfe gerufen hätten, da »war keiner für sie da«. Auch Sofie Holst sagt, sie sei »schier verzweifelt« an der Kirche, und die Mutter der missbrauchten Renate Rosenbaum sagt in dem Artikel, dass mit ihr und ihrer Tochter kein einziges Mal gesprochen worden sei. Bei den Familien der Täter sei die Pfarrerin wiederum ständig gewesen. Die *Süddeutsche Zeitung* kritisiert die Kirche in dem Artikel sehr: Sie berichtet von den Spekulationen, dass die Pfarrerin sich deshalb gegen die Entscheidung gestellt habe, das Dorffest ausfallen zu lassen, da ein Teil des Festerlöses für die Erneuerung des maroden Hoftors des evangelischen Gemeindehauses vorgesehen war.

Die Vorwürfe der Zeitung werden noch härter: Der »Höhepunkt des fragwürdigen Treibens der Dorfpfarrerin« sei die Einberaumung eines Treffens an Christi Himmelfahrt gewesen. Trautvetter-Ferg hätte da die »Probleme« im Dorf ausräumen wollen. Damals waren Bernd G. und der Bauer gerade wegen sexuellen Missbrauchs angezeigt worden und die Polizei ermittelte angestrengt im Ort. Im Zuge dessen sei die Pfarrerin auch von der Kriminalpolizei gewarnt worden, zitiert die *Süddeutsche Zeitung* den Bamberger Oberstaatsanwalt Joseph Düsel. Auch Helmut Will vom Weißen Ring sei deutlich geworden: Er will der Pfarrerin gesagt haben, wenn sie das Treffen abhalte, »dann haben Sie keine Ahnung von Opferbetreuung«.

Die Einladung wurde dennoch ausgehängt. Darin heißt es: »Wegen der akut aufgetretenen Probleme der jüngsten Zeit scheint es uns notwendig, dass wir uns alle zu einem gemeinsamen Gespräch treffen.« Der Pfarrerin ging es aber nicht nur um die Ausräumung von Problemen, denn im nächsten Satz heißt es: »Schwerpunktthema: 20. Eschenauer Dorffest?« Doch zur Versammlung, zu der auch Dekan Morgenroth als Gast angekündigt war, kam es nicht mehr. Wenige Stunden vorher beging der Bauer Selbstmord.

Der Artikel der *Süddeutschen Zeitung* mit der Überschrift »Das Gegenteil von Seelsorge« ist im gesamten Bundesgebiet erschienen und könnte der Grund gewesen sein, warum sich der Regionalbischof relativ schnell ins Auto setzte und nach Eschenau fuhr. Es war am Reformationstag, einem der höchsten evangelischen Feiertage. Beyhl hatte sich von den Journalisten erbeten, die Mediationsbemühungen sensibel zu behandeln und medial nicht zu begleiten. Sie könnten nur im geschützten Raum und ohne großes Aufheben funktionieren. Doch Beyhl machte gleichzeitig Werbung in eigener Sache. Noch am gleichen Tag, am Abend des 31. Oktober, versandte Johannes Minkus, Pressesprecher der Evangelisch-Lutherischen Kirche in Bayern, eine Erklärung mit der Überschrift »Regionalbischof Wilfried Beyhl besucht Opfer sexueller

Gewalt in Eschenau« in die Redaktionen. »›Die Kirche sorgt sich und steht Menschen bei, wo sie verzweifelt und einsam sind, wo ihnen Gewalt von anderen Menschen angetan wurde‹, so Regionalbischof Wilfried Beyhl nach Besuchen bei den Familien der Opfer sexueller Gewalt heute in Eschenau«, schreibt Minkus. Weiter zitiert er den Regionalbischof: »Ich habe heute fünf Familien hier in Eschenau besucht, weil ich ihnen persönlich vermitteln wollte, dass alle Solidarität und Hilfe unserer Kirche den Opfern sexueller Gewalt und ihren Familien gilt.« Und für die nächste Zeit kündigte Beyhl weitere Besuche in Eschenau an.

So bemerkenswert das Engagement des Regionalbischofs in der Presseerklärung auch klang, bei seinem Spontanbesuch traf Beyhl kaum jemanden in Eschenau an. Das Opfer Renate Rosenbaum war ebenso nicht zu Hause wie Sofie Holst, der der Bischof – so kontrollierte am Tag darauf die *Süddeutsche Zeitung* – lediglich eine Visitenkarte dagelassen habe. Was er aber machte, war, alle Journalisten über seinen Besuch zu informieren. »Sich nicht anzumelden und dann öffentlich zu erklären, man habe fünf Familien in Eschenau besucht, ist eines Bischofs nicht würdig«, sagte Sofie Holst später der *Süddeutschen Zeitung*. Einen zumindest erreichte der Bischof: Heidi Marks' Vater Adam Siebert. Er erinnert sich so an den Besuch: »Wir konnten unsere Sorgen loswerden«, an Kritik gegenüber der Kirche habe Siebert aber nicht gespart. Er sagte dem Bischof auch, mit wem er am liebsten ein Mediationsgespräch führen wolle. »Mit der Frau Pfarrerin und der Frau aus dem Kirchenvorstand, die in der schlimmen Versammlung saß und noch immer glaubt, es sei nichts passiert. Ich will sie der Lüge überführen«, sagt Adam Siebert. »Die Pfarrerin soll mir sagen, dass das alles wahr ist.« Er gab dem Bischof noch etwas mit auf den Weg, das »ihn ganz schön schlucken ließ«: Siebert wusste, dass bereits drei Konfirmanden den Besuch in der Kirche bestreiken.»In diese Kirche wollen die nicht mehr gehen.«

10

Justiz und Presse – ein Spannungsfeld bei Fällen sexuellen Missbrauchs

Informationen über sexuellen Missbrauch sind wichtig – nur wer informiert ist, kann seinen oder anderen Kindern helfen. Deshalb spielen die Medien auch eine wichtige Rolle. Doch viele Justizbehörden sehen das Wirken der Presse als zwiespältig an. »Am liebsten möchte ich über sexuellen Missbrauch überhaupt nichts in der Zeitung lesen, solange noch kein Urteil gefallen ist«, meint ein Staatsanwalt, der sich von Berufs wegen mit dem Thema auseinandersetzen muss. Aus seiner Sicht ist das sicherlich verständlich: Bei aktuellen Missbrauchsfällen offenbaren sich Opfer oft einer Zeitung oder einem Fernsehsender, ohne vorher von der Justiz oder der Polizei vernommen worden zu sein. Das kann verheerend für einen Prozess sein, denn die in den Zeitungen gemachten Äußerungen der Opfer werden oft genug vom Anwalt des Täters benutzt, um die Opfer in ihrer Glaubwürdigkeit zu demontieren.

Eine weitere Sorge der Verfolgungsbehörden und der Opfervereinigungen ist, dass über die Täter Rückschlüsse auf die Opfer gezogen werden könnten. Schnell ist »Manfred Z., 49 Jahre alt und Schlossermeister in der Gemeinde G.«, als Täter identifiziert. Es ist ein kleiner Ort, jeder kennt jeden, und so weiß man auch gleich, dass es sich beim Opfer um seine Tochter handeln muss. Für die Opfer ist das manchmal am schlimmsten, dass dieser »Makel« auch noch in die Öffentlichkeit getragen wird und ihr direktes Umfeld weiß, was ihnen angetan wurde. Die Angst davor ist oft größer als der Wille, den Täter anzuzeigen.

Doch eine seriöse Berichterstattung über sexuellen Missbrauch ist auch wichtig. Aufklärung und Information können unter Umständen weitere Gewalt verhindern. Dr. Johannes

Ebert, Richter am Oberlandesgericht Bamberg und Leiter der Justizpressestelle, sieht die Gratwanderung.»Zum einen ist es oft eine Belastung für die Geschädigten, vor allem, wenn es um die Darstellung von Details geht. Das kann zu gravierenden Verletzungen führen.« Doch schon allein die nüchterne, faktenreiche Berichterstattung über einen Missbrauchsfall kann belastend sein:»Wenn allein nur jeder Zeitungsleser weiß: Der Schlossermeister, das ist der Vater, also kann die Tochter nur diese oder jene junge Frau sein.«

Es ist nicht verwunderlich, wenn der Fernsehzuschauer denken mag, sexuelle Missbrauchsfälle hätte es in dem Umfang vor etwa zehn Jahren noch nicht gegeben. Doch der Schein trügt. Laut Statistik häufen sich die Fälle nicht, es wird nur häufiger darüber berichtet. Auf die Bitten der Journalisten sprechen dann auch viele Opfer in die Mikrofone.»Das kann die Ermittlungen erschweren, vor allem, wenn einige Quellen noch nicht erschlossen sind«, so Ebert, oder wenn es noch weitere, der Justiz bislang unbekannte Opfer geben könnte.»Diese Menschen könnten sich zwar durch die Presseberichte animiert fühlen, ihren Fall anzuzeigen. Sie könnten die Berichte aber auch als Einschüchterung empfinden, weil sie befürchten, dass auch über ihre Erlebnisse in gleicher Weise berichtet wird. Dies kann dazu führen, dass sie sich nicht offenbaren.«

Im Fall Eschenau wurden zwar keine Intimitäten in der Öffentlichkeit breitgetreten, doch die Berichterstattung über das Verhalten vieler Bewohner des Dorfes gegenüber den missbrauchten Frauen könnte weiteren Opfern Angst gemacht haben. Angst, dass es ihnen genauso ergehen könnte. Eberts Befürchtungen, die er vor der Versammlung formulierte, wurden – überspitzt formuliert – zur Realität: Die Opfer wurden verhöhnt, bedroht und lächerlich gemacht, und wer nicht im Pfarrsaal gesessen hatte, erfuhr den Inhalt über die Medien. So konnte sich jeder vorstellen, was ihm passieren würde, wenn er zur Polizei ging.

Auch wenn sich einige Eschenauer danach direkt bei den Journalisten bedankten, dass sie den Inhalt der Versammlung öffentlich gemacht hatten, fürchtete die Justiz, mögliche weitere Opfer könnten durch die Angst, nach einer Anzeige ebensolchem Hass ausgesetzt zu sein, mundtot gemacht werden.

Bambergs Oberstaatsanwalt Joseph Düsel wird in einer Nachricht der Agentur *ddp* zitiert, dass die Stimmung in Eschenau nun die Suche nach einem möglichen dritten Vergewaltiger erschwere. »Ich kann mir durchaus vorstellen, dass es weitere Opfer gibt«, sagte er. So ermittelte die Kriminalpolizei auch nach dem Prozess weiter: Die Beamten gingen Hinweisen nach, dass ein Mädchen Zeugin der Vergewaltigung einer Freundin geworden sein soll. Die Ermittlungsergebnisse verzögerten sich aber möglicherweise, so Düsel, weil eventuelle weitere Opfer Angst hätten, zu reden.

Für Justizsprecher Ebert kann die Berichterstattung über sexuellen Missbrauch aber auch ein Befreiungsschlag für die Opfer sein. So haben sie die Möglichkeit, endlich über das zu reden, was ihnen angetan wurde. »Es ist keine Frage: Es muss über sexuellen Missbrauch berichtet werden. Doch es ist immer eine Gratwanderung. Manchmal brauchen auch Polizei und Justiz dringend eine Veröffentlichung – nämlich etwa dann, wenn wir den Täter noch nicht haben, aber weitere Sexualstraftaten zu erwarten sind und durch die Veröffentlichung über die Gefahr aufgeklärt werden kann. Ebenso kann die Berichterstattung von Vorteil sein, wenn mit Hilfe der Bevölkerung weitere Erkenntnisse gewonnen werden können. Das ist ein Spannungsfeld, für das es keine Patentlösung gibt«, sagt Ebert.

Die Presse hat daher eine wichtige Funktion, wenn ernsthaft, gründlich und ohne Schlagzeilenjagd über sexuellen Missbrauch berichtet wird. Dass noch lange nicht jeder Fall angezeigt wird, belegt die Statistik fürs Jahr 2006 von »Wildwasser« Würzburg: 46 Prozent der Opfer, die Hilfe in der Beratung suchten, zeigten den Täter nicht an. Sieben Prozent wollten es sich überlegen. In 14 Prozent der Fälle lief das Verfahren gegen den Täter 2007 noch, fünf Prozent wurden verurteilt, bei fünf Prozent der Fälle wurde das Verfahren eingestellt oder der Täter freigesprochen.

11

Das Problem der Verjährungsfrist

In vielen Fällen kommt es nicht einmal zu einem Verfahren, nämlich dann, wenn die Tat als verjährt gilt – wie im Fall von Heidi Marks und Sofie Holst.

Seit 1961 wurden die Gesetze, um Verstöße gegen die sexuelle Selbstbestimmung zu ahnden, viele Male geändert. Dabei wurde auch der Verjährungszeitraum für diese Fälle erhöht, derzeit liegt er bei 20 Jahren. Das Rechenmodell ist für den Laien nicht leicht zu durchschauen, denn die Verjährungsfrist beginnt heute nach der Beendigung des 18. Lebensjahres des Opfers.

Laut § 176 des Strafgesetzbuches wird sexueller Missbrauch von Kindern – also einem Kind unter 14 Jahren – mit einer Freiheitsstrafe von sechs Monaten bis zu zehn Jahren bestraft. Diese Taten verjähren nach zehn Jahren.

Mit Wirkung zum 1. April 1998 wurde der Tatbestand des schweren sexuellen Missbrauchs von Kindern geschaffen. Dieser liegt laut § 176a des Strafgesetzbuches unter anderem dann vor, wenn der Täter über 18 Jahre alt ist und mit dem Kind den Beischlaf vollzieht. Oder auch, wenn er ähnliche Handlungen vornimmt, die mit einem Eindringen in den Körper verbunden sind. Schwerer sexueller Missbrauch ist außerdem dann anzunehmen, wenn die sexuellen Handlungen von mehreren Erwachsenen gemeinschaftlich begangen wurden, das Kind in die Gefahr einer erheblichen Schädigung seiner körperlichen oder seelischen Entwicklung gebracht wird oder die Absicht besteht, die Tat zum Gegenstand pornografischer Schriften oder Filme zu machen. In diesen Fällen beträgt die Strafe 2 bis 15 Jahre, und die Verjährungsfrist liegt hier bei 20 Jahren.

Die gleiche Verjährungsfrist liegt bei sexueller Nötigung von Kindern vor. Bestraft wird das zwischen einem und 15 Jahren Gefängnis. Wird ein Kind vergewaltigt, beträgt die Strafe 2 bis 15 Jahre. Das heißt: Der Lauf der Verjährung ruht bis zur Vollendung des 18. Lebensjahres des Opfers. Bei Renate Rosenbaum, dem 1971 geborenen Opfer aus Eschenau, konnte diese rechtliche Regelung genutzt werden. Das Mädchen wurde mit sieben Jahren, 1978, Opfer von Bernd G. 1989 wurde das Mädchen 18 Jahre alt. Bei einer Verjährungsspanne von 20 Jahren wäre ihr Fall also 2009 verjährt gewesen.

Vor dem 1. April 1998 betrug bei sexuellem Missbrauch von Kindern die Verjährungsfrist generell zehn Jahre. Der Grund war, dass es keine Unterscheidung zwischen sexuellem Missbrauch und »schwerem« sexuellen Missbrauch gab. Dies kann man am Beispiel von Heidi Marks erklären: 1961 wurde die damals Vierjährige missbraucht. Die 18-Jahre-Regelung gab es damals noch nicht und die Verjährung setzte nach 10 Jahren ein. Somit war der Missbrauch bereits 1971 verjährt.

Gerade dieses Verjährungsprinzip ist ein großes Problem für die Opfer, die aufgrund der Umstände der Verbrechen erst nach langer Zeit reden können. Viele Opfer reagieren wie Heidi Marks, sie schweigen aus Angst oder Scham. Norbert Denef, selbst ein Opfer sexueller Gewalt, ist einer der Initiatoren mehrerer Petitionen, die im August 2007 beim Deutschen Bundestag eingereicht wurden. Seine Mitstreiter und er wollen, dass die Verjährungsfrist bei sexuellem Missbrauch von Kindern abgeschafft wird und der Besitz von Bildern über sexuellen Missbrauch von Kindern mit einer Freiheitsstrafe geahndet wird. Das Ergebnis steht noch aus.

Doch die Petitionen haben gute Chancen, in den Bundestag zur Abstimmung zu gelangen, denn immer mehr Opfer wenden sich an die Polizei, die Justiz oder die Öffentlichkeit. Einer, der maßgeblich daran teilhaben könnte, ist das Bundestagsmitglied Siegfried Kauder. Der Rechtsanwalt sitzt für die CDU/ CSU im Bundestag. Er kennt die Leiden und Nöte der Opfer, denn Kauder ist Mitglied im geschäftsführenden Vorstand des Weißen Rings in Mainz und im Beirat des Präventionsprojekts »Dunkelfeld« am Institut für Sexualwissenschaften und Sexualmedizin des Universitätsklinikums in Berlin. Dieses Forschungsprojekt richtet sich an potentielle Täter im Dunkelfeld, an Pädophile, die um ihre Neigung wissen und nur eines wollen: nicht übergriffig werden. Dieses Projekt soll künftig vom Bundesjustizministerium finanziert werden, denn diese direkte therapeutische und medizinische Hilfe für Männer, deren sexuelle Präferenz auf Kinder ausgerichtet ist, ist im Erfolgsfall Kinderschutz.

Kauder ist also breit informiert und versucht das Thema auf Bundesebene zu diskutieren. Er sagt: »Das ist ein vermintes Gelände – es gibt hier auch kritische Stimmen, die sich gegen eine Aufhebung der Verjährungsfristen erheben.« Die Kritiker, so erklärt Kauder, weisen dabei auf eine Diskrepanz hin: »Warum sollte es dann eine Verjährung für Fälle geben, in denen Kinder durch Körperverletzungsdelikte in ihren Familien schwer misshandelt werden?«

Wenn Zeugen nach 20 Jahren gebeten werden, sich an die Ereignisse zu erinnern, so ist das für die Opfer im Allgemeinen nicht schwer, denn die Details haben sich in ihre Gehirne eingebrannt. Für Außenstehende aber ist es manchmal schon schwierig, sich in Erinnerung zu rufen, was vor einem Jahr geschehen ist. Kauder sagt aus seiner Erfahrung heraus: »Je länger es dauert, desto weniger wissen Zeugen.« Dadurch könnte das Gericht in Beweisnot kommen. »Man stelle sich folgenden Umstand vor: Die Tat kann nicht bewiesen werden, der mutmaßliche Täter ist also freizusprechen. Hier liegt nun die Gefährlichkeit: Nichts ist für Opfer traumatisierender, als wenn der Täter aufgrund der mangelnden Beweislage freigesprochen werden muss. Ich selbst«, gibt Kauder zu, »bin da ambivalent«. Er weiß aus eigener Erfahrung, wie schwierig es ist, einem Sexualopfer sagen zu müssen, dass dessen persönlicher Fall unter die Verjährungsfrist fällt.

Doch Kauder sieht eine weitere Problematik und zieht Parallelen zu Eschenau. Sofie Holst zeigte ihre Vergewaltigung durch Willi Webert 2006 an. Dies galt als verjährt. Doch was wäre geschehen, wenn dem nicht so gewesen wäre? Wäre dann früher ermittelt worden? Wäre man auch früher auf Bernd G. gekommen?

Mit Kauder haben die Opfer einen Unterstützer ihrer Forderungen innerhalb der Politik bekommen. Der Weiße Ring, bei dem er Mitglied ist, gilt als die Opferschutzinstitution in Deutschland, und dem Verein ist es zu verdanken, dass die rechtlichen Bedingungen verbessert wurden: durch das Opferschutzgesetz aus dem Jahr 1987, das Zeugenschutzgesetz von 1998 und das Opferrechtsreformgesetz von 2004. Dadurch wurde beispielsweise die Rolle der Opfer aufgewertet und sie wurden zu gleichberechtigten Prozessbeteiligten gemacht. Außerdem gibt es nun die Möglichkeit, dass unter gewissen Voraussetzungen ein Opferanwalt vom Staat bezahlt wird. Für Opfer war es immer unverständlich, warum dem Täter ein Anwalt gestellt wurde und das Opfer den Rechtsbeistand selbst bezahlen musste.

Doch für den Weißen Ring und andere Organisationen sind die neuen Regelungen noch nicht weitreichend genug. Ein Beispiel zeigt das sehr deutlich: Wer Opfer einer Sexualstraftat wird, redet von einem »Verbrechen«, das ihm angetan wurde. Im gemeinen Sprachgebrauch ist das richtig, juristisch aber ist das nicht korrekt. So werden die meisten Sexualstraftaten an Kindern beziehungsweise Minderjährigen nur als Vergehenstatbestände gewertet. Das hat folgenden Hintergrund: Als Verbrechen wird gewertet, was mit einer Mindestfreiheitsstrafe von einem Jahr geahndet wird. Alles, was darunterliegt, wird als Vergehen geahndet. Zum Vergleich: Wer mit Drogen handelt, muss mindestens ein Jahr ins Gefängnis. Der Basistatbestand eines sexuellen Missbrauchs von Kindern hat aber eine

Verurteilungsspanne von sechs Monaten bis zehn Jahren und gilt somit als Vergehen. Zum Verbrechen wird der Missbrauch erst dann, wenn es sich um einen so genannten »schweren« sexuellen Missbrauch handelt, der mit mindestens einem bis zu 15 Jahren Gefängnis bestraft werden kann. Der schwere sexuelle Missbrauch liegt vor, sobald das Opfer vergewaltigt wurde, wenn Gegenstände oder Körperteile in den Körper der Opfer eingeführt wurden. Doch den Tatbestand des schweren sexuellen Missbrauchs von Kindern gibt es erst seit dem 1. April 1998. Das heißt, dass bei den Taten, die vorher begangen wurden und die heute verhandelt werden, kein schwerer sexueller Missbrauch zugrunde liegen kann.

Bayerns Justizministerin Renate Merk will sich dafür einsetzen, dass Kindesmissbrauch wieder als Verbrechen eingestuft und geahndet wird. Damit würde auch die minimale Haftdauer von sechs Monaten auf ein Jahr angehoben werden. »Nur das trägt dem Unrechtsgehalt und der Gefährlichkeit solcher Taten sowie den Schäden, die dadurch an der Kinderseele angerichtet werden, Rechnung«, sagt Merk. Auch die Maximaldauer der Haft soll dementsprechend angepasst werden, so die Justizministerin: »Wer eine oder gar mehrere schwere Gewalt- oder Sexualstraftaten begangen ... hat, muss nach Möglichkeit so lange inhaftiert bleiben, bis keine Gefahr mehr von ihm ausgeht. Im Zweifel sein Leben lang.« Sie fordert, dass Delikte gegen Kinder und die verschiedenen Strafvorschriften zusammengefasst und neu geordnet werden. Damit sollen auch Informationslücken wie die Frage der Verjährung geschlossen werden.

Denn das alles sind wichtige juristische Bestimmungen für die Opfer. Doch die wissen meist kaum etwas darüber. Die meisten erfahren erst davon, wenn sie sich bei Opferschutzorganisationen Hilfe suchen. Der Weiße Ring fordert deshalb eine Verbesserung der Informationsrechte der Opfer.

Eine weitere Forderung des Weißen Rings ist es, dass Urteilsabsprachen nicht mehr aus prozessökonomischen

Gründen getroffen werden dürfen, sondern nur wenn ein qualifiziertes Geständnis vorliegt. Der Hintergrund ist, dass die deutschen Gerichte oft überlastet sind und Urteilsabsprachen die Prozessdauer verkürzen. Vor allem die Einstellung von Gerichtsverfahren nach § 154 der Strafprozessordnung ist für die Opfer häufig nicht nachvollziehbar. Der Paragraf erlaubt es den Gerichten, im Verfahren Schwerpunkte zu setzen. Ein plakatives Beispiel: Wurde ein Mensch angeschossen, wird ein versuchter Mord verhandelt. Dass dabei die Jacke des Opfers durch den Schuss beschädigt wurde, wird in diesem Prozess nicht unter dem Punkt Sachbeschädigung verhandelt werden. Die Sachbeschädigung würde bei der Strafzumessung keine Rolle mehr spielen. Der Paragraf wird aber auch dann herangezogen, wenn die Beweisführung in einem Fall innerhalb einer Serie von zu verhandelnden Fällen sehr schwer werden würde. Ein Beispiel: Einem Mann wird vorgeworfen, acht Mädchen sexuell missbraucht zu haben. In einem der acht Fälle wäre die Beweisführung sehr schwer, beispielsweise, wenn das Kind noch sehr klein ist oder sich, vielleicht aus Gründen einer Behinderung, nur schwer äußern kann. Oder wenn einem der Opfer eine Vernehmung nicht zuzumuten ist. Hier ist es dem Gericht erlaubt, Schwerpunkte zu setzen, an der Strafzumessung wird sich deshalb oft nichts oder nur wenig ändern.

Doch für die Opfer, deren Fälle quasi unter den Tisch fallen, ist das unerträglich. Die Einstellungsmöglichkeiten, so fordert der Weiße Ring, sollen daher im Gesetz opfergerecht eingeschränkt werden. Fälle, die eine erhebliche Betroffenheit der Opfer erkennen lassen, müssen laut Weißem Ring unter Berücksichtigung berechtigter Opferinteressen ausgenommen werden.

Außerdem will der Weiße Ring, dass in allen deutschen Gerichten Zeugenzimmer eingerichtet werden. Im Fall Eschenau hatten einige Opfer große Angst vor dem Zusammentreffen mit dem Angeklagten im Gerichtssaal. Mit Hilfe der Zeugenzimmer soll gewährleistet werden, dass zumindest vor der Hauptverhandlung belastende oder bedrohliche Konfrontationen mit dem Täter vermieden werden. Der Weiße Ring hat hier nicht nur die Opfer im Blick, sondern ein Zeugenzimmer dient ihrer Meinung nach auch der Wahrheitsfindung. Die Hauptverhandlung könne sonst, so der Weiße Ring, durch eventuelle Drohungen erheblich beeinträchtigt werden. Außerdem sei durch ein solches Zeugenzimmer der Persönlichkeitsschutz der Opfer und deren Familienangehörigen gewährleistet.

Aus dem gleichen Grund soll auch die Videovernehmung häufiger eingesetzt werden, so die bayerische Justizministerin Merk. Aktuell kann eine Videovernehmung die persönliche Vernehmung nur ersetzen, wenn das Opfer unter 15 Jahre alt ist. Merk strebt eine Ausweitung auch auf andere schwerst geschädigte Opfer an. Mehrfache Vernehmungen ließen sich vermeiden, und die großen psychischen Belastungen, die durch wiederholte Befragungen, langes Warten auf Prozesse und das erneute Durchleben des persönlichen Traumas hervorgerufen würden, würden verringert, so Merk.

12

Der Weiße Ring – menschliche Nähe und handfeste Hilfe

Der Weiße Ring ist eine Hilfsorganisation für Kriminalitätsopfer und ihre Familien. Gegründet wurde sie 1976 von Deutschlands bekanntestem Fernsehfahnder Eduard Zimmermann. Ihm zur Seite stand Hans Sachs, bekannt als Mitglied im Rateteam der Fernsehsendung »Was bin ich?« und im Leben ohne Kamera Oberstaatsanwalt. Der Weiße Ring, die überparteiliche und unabhängige private Initiative, hat in Deutschland etwa 2800 ehrenamtliche Helfer und rund 60 000 Mitglieder. Der Verein finanziert sich durch Spenden, Mitgliedsbeiträge, Stiftungen oder Nachlässe. Vielen tausend Kriminalitätsopfern hat der Weiße Ring bereits helfen können. Er kämpft um ein stärkeres gesellschaftliches Bewusstsein für die Situation der Opfer und fordert einen besseren Opferschutz. Seine Devise »Opferschutz vor Täterschutz« ist nicht unumstritten, denn die Täter werden in Gerichtsverfahren vermeintlich bessergestellt. Das Problem dabei ist, dass ein Angeklagter erst am Ende eines Prozesses als Schuldiger gilt – außer im Fall eines Freispruchs. Vorher sind die Menschen auf der Anklagebank als unschuldig anzusehen – egal wie das das Opfer beurteilen mag.

In diesem Spannungsfeld steht auch Helmut Will aus Ebern. Der 57-jährige Polizeihauptkommissar setzt sich seit neun Jahren für Opfer ein und kümmert sich derzeit um die Opfer in Eschenau. Im Interview mit der Autorin beschreibt er die Situation.

Autorin: Haben Sie schon einmal derartige Vorfälle wie in Eschenau erlebt?

Helmut Will: Nein, nicht in dieser Dimension, so konzentriert an einem so kleinen Ort: Zwei Täter, mehrere Opfer, das ist ungewöhnlich, das wird man – denke und hoffe ich – so nicht oft in Deutschland finden.

Autorin: Wie haben Sie von den Vorfällen erfahren?

Helmut Will: Mich rief ein Opfer an, eine Mitarbeiterin hatte bereits mit ihr Kontakt. Ich erfuhr damals zum ersten Mal von den Vorfällen. Wir haben uns zusammengesetzt. Und schon da war schnell klar: Die Opfer wollen reden. Wenn man sie reden lässt. Das erste Mal hörte ich vier Stunden lang nur zu. Da wurde mir bewusst, dass noch viele Opfer unbekannt sind.

Autorin: Sie meinen die Pflegekinder, die im Haus des Verurteilten untergebracht waren?

Helmut Will: Ja.

Autorin: Wie hilft denn der Weiße Ring diesen Opfern?

Helmut Will: Zum einen durch die menschliche Zuwendung. Einfach erst einmal nur zuhören, das ist das meiste, was wir Ehrenamtlichen einbringen können. Das kennt ja jeder von sich, dass das Reden erleichtert, dass es ein gutes Gefühl ist, alles loszuwerden und auch einmal hemmungslos weinen zu dürfen. Wie auch in diesem Fall. Dann zeigen wir Hilfen auf. Viele kennen die Möglichkeiten nicht, die ihnen zur Verfügung stehen.

Autorin: Welche wären das denn?

Helmut Will: Zum Beispiel die Hilfe eines Therapeuten, die wir vermitteln. Wir haben Beratungsschecks.

Autorin: Und dann kostet die Behandlung nichts?

Helmut Will: Die Schecks haben einen Wert von 150 Euro, die erste Beratung kann damit abgerechnet werden. Und die muss möglichst schnell nach der Tat erfolgen, das ist wichtig.

Autorin: Viele glauben ja, sie hätten professionelle Hilfe nicht nötig. Sie verlassen sich auf ihre Partner oder Freunde, glauben, dort alles loswerden und verarbeiten zu können.

Helmut Will: Professionelle Hilfe ist absolut wichtig. Zuhören ist gut, aber auch wir sind keine Therapeuten, diese Arbeit dürfen und können wir nicht leisten. Weitere Hilfe nach diesem Erstgespräch ist möglich, das läuft dann über unsere Bundesgeschäftsstelle in Mainz. Wir versuchen auch, die echten Kostenträger zu ermitteln wie Krankenkasse, Sozialamt, Versorgungsamt.

Autorin: Sie nehmen also auch die Schreibarbeit ab?

Helmut Will: Ja, wir stellen auch Antrag auf Opferentschädigung nach dem Opferentschädigungsgesetz. Der Staat ist ja dazu da, seine Bürger zu schützen. Wenn er das nicht kann und jemand ist Opfer einer Straftat, ist der Staat zu Ersatz verpflichtet. Natürlich kann man nicht hinter jeden Bürger einen Polizisten stellen, das ist auch klar. Man kann aber einen Anspruch geltend machen. Es kann also sein, dass dadurch eine Rente oder Leistung anderer Art entsteht. Und deshalb muss es schnell gehen: Es gilt mit dem Tag der Antragsstellung. Wenn das Versorgungsamt ablehnt, kann man das auch noch einmal prüfen lassen durch einen Einspruch, um die Rechte des Opfers bis zuletzt durchzuziehen.

Autorin: Gibt es noch andere Hilfen?

Helmut Will: Ja, Beratungsschecks für die Rechts- und Opferanwälte beispielsweise. Viele sind ja nicht in der Lage, die finanzielle Seite zu schultern.

Autorin: Wann endet denn die Hilfe?

Helmut Will: Schwer zu sagen: Manche müssen über Jahre betreut werden, weil sich die Verfahren einfach hinziehen. So begleiten wir die Opfer auch in den Gerichtssaal. Das ist wichtig, weil viele Menschen zum ersten Mal in ihrem Leben mit der Justiz konfrontiert werden. Schon allein der Saal, die Formalitäten, die hohe Sitzposition des Richters, allein schon die Sitzordnung kann einschüchternd wirken. Bei großen Prozessen besuchen wir mit den Opfern einen vergleichbaren Prozess vorher, damit sie sich daran gewöhnen können. Und auch für den Moment, wo sich Täter und Opfer im Gerichtssaal gegenübersitzen, ist unsere Begleitung wichtig: Zum einen, weil unsere Anwesenheit Sicherheit gibt – es hat sich ja eine Vertrauensebene gebildet. Zum anderen, wenn das Opfer den Anblick seines Peinigers nicht aushalten kann. Da kommt dann der Körpereinsatz, ein wenig können wir den Blickkontakt auch abschirmen und dem Opfer dadurch mehr Sicherheit geben. Aber irgendwann muss die Hilfe enden, allein schon, damit die Menschen ihr Leben selbst wieder in den Griff kriegen, auch das gehört zu unserer Arbeit.

Autorin: Aber davon sind die Eschenauer ja noch weit entfernt.

Helmut Will: Ja, sehr weit. Dort ist noch gar nichts abgeschlossen.

Autorin: Was die Arbeit für Sie wohl noch schwieriger macht, dürfte der Umstand sein, dass die Opfer durch die Anzeigen und durch ihr Reden angefeindet werden, so dass die Opfer jetzt als Täter hingestellt werden. Sie seien es, die das Dorf ins Gerede gebracht hätten, nicht die Männer.

Helmut Will: Leider ist es so, dass die Opfer zu Tätern gemacht werden. Dagegen muss man ankämpfen.

Autorin: Wie?

Helmut Will: Ein Opfer hat nie Schuld, da gibt es gar keine Diskussion. Wir haben eine Veranstaltung zum Thema Eschenau im nahen Knetzgau gemacht. Das Thema hieß »Sexueller Missbrauch und Umgang mit den Folgen«. Es kamen die Opfer und es kamen auch die Angehörigen der Täter. Klar war, dass keiner vom Weißen Ring, der Opferschutzorganisation, etwas zum Thema direkt sagen konnte. Hier konnte man den Vorwurf nicht gebrauchen, dass wir auf der Seite der Opfer stünden. Deshalb hielt ein Sozialarbeiter ein ganz hervorragendes Referat. Er hat die Situation der Opfer, der Täter und der Angehörigen beleuchtet – zwei Stunden lang. Die Menschen waren so aufmerksam, man hätte eine Stecknadel fallen hören können. Auch die Diskussion verlief absolut sachlich. Ich hatte den Eindruck, dass ein Hineindenken in den »Gegner« stattgefunden hat. Das war ein Schritt, um den Menschen klarzumachen, dass ein Opfer keine Schuld trägt, kein Täter ist.

Autorin: Aber das Dorf ist ja immer noch zwiegespalten. Was kann da noch helfen?

Helmut Will: Wir wollen Opfer und Angehörige der Täter ganz intim zusammenbringen. Das soll völlig ohne Öffentlichkeit stattfinden. Den Zeitpunkt muss man abwarten. Die Opfer in Eschenau fühlen sich nicht gut: Wenn sie durchs Dorf gehen und auf einen Angehörigen der Männer treffen, wissen die Angehörigen überhaupt nicht, wie sie sich verhalten sollen. Die haben regelrecht Angst oder Scheu vor diesen Treffen. In einem geschützten Raum sollte jeder sagen dürfen, was er auf dem Herzen hat. Aber auch da werden wir versuchen, einen Profi hinzuzuziehen, der so ein Treffen aus fachlicher Sicht begleitet.

Autorin: Wäre das eine Chance für Familie Becker gewesen, die Eschenau jetzt verlassen hat?

Helmut Will: Durchaus möglich. Wenn die Menschen einmal ganz ehrlich sagen können, was sie denken, werden einige wohl feststellen, dass die, die ihnen gegenübersitzen, nichts für die jetzige Situation können. Vielleicht können sie sich dann wieder auf der Straße begegnen, ohne dass sie versuchen, vorher auszuweichen.

Autorin: Wie erklären Sie sich, dass über 40 Jahre lang dort niemand von den Übergriffen gewusst haben will?

Helmut Will: Dass es niemand mitgekriegt hat, glaube ich nicht. Ich bin sicher, dass die Ehefrau des Inhaftierten zumindest einen Teil gewusst hat. Bei vielen Opfern überwiegt die Scham, man hat sich früher seinen Eltern nicht so offenbart. Ich kenne das ja noch aus meiner Zeit. Den Mädchen hat man damals gedroht: »Komm mir bloß nicht heim und es ist was passiert!« Aber wie die Mädchen verhindern sollten, dass etwas passiert, darüber wurde nicht geredet. Und wenn dann was passiert war, wurde oft so reagiert: »Komm, hör auf, vielleicht hast du den gereizt, warst vielleicht zu aufreizend angezogen!« Wenn eine Frau einen Minirock anhat, ist das nie eine Einladung, sie zu vergewaltigen! Die Leute hatten früher Angst, sich ihren Eltern anzuvertrauen, das war eine andere Zeit als heute. Und wenn einmal Zeit vergangen ist, dann wird es immer schwerer, darüber zu reden. Es kann vorkommen, dass die Taten beim Opfer tatsächlich in Vergessenheit geraten, und plötzlich kommt dann alles wieder hoch.

Autorin: Also ein guter Rat an alle missbrauchten Mädchen und Jungen: so schnell wie möglich darüber reden?

Helmut Will: Ja, das ist wichtig. Mit therapeutischer Hilfe hat man die besten Chancen, es zu verarbeiten. Je länger das dauert, desto länger dauert die Aufarbeitung.

Autorin: Frau Marks hat erst nach 46 Jahren gesprochen. Welche psychischen Löcher drohen ihr noch?

Helmut Will: Für mich ist sie die Gefestigtste, mit der ich gesprochen habe. Doch jetzt wird alles aufgewühlt, in ihre Psyche kann ich nicht blicken. Ich bin froh, dass sie sich therapeutische Hilfe gesucht hat. Sie muss sich unbedingt helfen lassen. Wie sich auch Frau Holst helfen ließ und jetzt anderen Opfern Ratschläge geben kann.

Autorin: Es hält sich bei vielen das Märchen, dass man Missbrauchsfälle nicht anzeigen könne, wenn nicht das eigene Kind betroffen sei. Viele meinen, es sei allein Sache der Eltern, und nur die können den Missbrauch anzeigen.

Helmut Will: Das stimmt nicht. Es ist nicht wie bei einer Beleidigung oder Körperverletzung, dass das Antragsrecht beim Erziehungsberechtigten liegt. Sexueller Missbrauch ist ein Offizialdelikt, das von Amts wegen verfolgt werden muss. Und egal wer zur Polizei geht, dem wird nachgegangen, egal, ob das die Eltern wollen oder nicht. Es ist ein absoluter Fehler, wenn man meint, die Eltern müssten dahinterstehen.

Autorin: Helfen Sie eigentlich auch den anderen Kindern, deren Missbrauchsfälle jetzt vor Gericht zur Sprache kommen? Eines der Kinder ist jetzt erst 13 Jahre alt.

Helmut Will: Wir haben Kontakt zu den Eltern aufgenommen, aber die wollen ihren Kindern mit anderen Therapien helfen, außerhalb des Weißen Rings. Das ist völlig in Ordnung, wir drängen uns nicht auf.

Autorin: Die Frau des Mannes, der sich das Leben genommen hat, und die Frau des Mannes, der verurteilt wurde – auch ihre Leben haben sich radikal verändert. Aus deren Position betrachtet, müssen die Frauen auch als Opfer gelten. Helfen Sie auch denen?

Helmut Will: Nein. Der Weiße Ring betreut nur Opfer, nicht Angehörige der Täter. Das muss man trennen. Aus meiner Sicht müssten auch sie Hilfe in Anspruch nehmen. Ganz klar: Für die ist eine Welt zusammengebrochen. Da entstehen auch psychische Probleme. Und auch, dass viele Mitleid mit den Opfern haben, niemand aber mit den Angehörigen der Täter. Weil man glaubt, dass die gewusst haben müssen, was ihr Partner angestellt hat. Aber in vielen Fällen wissen Frauen tatsächlich, dass ihre oder andere Kinder missbraucht werden. Und sie schweigen. Leider. Egal wie: Auch die Frauen brauchen Hilfe. Allein aus dem Umstand heraus, mit einem Kinderschänder verheiratet gewesen zu sein, entsteht noch keine Schuld. Hilfe brauchen sie, ja. Aber nicht vom Weißen Ring.

Autorin: Sie besetzen ein Ehrenamt, Sie können gerade einmal Ihre Fahrtkosten absetzen. Was motiviert Sie, sich für wildfremde Menschen einzusetzen?

Helmut Will: Es ist das Vertrauen, das diese Menschen in einen setzen. Dass sie uns teilweise ganz intime Dinge anvertrauen und wissen, dass sie nicht enttäuscht werden. Und wenn dann mal ein Kärtchen oder ein Dankeschön kommt, da freue ich mich schon sehr.

13

Warum schweigen oft die Ehefrauen?

Die Geschichte der Täter – wie in Eschenau – ist auch immer die ihrer Angehörigen. Die Männer, denen die Vergewaltigungen vorgeworfen werden, haben selbst Familie. Sie haben Mütter, Väter, Ehefrauen, Kinder, Enkelkinder. Sie sind verwandt mit den Familien der Opfer. Unbeteiligt ist kaum einer der Erwachsenen in Eschenau. Während die Opfer diskreditiert werden, müssen die Ehefrau des Tatverdächtigen und die Witwe davon ausgehen, dass hinter ihrem Rücken über sie geredet wird. Frauen, die über 40 Jahre lang nicht erkannten, dass sie an der Seite eines Verbrechers, eines Kinderschänders wohnten? Das, so meinen viele, die über Eschenau in der Zeitung gelesen haben, könne nicht sein. Die Frauen werden zu Mitwissern gemacht, zu Geheimnisträgerinnen. Einige trauten ihnen sogar zu, Komplizinnen gewesen zu sein.

Normalerweise glaubt in Dörfern wie Eschenau jeder, alles über den anderen zu wissen. Doch es gibt nur wenige Fakten über die beiden Ehefrauen. Die Witwe äußerte sich nur ein Mal mit einem Satz: »Wenn es wirklich so war, hätte man es anders lösen müssen.« Kunigunde G., die geschiedene Frau des mittlerweile Verurteilten, hatte zum ersten Mal während der Sitzung zur Planung des Dorffestes den Mut bewiesen, offensiv mit einer Tat ihres Mannes umzugehen. Wie aber hat das Leben dieser Frau in den vergangenen Jahrzehnten ausgesehen? Wie ging sie selbst mit diesem Schock um? Was hielt sie länger bei ihm? Die Sorge um die drei eigenen Kinder? Finanzielle Ausweglosigkeiten? Tradition, Glaube und Kirche? Hat sie ihm Bedingungen gestellt? Hat er beteuert, es passiere nie wieder? Hat sie das geglaubt? Haben Kontrollmechanismen daraufhin ihr Leben bestimmt? War das geprägt von Misstrauen, Unsicher-

252

heit und Lügen? Oder hat sie sich eine heile Welt zusammenge-
reimt, an der sie krampfhaft festhielt?

Psychologe Jürgen Müller-Hohagen kennt Gründe, warum
Ehefrauen und Mütter bei Missbrauchstätern bleiben:»Es
können Abhängigkeiten, beispielsweise materielle, sein. Ich
erlebe aber auch sehr oft, dass diese Frauen nie gelernt haben,
tatsächlich ›Nein‹ zu sagen. Denn das beinhaltet, dass sie vorher ja schon konkret hingesehen haben müssen, und das hat zur
Folge, dass sie eine definitive Stellung beziehen müssen. Ein
›Nein‹, ein klares ›bis hier hin und nicht weiter‹ ist eine ultima-
tive Grenze. Eine Grenze, die diese Frauen in ihrem Leben vielleicht noch nie gesetzt haben oder nicht setzen konnten.
Manchmal deshalb, weil auch sie als Kind missbraucht wurden.« So wie die Pädagogin Hanne Kastner. Über Jahre hinweg
wurde sie von ihr nahestehenden Männern missbraucht. In
einer Zeit, in der sie selbst noch unfähig war, das eigene Leid
zu benennen, unfähig, sich selbst zu helfen, offenbarte sich ihr
ihre Tochter. Die damals Neunjährige wollte nicht mehr den
Großvater besuchen. Das Mädchen sagte:»Der Opa fasst mir
in die Unterhose.« Hanne Kastner, aufgewachsen in einer Welt
der Brutalität, der sexuellen Gewalt, des Schweigens und der
Drohungen, hat lange darunter gelitten,»dass ich meiner
Tochter nicht helfen konnte«. Die Tochter musste weiterhin
zum Opa und auch er kam zu Besuch.

Ein weiteres, gängiges Verhaltensmuster wäre laut Müller-
Hohagen, dass das persönliche Umfeld eines Kindes Veränderun-
gen an ihm bemerkt, aber keine logischen Schlüsse daraus zieht.
Der Missbrauch wird nicht benannt oder sogar abgeschwächt:
Aus einer Vergewaltigung wird»Fummeln«, oder man gibt dem
Kind eine Mitschuld an dem Verbrechen – »dazu gehören ja
zwei«, hört man dann oft. Nicht zu vergessen ist die große
Scham, dass so etwas in der eigenen Familie passiert ist.

Jedoch gibt es auch Fälle, in denen Frauen den Missbrauch
ihres Kindes oder den anderer Kinder deshalb verschweigen
und vertuschen, um so von sich abzulenken. Sie opfern das

Kind regelrecht, um nicht selbst in den Fokus des Vergewaltigers zu rücken. »Man spürt das Gewaltpotential des Täters und versucht, es zu besänftigen, um von sich abzulenken«, so erklärt Müller-Hohagen.

Oft ist es aber das Festhalten an einer heilen Welt, an der heilen Familie, am ehrenwerten Ansehen, was Mütter zum Schweigen bringt. »Wir alle haben den Wunsch nach heiler Welt. Aber das ist unrealistisch«, sagt Müller-Hohagen, »sie ist dann einigermaßen heil, wenn wir Konflikte wahrnehmen können.«

Ob Kunigunde G. diese Konflikte wahrgenommen hat, kann sie nur selbst beantworten. Das tat sie auch gegenüber der Autorin in einem ausführlichen, sehr persönlichen und nahegehenden Gespräch. Doch diese Antworten will Kunigunde G. nicht veröffentlicht sehen. Zum einen sind ihre Kinder dagegen, zum anderen möchte sie nicht erneut in der Öffentlichkeit stehen. Kurz nach dem Prozess aber gestattete sie dem *Haßfurter Tagblatt* einen kleineren Einblick in ihr Seelenleben. Beim Umfang dieser Äußerungen, die auch ein Teil des Gesprächs für dieses Buch gewesen sind, möchte sie bleiben.

So habe die heute 56-Jährige 1979 erfahren, dass ihr Mann kurz zuvor ein junges Mädchen aus Eschenau sexuell missbraucht hat. Es ist der Fall von Renate Rosenbaum, der vor Gericht 2007 verhandelt wurde. Die Vorwürfe, dass sie ja spätestens dann von den Neigungen ihres Mannes wusste und später wohl einfach weggeschaut habe oder als Mitwisserin und Mittäterin ihrem Mann als Tagesmutter sogar Kinder zugeführt habe, widerspricht die Mutter von drei erwachsenen Söhnen heftig. »Mir ist in all den Jahren nichts aufgefallen, und ich schwöre Ihnen bei Gott, wenn ich auch nur den leisesten Verdacht gehabt hätte, dann wäre mir kein Kind mehr ins Haus gekommen«, sagt sie in dem Zeitungsinterview. »Ich hätte mich dann sofort von meinem Mann getrennt.« Seit sie von den Vorwürfen gegen ihren Mann im Frühjahr 2007 wisse, habe sie das auch in die Tat umgesetzt und fortan kein

Kind mehr ins Haus genommen. Hinweise aus der Dorfbevölkerung, dass ihr Mann sich zu Mädchen hingezogen fühle, hätte es keine gegeben. Kunigunde G. erklärt, sie sei nur von ein und derselben Person ständig auf den Vorfall 1978 angesprochen worden. »Aber mein Mann hat mir schon damals und später immer wieder versichert, dass das ein einmaliger Vorfall gewesen ist. Natürlich war ich in den Jahren danach vorsichtig, und für unsere Ehe war das eine schwere Probe«, erzählt sie. Deshalb hätte sie auch aufgehört zu arbeiten, um auf ihren Mann aufpassen zu können. Zweifel an seinem einwandfreien Verhalten hätte sie nie gehabt.

Auch der jüngste Sohn des Paares, ein heute 31-Jähriger, kannte seinen Vater nur als »liebevoll. Er war nie gewalttätig, hat nie geschrien oder geschlagen.« Ihren Söhnen, Eltern und Schwiegereltern habe Kunigunde G. die Geschehnisse 1978 verheimlicht. Im späteren Prozess sagt der junge Mann in einer Verhandlungspause, dass er bis dahin nichts von den Vorwürfen gewusst habe: »Und ich bin meiner Mutter dankbar, dass sie es uns verschwiegen hat. Denn so hatten wir eine glückliche Kindheit mit einem Vater, den wir lieben durften.« Kunigunde G. sagt weiter: »Wir haben keine Ahnung, was ihn dazu getrieben hat, eine Seite von ihm ist uns völlig fremd.«

Wie mit der Familie des Opfers damals abgesprochen, sorgte sie dafür, dass ihr Mann eine Therapie besuchte. »Ich bin damals zum Hausarzt gegangen und habe um Hilfe gebeten. Und der hat mir geantwortet, was wollen Sie denn, das haben doch die alten Griechen und Römer auch gemacht.«

Grundsätzlich, sagt Kunigunde G., glaube sie den Aussagen der Opfer. Aber nicht nachvollziehbar ist für sie, dass das ganze Dorf zu Mitwissern gemacht werde. Sie meint: »Damit haben sie ganz Eschenau in Verruf gebracht und viele anständige Menschen hier verleumdet.« Sie wird in Eschenau weiter wohnen bleiben. »Wo soll ich denn auch hingehen, überall wo ich hinkomme, ist mein Ruf ruiniert«, sagt sie.

14

»Werden wir jetzt alle totgemacht?«

1978 wurde Renate Rosenbaum das Opfer von Kunigunde G.s Mann Bernd. Konsequenzen gab es keine – die Familien regelten das intern. Erst im Zuge der Offenbarungen von Heidi Marks und Sofie Holst entschied sich Renate Rosenbaum als erwachsene Frau, den Eschenauer anzuzeigen.

Befreit, erleichtert und auch leer, so beschreibt Renate Rosenbaum drei Wochen nach dem Prozess, wie es ihr geht. Von außen betrachtet, hat sie der Alltag wieder. Sie arbeitet Tag für Tag im Familienbetrieb, der einzigen Gastwirtschaft in Eschenau. Das ist aber die einzige Konstante. Ihr Leben hat sich verändert. »Ich bin selbstbewusster geworden«, sagt sie. Früher, da wäre sie nicht einmal alleine die kurze Hauptstraße quer durch die Innenstadt Haßfurts gegangen, »nie habe ich das gemacht, da habe ich sogar mein Kind an der Hand gebraucht, damit ich das Gefühl hatte, mich starrt keiner an«. Den Mut zu haben, Bernd G. anzuzeigen und in einem Prozess um ihr Recht zu kämpfen, hat aus einer verängstigten, zurückgezogenen jungen Frau einen Menschen gemacht, der jetzt dafür einsteht, »dass zwischen Recht und Unrecht klar geteilt und unterschieden wird«. Dass das in Eschenau auch nach dem Prozess noch nicht für alle möglich ist, ist für die 36-Jährige »das Schlimmste«. »Er wurde zu viereinhalb Jahren verurteilt. Damit sollte doch jedem klar sein, wer der Täter ist und wer die Opfer«, sagt sie. Manchmal fühle sie sich wie im Mittelalter, fügt sie hinzu.

Mit neun Jahren hat sich Renate Rosenbaum 1980 zum ersten Mal ihrem Bruder anvertraut. Dem erzählte sie, dass Bernd G. versucht hatte, sie nach dem Kindergartenfest zu vergewaltigen. Der Bruder konnte das Geheimnis nicht lange für sich behalten und erzählte es den Eltern. Die Folge war ein Gespräch der Eltern mit Kunigunde G. und die Abmachung, dass Bernd G. eine Therapie machen würde. Doch einen wirklichen Schutz hat es dadurch nicht für Renate Rosenbaum gegeben. Sie war trotz des Kneipenverbots, das kurzfristig gegen Bernd G. ausgesprochen wurde, ihrem Peiniger immer wieder ausgesetzt. »Es hat sich so eingeschlichen, dass er auf einmal wieder am Tisch saß.« Für Renate war das der blanke Horror. »Wenn ich gesehen habe, dass er in der Wirtschaft saß, bin ich rückwärts wieder rausgelaufen«, erzählt sie. Auch ihrem Bruder, der sein Leben lang für die Schwester die Rolle des großen Beschützers gespielt hat und immer, sagt sie, ihr zuliebe zurückgesteckt hat, ging das zu weit. »Am liebsten hätte er ihn rausgeschmissen«, erzählt die 36-Jährige. Doch die Mutter sei dagegen gewesen. Das könne man nicht machen, so vor allen Eschenauern. Renate verstand das nie

Es war eine andere Zeit. Es war eine andere Gesellschaft. Die Gastwirtschaft bedeutete für die Familie das Einkommen und verlangte auch ein angepasstes Verhalten – als Wirtsleute standen sie ein wenig mehr in der Öffentlichkeit als andere Eschenauer. Der jungen Wirtin Renate Rosenbaum ist das heute egal. Es ist ihr egal, dass kurz nach ihrer Anzeige ein komplettes Konfirmationsfest in ihren Gaststuben abgesagt wurde, dass Einzelne jetzt ihr Bier nicht mehr bei ihr bestellen. »So schwach wie die«, das weiß sie jetzt, »bin ich nicht.«

Nicht egal ist Renate Rosenbaum, wie in der Vergangenheit innerhalb ihrer Familie mit dem Missbrauch umgegangen wurde. Schritt für Schritt arbeitet sie jetzt diese Erfahrungen auf. Dass ihre Mutter früher nicht verhindert hat, dass sie Begegnungen mit Bernd G. ausgesetzt war, das beschäftigt Renate Rosenbaum besonders. Aber sie sieht auch: Die Mutter war selbst nicht anders erzogen worden. »Sei ruhig, sei still«, sagt sie, das waren gängige Verhaltensregeln, die ihr beigebracht wurden, und mit dieser Erwartungshaltung zog sie auch die eigenen Kinder groß.

Aufbegehrt hat Renate Rosenbaum damals nicht. Jetzt tut sie es, sie redet. Auch mit ihrer Mutter, für die der Umgang mit der »neuen«, selbstbewussten Renate sicher nicht leicht ist. Doch Renate pocht darauf: »Auch wenn die Mama dann weint: Wir sind Menschen, wir müssen miteinander reden. Oder wir machen weiter wie bisher.« Diese Alternative gibt es für Renate Rosenbaum aber nicht mehr. Sie weiß, dass sie sich damit auseinandersetzen muss, dass Bernd G. nach der Gefängnisstrafe wieder im Ort wohnen wird. Doch jetzt fühlt sie sich stark genug, jetzt braucht sie den Schutz anderer nicht mehr: »Wenn er sich mir oder meiner Familie nähert, werde ich Grenzen setzen.«

Das ist ein Blick in die ferne Zukunft, noch führen Renate Rosenbaum und ihr Mann Herbert kein normales Leben. Zu präsent sind noch die Eindrücke aus dem Prozess und auch die unmittelbaren Folgen. Denn auch sie werden von anderen ignoriert. »Ich merke es doch«, sagt Renate Rosenbaum, »wie schnell die Menschen plötzlich in ihren Autos verschwinden. Wie schnell sie um die Ecken biegen.« Merkwürdigerweise sind es auch die Mütter, die Renate Rosenbaum früher selbst vor Bernd G. gewarnt hatte, damit sie auf ihre Kinder aufpassen.

Auch für Renate Rosenbaums Kinder ist die Situation schlimm. »Die ganze Sache beeinträchtigt unser Familienleben sehr«, sagt sie. Die beiden Mädchen sind sieben und neun Jahre alt und der Jüngste wird im Dezember vier – sie alle leiden mit. Äußerlich messbar ist das an den Schulnoten, die sich in den vergangenen Monaten deutlich verschlechtert haben. Wie es in den Kinderköpfen aussieht, erschreckt die Eltern oft. »Die Älteste fragte mich, ob wir jetzt alle totgemacht werden. Sie träumt nachts vom bösen Mann. Und die Angst der Mittleren war es, ob der Mann jetzt weitermache«, erzählt Renate Rosenbaum. Schon allein wegen dieser Reaktionen ist sie sich sicher, mit der Anzeige richtig gehandelt zu haben – »damit habe ich auch für andere Kinder gesorgt«.

Immer an ihrer Seite ist ihr Mann Herbert. Ein Familienmensch durch und durch, der jetzt noch enger an der Seite seiner Frau steht. Als er Renate Rosenbaum vor 15 Jahren kennenlernte, war sie kein fröhliches, unbeschwertes Mädchen, sondern eine verängstigte junge Frau, die nur mit ihrem Bruder ausging. »Mein Mann hat mich schon damals getragen und hat es nicht gemerkt«, so umschreibt Renate Rosenbaum, wie sicher sie sich immer bei ihm gefühlt hat, ohne dass er Einzelheiten des sexuellen Übergriffs kannte. Geschweige denn, in der Kennenlernphase eine Ahnung hatte, wie fest dieser Missbrauch auch ihre Psyche im Griff hatte.

Herbert Rosenbaum sagt: »Vor der Hochzeit hat sie mir erzählt, was passiert ist. Aber keine Einzelheiten. Die habe ich jetzt erst während des Prozesses erfahren. Ich hätte heulen können.« Er stand auch den Prozess mit ihr durch, er hielt ihre Hand im Zeugenstand, als seine Frau den schlimmsten Moment vor sich hatte: in direkter Nähe von Bernd G. zu sitzen. »Es war auch deshalb so furchtbar, weil ich das Gefühl hatte, mich vor ihm rechtfertigen zu müssen«, beschreibt Renate Rosenbaum die Stunden im Gericht, »dabei ging es um so viele unwichtige Dinge, die in meiner Erinnerung überhaupt keine Rolle spielten.«

Ganz langsam hat es das Paar damals angehen lassen, als sie sich in einer Disko kennenlernten. Herbert Rosenbaum war von der stillen, schönen, dunkelhaarigen Frau sofort angetan. Aber Renate war es wichtig, »erst Vertrauen zu schaffen«. Als sie ihm erzählte, was ihr passiert war, bot er ihr sofort an, sie bei einer Anzeige zu unterstützen. Renate war damals noch nicht so weit, und so war auch ihr Ehemann der Konfrontation mit dem Täter jahrelang ausgesetzt. »Am liebsten hätte ich ihn mir einmal geschnappt«, gesteht Herbert Rosenbaum, der bereits ein halbes Jahr nach dem Kennenlernen fest im Gastwirtsalltag integriert war. Doch wie auch Renates Bruder hütete er das Geheimnis, es blieb in der Familie. »Auch mein Bruder ist dadurch zum Opfer geworden. Er würde alles für mich tun, bis heute. Auch er hat jahrelang schweigen müssen und muss jetzt lernen, offen zu sagen, was Recht ist und was Unrecht«, sagt Renate Rosenbaum.

Viele Erinnerungen hat die 36-Jährige einfach gestrichen. Sie sind wie übermalt. »Ich war damals, als es passiert ist, auch einfach weg – ich war nicht mehr da«, so beschreibt sie die Folgen des sexuellen Missbrauchs und das schwere Trauma, das sie dann ereilte. Details sind für sie nicht mehr abrufbar. »Ich habe die Erinnerungen an Details einfach abgeschaltet«, sagt sie. In manchen Nächten lässt sie genau der Gedanke daran nicht schlafen. Was hat er noch mit ihr gemacht, was der Staatsanwalt nicht angeklagt hat? Was hat sie verdrängt? Was war da noch außer diesem aus Kinderaugen betrachtet uralten Mann, der sie mit Macht auf den Rücksitz drängte, ihr den Schlüpfer auszog, das Kleid nach oben schob, und dann die Schmerzen, diese Schmerzen, die sie Jahre später noch spüren kann, die immer wiederkommen, wenn sie sich mit dem Thema auseinandersetzt. Was war da noch, fragt sie sich immer wieder. Vielleicht war nichts mehr als diese Qualen, doch die Ungewissheit macht sie mürbe.

Von dem Kindergartenfest, nach dem sie sexuell missbraucht wurde, hat Renate Rosenbaum bis heute kein Foto gesehen. »Jetzt will ich es aber«, jetzt möchte sie Fotos sehen, die sie in diesem Kleid zeigen, von dem auch im Prozess die Rede war. Dieses Kleid ist für sie eine Art Anker. »Denn komischerweise habe ich dieses Kleid nie weggeschmissen«, erzählt sie. Das wurde Renate Rosenbaum bei ihrer Zeugenaussage vor der Polizei klar. Das Kleid wurde für sie zum Beweisstück, dass alles so war, wie es in ihrer Erinnerung präsent ist. Für sie ist der Umstand, dass sie es so lange aufgehoben hat, wie ein Fingerzeig ihres Unterbewusstseins. »Ich habe kein einziges Kleidungsstück mehr aus meiner Kindheit. Nur das habe ich nie weggeworfen. Das Kleid liegt jetzt bei der Kripo. Da kann es bleiben. Jetzt brauche ich es nicht mehr«, sagt sie.

15

»Einen Großteil ihres Lebens hat sie gegen Scham und Ekel vor sich selbst gekämpft.«

Was sexueller Missbrauch für Folgen hat – für Kinder im Allgemeinen und Heidi Marks im Besonderen –, beschreibt ihre Psychologin Linda L. Hartley im Interview mit der Autorin.

Autorin: Frau Hartley, Sie sind die Psychologin von Heidi Marks. Bevor wir uns mit ihr beschäftigen, könnten Sie uns kurz etwas über Ihren beruflichen Werdegang und Ihre Praxis erzählen? Ich weiß, dass Sie für Ihre Arbeit bisher zwei Mal die Auszeichnung »Sozialarbeiterin des Jahres« von der National Association of Social Workers erhielten.

Linda L. Hartley: Ich habe zunächst eine Ausbildung an der Akademie zur staatlich geprüften Sozialarbeiterin gemacht, bevor ich Sozialarbeit an den Universitäten in Fort Wayne und Indianapolis studiert habe. Danach arbeitete ich lange in einer Mutter-Kind-Klinik in Fort Wayne. Ich kümmerte mich dort um die Behandlung der Kinder, die über die Notaufnahme ins Krankenhaus kamen und deren Verletzungen im Zusammenhang mit irgendeiner Form von Kindesmissbrauch standen.

Vor etwa zehn Jahren wechselte ich dann die Stelle und arbeite seither in einer Praxis für psychische Erkrankungen, entwickle Tagesprogramme für Schüler mit schwerwiegenden emotionalen Störungen usw.

Autorin: Unterscheidet sich der Fall von Frau Marks von anderen, mit denen Sie in der Vergangenheit zu tun hatten, und falls ja, inwiefern?

Linda L. Hartley: Heidis Fall unterscheidet sich in der Tat von allen anderen Überlebensgeschichten in Fällen von sexuellem Missbrauch, bei denen ich jemals mitgeholfen habe. Der Mensch an sich hat bei Lebenstraumata bestimmte generelle Arten des Erlebens und Reagierens. Hier aber spielt die Tatsache, dass Heidi aus einem anderen Land stammt – Deutschland – und eine andere Sprache spricht, dass sie in einem kleinen Dorf mit ganz anderen gesellschaftlichen Moralvorstellungen, Gebräuchen und einer anderen Kultur aufgewachsen ist, eine bedeutende Rolle.

Autorin: Mit welcher Art von Problemen werden Frauen wie Heidi konfrontiert, wenn sie erst einmal angefangen haben, über das Trauma zu sprechen?

Linda L. Hartley: Wenn ein Mensch, der in der Kindheit Opfer von sexuellem Missbrauch war, zum ersten Mal darüber spricht, ruft das ganz unterschiedliche Reaktionen hervor. Die Menschen, die dem Opfer am nächsten stehen, sind entsetzt. Sie können nicht glauben, dass einer Person, die sie lieben, so etwas zugestoßen ist und sie selbst gar nichts davon mitbekommen haben. Zu Beginn wird das Opfer von ihnen liebevoll aufgefangen. Sie möchten es trösten, wollen aber auch Informationen: Wer hat was wann getan, und: Warum hat das Opfer nichts erzählt? Es fällt schwer, das alles zu verstehen, und das Umfeld hat das Bedürfnis, dem Opfer Liebe und Unterstützung angedeihen zu lassen.

Bei den Menschen, die dem Täter nahestehen, verhält es sich anders. Sie unterstützen den Täter und sehen in ihm das aktuelle Opfer. Sie können die Tatsache nicht akzeptieren, dass er oder sie eine solche Tat möglicherweise begangen hat, und leugnen sie, um die Unterstützung auch leisten zu können. Mitunter sind sie sehr frustriert und wütend und verdrehen den Sachverhalt so, dass das Opfer beschuldigt wird oder dass Zweifel an seiner Geschichte aufkommen. Eventuell entwerfen sie auch ein Szenario, in dem das Opfer den Täter verführt oder bereitwillig mitgemacht hat.

Und schließlich sind da noch die Personen, die in der Mitte stehen, also Menschen, die eine Position zwischen

Opfer und Täter haben. Das kann zum Beispiel die Ehefrau des Täters sein, die zugleich die Mutter des Opfers ist, ein Geschwisterkind von sowohl Täter als auch Opfer oder ein Kind des Täters, das mit dem Opfer verwandt ist, zum Beispiel sein Cousin oder seine Cousine. Sie empfinden zuweilen ausgesprochen starke Loyalität gegenüber dem Täter, stehen zugleich aber dem Opfer nahe und haben es sehr gern. Sie schwanken zwischen beiden hin und her, versuchen, Opfer und Täter gleichermaßen zu unterstützen, und spielen das Problem dabei herunter oder leugnen es. Für das Opfer klingt dies möglicherweise nur nach Zweifeln und Schuldzuweisungen. Der Umgang mit dieser Personengruppe ist für das Opfer vermutlich am schwierigsten.

Autorin: Warum reagieren manche Menschen Ihrer Meinung nach mit Hass, persönlichen Angriffen und Drohungen?

Linda L. Hartley: Sexueller Missbrauch von Kindern ist ein solch großes Tabu – sie wollen nicht, dass es wahr ist. Bei manchen ist die Angst, selbst als Täter oder Opfer erkannt zu werden, die Ursache. Die Menschen begegnen diesem Problem mit großer Ablehnung, denn es bringt so viel Unbequemes mit sich, das sie zu vermeiden wünschen.

Autorin: Heidi Marks glaubte lange, sie sei das einzige Opfer, und aus diesem Grund entwickelte sie ein Gefühl der Scham. Warum schämen sich die Opfer? Sie haben doch gar nichts getan.

Linda L. Hartley: Scham ist ein sehr schlechter Bewältigungsmechanismus. Sie entsteht dadurch, dass die Opfer glauben, sie seien die einzigen, und wenn sie die einzigen sind, dann müssen sie etwas getan haben, das zu einem solchen Übergriff geführt hat. Sie halten sich für fehlerhaft und glauben, sie hätten etwas Schlechtes getan.

Scham geht mit der Gewissheit einher, einen schlimmen Fehler begangen zu haben. Die Opfer sind davon überzeugt, dass jeder den Fehler sieht und dann schlecht über sie gedacht wird. Es fühlt sich an wie ein Schandmal – man trägt ein Zeichen und glaubt, man wird aufgrund dessen von den Mitmenschen gemieden.

Es kommt zum Phänomen der seelischen Fixierung: Das Erleben eines Übergriffes in Form von sexuellem Missbrauch sprengt so sehr den Rahmen des Normalen, und es spielen so viele Macht- und Kontrollaspekte mit hinein, dass das Opfer in der Kindheit verharrt, beziehungsweise sich dorthin zurückzieht oder die Kindheit nicht verlassen kann. In gewisser Weise wird der Kontakt mit dem Erwachsenenverhalten vermieden; aufgrund von Verwirrung, Angst, Schmerz und Abscheu ist es unvorstellbar, ein Teil der Erwachsenenwelt zu sein. Der Gedanke ist: »Ich will nicht erwachsen werden und in der Erwachsenenwelt sein, die mich verletzt hat. Ich will mich verstecken und die Erwachsenenwelt nicht betreten.« So könnte ein Kind denken und fühlen, aber es wäre natürlich nicht in der Lage, dies so auszudrücken.

Autorin: Warum setzt sich das Gefühl der Scham durch das ganze Leben der Kinder fort, in diesem Fall bis zum Alter von 50 Jahren?

Linda L. Hartley: Scham beginnt in der Kindheit – mit dem Missbrauch. Kinder wissen nur das, was sie Jahr für Jahr lernen. Über Sexualverhalten wissen sie gar nichts, spüren aber, dass es schlecht ist und dass sie schlecht sind. Niemand darf es je erfahren, zumindest dann nicht, wenn sie nicht als sehr schlechter Mensch gelten wollen. Findet der Missbrauch in der Kindheit statt, hört die Seele in dem betreffenden Entwicklungsalter auf zu wachsen, und das Kind trägt diese Denkweise sein ganzes Leben lang in sich – bis die Person sich dem Problem stellt und der Heilungsprozess beginnen kann.

Autorin: Heidi Marks sagt, ihre emotionale Entwicklung habe im Alter von vier Jahren aufgehört. Ist das typisch?

Linda L. Hartley: Sehr typisch. Man spricht von der seelischen Fixierung zum Zeitpunkt des Missbrauchs.

Heidis Aussage, sie habe das Gefühl, erst als Erwachsene und nach dem Verlassen des Landes eine eigene Persönlichkeit entwickelt zu haben, beschreibt exakt, was viele Opfer empfinden. Das ist jedoch nicht alles. Wir kommen alle mit einer Persönlichkeit zur Welt, die sich stufenweise entwickelt. Eine erste Form erhält sie aufgrund von Veranlagung, Umfeldeinflüssen und kindlichen Lebenserfahrungen, durch die das Kind die Fähigkeit erwirbt, in der Welt zurechtzukommen und Wissen über die Welt anzusammeln. Ein erstes Bild von der Persönlichkeit eines Kindes wird im Temperament des Kleinkindes sichtbar und darin, ob es sich in Bezug auf seine Grundbedürfnisse genügsam, passiv oder fordernd verhält. Im ersten Lebensjahr zeigt es die natürlich angeborenen Züge seiner Persönlichkeit und lernt, wie andere darauf reagieren. Diese Reaktionen tragen sowohl zur Gestaltung der Persönlichkeit als auch zur Entwicklung des Gehirns bei.

Erleidet ein kleines Kind ein sexuelles Missbrauchstrauma, wird es sehr stark verletzt und versucht dies zu bewältigen, indem es so viel wie möglich aus seinem Inneren schöpft, um eine Situation zu überleben, die es weder verstehen noch benennen kann. Es schöpft aus allem, was es bis zu seinem derzeitigen Alter gelernt hat, und in Kombination mit seinen Stärken oder der angeborenen Belastbarkeit gibt es sein Bestes, um mit dem Trauma zurechtzukommen. So entsteht das Bild, das das Kind von sich selbst hat und davon, wie es sein muss, um zu überleben.

Viele Kinder mit einem sexuellen Trauma fangen dann an, in übertriebener Weise auf ihre Umwelt und ihre Mitmenschen zu reagieren. Das kann dazu führen – was auch oft geschieht –, dass das Kind den Mitmenschen alles recht machen will, um Ärger zu vermeiden, und dass es versucht herauszufinden, wie es erneute Verletzungen verhindern kann. Das hat ein starkes Bedürfnis nach Kontrolle sowie eine Grundangst zur Folge. Das Kind lebt in der ständigen

Furcht, dass wieder etwas Schlimmes passiert, daher hat es eine erhöhte Sensibilität für seine Umwelt und die Mitmenschen. Es glaubt, wenn es nur in ausreichendem Maße auf die Umwelt einginge, würde es nicht wieder verletzt. Dies äußert sich in Form von Nervosität, mangelnder Aufmerksamkeit und Ausdauer sowie Zerstreutheit und dem Glauben, es könnte andere tatsächlich dadurch kontrollieren, dass es sie mit seinem Handeln zufrieden stellt.

Andere zufrieden zu stellen ist eine Verhaltensweise an der Oberfläche, mit der Gefühle wie Scham und Wut abgewehrt werden. Mit Wut kann das Kind nicht umgehen, weil es das Gefühl hat, es habe kein Recht darauf. Und es ist überzeugt, andere seien der Meinung, wütend zu sein, stehe ihm nicht zu. Die Wut wird ein bedeutendes unterdrücktes Gefühl, das im Verhalten durchbricht.

Autorin: Heidi Marks hat ihren Eltern als Kind nicht erzählt, was geschehen war, obwohl sie eine intakte Familie hatte und ihren Eltern vertraute, wie sie sagt. Ist das typisch?

Linda L. Hartley: Es gibt viele Gründe, warum Kinder von einem Trauma erzählen oder nicht, und sie liegen im Wesen des Kindes und des Traumas. Manchmal sagen Kinder nichts, weil sie aufgrund ihres jungen Alters nicht wissen, dass dies nicht geschehen darf, und/oder sie verfügen nicht über die Worte, um darüber zu sprechen. Sie wissen, dass es sich nicht richtig angefühlt oder wehgetan hat, aber sie konnten es womöglich nicht erklären. Sie wissen vielleicht nicht, ob es richtig oder falsch ist, wenn so etwas geschieht. Womöglich hat der Täter gedroht, dem Kind oder den Eltern etwas anzutun; vielleicht hat er es davon überzeugt, dass niemand ihm glauben würde, auch die Eltern nicht, und dass alle – auch die Eltern – es für ein schlechtes, schmutziges Kind oder für einen Lügner halten würden. Der Täter bringt das Kind physisch, psychisch und emotional unter seine Kontrolle. Es lebt in der Angst, der Täter könnte ganz oder teilweise recht haben. Welches abhängige

Kind will solch ein Risiko eingehen? Ein weiteres Problem besteht darin, dass manche Kinder das Trauma in die hinterste Ecke ihres Alltagsgedächtnisses drängen und es nie so weit an die Oberfläche dringen lassen, dass sie darüber sprechen würden. Das kann bei den besten Eltern passieren. Das Kind hat ein so schlechtes Selbstbild, dass es überzeugt ist, es würde auf Ablehnung stoßen. Da es sich nicht mit anderen darüber beraten kann, ob das Geschehene normal ist, macht es alles, was nötig ist, um mit dieser Information zu überleben. Die größte Angst eines Kindes besteht darin, von seinen Eltern abgelehnt oder verlassen zu werden.

In Heidis Fall trifft dies alles zu. Hinzu kommt das Problem, dass das Dorf, in dem sie lebte, dazu beitrug, dass sie diese Information unterdrückte oder begrub. Das ganze Dorf hat die Tat mit verleugnet, ausgesprochen oder unausgesprochen. Dies wurde anhand der aktuellen Reaktion deutlich, nachdem der Missbrauch öffentlich zur Sprache gekommen war.

Autorin: Auch als Erwachsene hat Frau Marks nur ihrem Ehemann von den Geschehnissen in ihrer Kindheit berichtet. Warum?

Linda L. Hartley: Heidi konnte nur aufgrund einiger sehr wichtiger Faktoren darüber reden:

Sie wurde erwachsen.

Sie baute eine sichere, schützende Beziehung auf, in der sie nicht abgelehnt wurde.

Sie lebte nicht mehr in dem abweisenden, unsicheren Umfeld.

Diesen Verlauf sieht man häufig. In den USA geben sexuell missbrauchte Kinder oft gegenüber Vertrauenspersonen in der Schule, während eines Besuchs bei Verwandten oder bei dem anderen Elternteil massive Hinweise. In den USA ist man davon überzeugt, dass es sexuellen Missbrauch gibt, aber er wird von der Gesellschaft abgelehnt und nicht akzeptiert, das Recht des Kindes, sich sicher und beschützt zu fühlen, steht im Vordergrund. Dennoch müssen die Kinder, sofern der Missbrauch daheim geschehen ist, von zu Hause weg sein – und zwar nicht nur für ein paar Stunden –, damit sie darüber reden können. Es kann eine Weile dauern, bis ein Kind eine entsprechende Gelegenheit findet.

Der größte Unterschied zwischen den USA und Heidis Heimatdorf ist dieser: Sobald die Kinder reden können, im Alter von zwei bis drei Jahren, bringen wir ihnen bei, dass ihr Körper ihnen gehört und sie das Recht haben, nicht im Intimbereich berührt zu werden. Also bildlich gesprochen, überall dort nicht berührt zu werden, wo der Badeanzug den Körper bedeckt. In der Vorschule, der Kindertagesstätte und in der Schule wird dies thematisiert; man spricht über ihr Recht, nicht im Intimbereich berührt zu werden. Heidi lebte nicht in solch einer Gesellschaft oder Gemeinschaft und musste diese Erfahrung tief in ihrem Inneren verbergen. Das forderte im Laufe der Zeit seinen Tribut und schlug sich in ihrem Verhalten, ihrer Selbstachtung und ihrem Selbstwertgefühl nieder.

Autorin: Für Heidi Marks war es immer wichtig, es allen um sie herum recht zu machen. Sie wollte auch alle Menschen zu Hause beeindrucken, insbesondere die Täter. Warum ist das so?

Linda L. Hartley: Das Bedürfnis, es anderen recht zu machen und besonders gut zu sein, dient der Kompensation. Zum einen werden negative Gefühle und Überzeugungen kompensiert, die der Überlebende innerlich sich selbst gegenüber hegt. Zum anderen findet oftmals ein innerer Kampf um die Kontrolle statt, die der Täter dem Überlebenden nach dessen Empfinden genommen hat. Es ist für den Überlebenden eine Möglichkeit, mit seiner Wut auf den Täter umzugehen. Er durchschaut dies nicht mit solcher Klarheit, sondern hat vielmehr ein tiefes inneres Gefühl, das er nicht in Worte fasst. Im Innern des Überlebenden laufen beständig Kämpfe ab. Er fühlt bei den meisten Dingen, die er tut, den Drang, extrem gut zu sein. Die meisten Dinge macht er auch gut. Ein weiterer Aspekt im Verhalten der Überlebenden ist, dass begonnene Dinge nie zu Ende gebracht werden. Möglicherweise nehmen sie im Haus mehrere Umbau- oder Dekoprojekte in Angriff und beenden keines, oder sie beginnen im College mit bestimmten Hauptfächern und wechseln mehrmals. Vielleicht sind sie in allen Fächern hervorragend, sie bringen die Studien aber nie zu einem Abschluss. Dieses Verhalten basiert auf der Tatsache, dass sie nicht das Gefühl haben, Erfolg zu verdienen. Sie sind im Kampf um Macht und Kontrolle gefangen. Manche Überlebenden verlieren den Blick für das Wesentliche und langweilen sich, wenn sie keinen Stress und nichts Neues haben, das es zu bewältigen gilt. Das sind Konditionierungen durch das Trauma.

Autorin: Heidi Marks sagt, sie litt zu verschiedenen Zeitpunkten in ihrem Leben unter schweren Depressionen und »Flashbacks«. Zum Beispiel: Als ihr klar wurde, dass sie nicht schwanger werden konnte, als ihre beste Freundin starb, als ihre im Heimatort lebende Schwester schwanger wurde.

Linda L. Hartley: Vor dem Hintergrund meiner Tätigkeit im Bereich psychische Erkrankungen halte ich Heidi für einen ganz erstaunlichen Menschen. So schwer, wie das Trauma war, und so lange, wie das Geheimnis währte, und angesichts der Gesellschaft, in der sie aufwuchs, hätte Heidi chronisch geistig erkranken müssen. Es war ein Segen, dass sie Depressionen bekam – Geist und Körper teilten ihr auf diese Weise mit, dass etwas im Argen lag und sie wirklich über ihre Vergangenheit sprechen musste. Da Angst die Sorge darüber ist, was in den nächsten Minuten passieren wird, und Depression die Wut über das, was in der letzten Minute geschah, musste Heidi reden, um zu überleben.

Man kann aus vielen Gründen Depressionen bekommen, bei Überlebenden sexuellen Missbrauchs jedoch können Depressionen tödlich sein oder die Gesundheit schädigen. Die Menschen sind unterschiedlich stark belastbar, und das spielt dann eine Rolle, wenn wir versuchen, unsere Kindheit zu bewältigen. Heidi hatte eine verblüffende innere Stärke, die ihr half, es lange Zeit zu ertragen; das wirkte sich aber in Gestalt der Depression ernsthaft aus. Depressionen, das sind hoffnungslose, hilflose und wertlose Gedanken und Gefühle. Davon wird ein Mensch überwältigt. Auch die Sicht der Welt sowie Denkweisen und Verhalten werden negativ beeinflusst. Damit meine ich: Mit der dunklen und negativen Verfassung hat man immer dann extrem schlechte Gefühle, wenn etwas geschieht, das man nicht kontrollieren kann oder worüber man keine Macht hat. Gedanklich oder emotional mag das wirklichkeitsfremd sein, aber die Person ist in dem intensiven Bedürfnis nach Kontrolle und Macht gefangen. Wird also – gefühlt oder tatsächlich – Verlust erlebt, erzeugt dies eine starke Depression. Als Heidi kein Kind mehr bekommen konnte, ihre Freundin durch den Tod verlor und ihre Schwester schwanger wurde, berührten all diese Dinge Bereiche, die mit Macht und Kontrolle zu tun haben. All diese Probleme verstärkten Heidis Depression.

Bei der Schwangerschaft der Schwester ging es vorrangig um das, was Heidi verloren hatte, und nicht so sehr um das, was ihre Schwester bekam. Heidi befand sich somit in einem doppelten Konflikt, denn sie wollte gar nicht, dass ihre Schwester kinderlos blieb; vielmehr wurden ihr eigener Verlust und Kummer verstärkt. Das verstärkte wiederum ihre Depression, denn sie fühlte sich noch schuldiger und schämte sich, weil sie so empfand, und sie war nicht in der Lage, das irgendjemandem gegenüber zu äußern. Sie fühlte sich gefangen und überwältigt.

Die Erfahrung des Flashbacks ist für Überlebende nichts Ungewöhnliches. Flashbacks sind unterschiedlich intensiv.

Sie können in Form eines Traums erscheinen, sie können auch durch einen Anblick, Geruch oder Klang abgerufen werden, der zum Zeitpunkt des Traumas da war. Werden Kinder missbraucht, so entfernen sie sich oftmals psychisch, das bedeutet, sie verlassen den Augenblick, um überleben zu können. Die ganze Zeit über nehmen aber ihre Sinne die Klänge, Gerüche, Farben und Gegebenheiten auf und speichern sie im Unbewussten.

Man kann es mit einem randvollen Gefäß vergleichen. Wird nun noch etwas hineingegeben, kippt es und gibt den gesamten Inhalt frei. Der Überlebende hat alles im Zusammenhang mit dem Erlebnis in seinem Innern bewahrt, und ein Geruch oder ein Klang rührt an die Erfahrung und setzt alles in einer Rückblende frei. Während solcher Rückblenden fällt dem Überlebenden die Unterscheidung schwer, ob es sich um eine Erinnerung oder ein reales Ereignis handelt. Für den Überlebenden ist dies extrem stressbehaftet und kann seine Wahrnehmung von Menschen und Ereignissen im Hier und Jetzt verzerren. Manchmal berichten Überlebende davon, dass sie sich fühlten, als wenn sie verrückt seien. Heidi berichtete, dass sie sich oft in ihrem Leben so gefühlt hat und dass sie nicht wusste, wohin sie sich wenden sollte oder was zu tun sei. Es war ein sehr beängstigender und kräftezehrender Weg für sie.

Aus der Sicht anderer ist Heidi sehr erfolgreich gewesen. Viele Umstände haben dazu beigetragen: Heidi verließ das Gebiet und die Menschen, das beziehungsweise die für das Trauma verantwortlich waren. Sie heiratete einen Mann, der ihr Wertschätzung entgegenbrachte, indem er ihre Geschichte glaubte und sie trotzdem akzeptierte. Sie ist ein sehr kluger, intelligenter Mensch und sie ist belastbar. Sie lebt diesmal in einer Gesellschaft, die in Bezug auf die Tabus bei sexuellem Kontakt mit Kindern Unterstützung bietet und darüber spricht. All diese Faktoren leisteten einen wichtigen Beitrag dazu, dass sie erfolgreich sein konnte. Heidis letzter, notwendiger Schritt war natürlich die Therapie zur Vergangenheitsbewältigung. Bis jetzt hatte sie sich selbst nie als gut genug gesehen, wodurch sie wenig Selbstachtung und ein geringes Selbstwertgefühl hatte. Dies sind gewaltige Folgen des Geheimnisses, sexuell missbraucht worden zu sein.

Autorin: Heidi Marks' Leben in den USA ist überaus gelungen. Sie hat ein erfülltes Familienleben, ist beruflich als Lehrerin sehr erfolgreich, und auch finanziell geht es ihr gut. Warum konnte sie keine Selbstachtung aufbauen? Sie hat immer noch Probleme mit ihrem Selbstwertgefühl.

Linda L. Hartley: Das Äußere war nie gut genug, um die negativen Selbstgespräche oder das negative Selbstbild auszulöschen. Einen Großteil ihres Lebens hatte sie gegen Scham und Ekel vor sich selbst gekämpft. Sie hat jahrelang herauszufinden versucht, was sie falsch gemacht hat. Was sie hätte tun können, um das Trauma zu verhindern, und was so schlecht an ihr war, dass ihr dies immer und immer wieder angetan wurde. Sie hatte keine Verbindung zu ihren Talenten, Fähigkeiten und Erfolgen und zu ihren inneren negativen Gefühlen. Entsetzen, Scham und Machtlosigkeit kompensierte Heidi oft, indem sie andere beeindruckte. Das hielt jedoch nie lange vor, denn es reichte nie aus, um die negativen Gefühle in Bezug auf sich selbst wirklich zu verscheuchen. Stets stritten oder kämpften ihr intellektuelles Ich und ihr emotional-seelisches Ich gegeneinander.

Wenn sexueller Missbrauch stattfindet und lange nicht bearbeitet wird, untergräbt er die Selbstachtung, das Selbstwertgefühl einer Person im Kern. Heidi hat angefangen, ihre intellektuelle Seite mit ihrer emotional-seelischen Seite zu verbinden, und setzt den Weg der Heilung fort. Sie will sich selbst verstehen und so annehmen, wie andere sie sehen; sie will im Frieden mit sich sein, selbstbestimmt sein und ihre eigene Kraft als Frau-Überlebende spüren.